CHRISTIAN ROUX

Que la guerre est jolie

Collection fondée par François Guérif

Rivages

Retrouvez l'ensemble des parutions
des Éditions Payot & Rivages sur
payot-rivages.fr

L'auteur remercie le Centre National du Livre
pour l'aide qu'il lui a apportée à l'écriture de ce roman

Ces danseuses surdorées appartiennent à tous les temps
et à toutes les races
Elles accouchent brusquement d'enfants qui n'ont que
le temps de mourir

Guillaume APOLLINAIRE

ÉPISODE 1

« Tout le monde vieillit, mon pote, mais personne sait comment. »

Squad 9

Le rat tente une nouvelle fois de mordre la main qui le tient. Il n'y parvient pas. L'homme joue avec lui comme il le ferait avec un yoyo. Sitôt que l'animal se contorsionne, toutes dents dehors, pour essayer de se délivrer, son tortionnaire imprime un léger balancement à sa queue, et sa gueule claque dans le vide.

Déjà, quand l'homme l'a sorti de sa cage, le rat a tenté sa chance ; puis quand l'homme l'a trempé dans un bocal rempli d'essence, la queue pincée entre deux doigts ; et une dernière fois maintenant, alors que ses poils grésillent sous la flamme et que l'homme le fait tournoyer dans l'air avant de le catapulter dans le soupirail d'un immeuble, où le suivent une deuxième torche vivante, puis une troisième ; des rats qui, comme lui, à peine échoués sur la terre battue, se mettent à courir dans tous les sens pour fuir le feu, sans comprendre qu'ils sont eux-mêmes ce feu, qu'ils lui appartiennent, qu'ils en sont le noyau et le combustible ; que ce feu ne vient pas à eux mais qu'eux-mêmes en sont le vecteur, et qu'après les avoir transformés en amas de chair et d'os calcinés, il les abandonnera pour se jeter sur une autre proie.

Ah, Dieu ! Que la guerre est jolie

Richard aime le spectacle qu'offrent ces boules de feu traversant la nuit avant de disparaître par la bouche noire du soupirail. Ça lui rappelle les trajectoires des balles traçantes, ou celles de ces flammes qui luisaient au cul des roquettes, dessinant de parfaits arcs de cercle dans la nuit étoilée avant de s'abattre sur Bagdad.

Que c'est beau ces fusées qui illuminent la nuit
Elles montent sur leur propre cime et se penchent pour regarder
Ce sont des dames qui dansent avec leurs regards pour yeux bras et cœurs

Une nuit où les bombes n'ont cessé de pleuvoir sur la capitale mésopotamienne, Hamid, le fixeur irakien de Richard, a cité ces vers. Ce n'était pas la première fois qu'il faisait référence à un poète français, rappelant à Richard que la place occupée par la culture française dans sa vie et celle de nombre de ses concitoyens était grande. « Bien plus grande que dans la mienne », songeait Richard à chaque fois. Et de fait, avant de mettre les pieds en Orient, il n'avait jamais lu Guillaume Apollinaire. Le rire lumineux d'Hamid le lui faisait presque regretter. Son rire, et aussi la familiarité avec laquelle l'Irakien traitait le poète ; comme si, parce qu'il l'avait lu et aimé, alors même que son pied n'avait jamais foulé les terres d'Europe, il avait plus que quiconque le droit de le tutoyer : « N'empêche, il était timbré, ce type. Sa poésie est belle, mais ça (et Hamid désignait les bombes qui écrasaient Bagad)... Merveilles de la guerre... *(il secouait la tête) Les gaz de 14 avaient vraiment dû lui enfumer le cerveau... » Un peu honteux de son ignorance, Richard acquiesçait.*

Mais lui aussi trouvait ça joli.

Deux jours plus tard, le corps d'Hamid, mais aussi sa culture, son savoir et sa soif de liberté ont été anéantis par l'explosion d'une voiture piégée, en plein centre de Bagdad. Bien entendu, Richard ne s'est pas rendu à ses obsèques. Mais en guise de deuil, il a passé une bonne partie de la journée à écumer les étals des libraires de la rue Moutabani – le célèbre marché aux livres de la capitale irakienne n'avait pas encore été dévasté par l'attentat qui, en 2007, ferait la une de la presse internationale – à la recherche d'un exemplaire de Calligrammes. *Les jours suivants, il s'est efforcé de le lire dans son entier, lentement, pour en goûter chaque mot. Il s'est longtemps arrêté sur ce qu'Apollinaire avait écrit quelques vers après le passage qu'Hamid avait récité :*

Ces danseuses surdorées appartiennent à tous les temps et à toutes les races
Elles accouchent brusquement d'enfants qui n'ont que le temps de mourir

C'est le seul livre de poésie, ou même de littérature, que Richard ait jamais acheté. Et lu. Et aujourd'hui, il n'a aucune idée de l'endroit où ce livre peut se trouver. Oublié dans une gare ? Un aéroport ? Une chambre d'hôtel ? Laissé à une putain qui n'en est pas revenue qu'un mercenaire puisse lire de la poésie (une putain qui ignorait que la guerre et la poésie ont toujours fait bon ménage ; une putain qui croyait que ce livre définissait Richard Deurthe, alors que rien ne ressemblait moins au mercenaire qu'un vers de Guillaume Apollinaire) ? Ou bien jeté dans la tombe de Délivrance, une Congolaise violée et éventrée par quelque faction séparatiste au cours de ces terribles guerres d'Ituri, alors qu'elle venait de fêter ses vingt-sept ans – la seule femme qu'il ait vraiment aimée ?

Soudain très sombre, il balance encore deux rats enflammés et, après avoir fourré dans un grand sac de voyage la cage maintenant vide et le bocal d'essence à moitié plein, il se dirige vers sa voiture, garée à un pâté de maisons de là, dans un coin dont il pourra rapidement se dégager. Avant de bifurquer, juste à l'angle de la rue, il se retourne et attend de voir s'élever du soupirail une lueur diffuse mais bien vivace. À Bagdad, les roquettes tombaient derrière un immeuble et on se demandait un court instant s'il ne s'était agi que d'un pétard mouillé. Mais bientôt, un halo mouvant, où s'entremêlaient ombres et lumières, illuminait les façades des immeubles alentour, puis on percevait des hurlements, et tout à coup, les sourdes explosions des bouteilles ou des conduites de gaz retentissaient, puis les fenêtres du bâtiment touché cédaient sous l'effet de la chaleur et crachaient des flammes avides d'oxygène. L'odeur de chair brûlée venait alors parachever la scène.

Ici, il n'est pas question de ça. L'immeuble est vide, on le lui a assuré.

Richard hausse les épaules, comme par dépit. Mais ce n'est pas ça, c'est simplement qu'aujourd'hui, beaucoup de choses lui sont égales. Il fait volte-face et poursuit son chemin.

***

Brahim perçoit des flashs de lumière à travers la peau grumeleuse de ses paupières closes. Il pense tout d'abord qu'il s'agit du faisceau d'une de ces lampes torches que des gamins ou des citoyens plus flics que les flics eux-mêmes viennent régulièrement braquer sur lui pour le faire fuir, l'admonester ou simplement le taquiner. Puis il entend des cris stridulants, et à ses rêves d'alcoolique se mêlent des images de cavalcades, de cocktails Molotov et de CRS brandissant des matraques. Mais bientôt, les cocktails Molotov prennent le dessus. Brahim perçoit vraiment la chaleur qu'ils dégagent, maintenant. Il sursaute, soudain réveillé. Ses couvertures sont en flammes. Il a d'abord l'idée de s'en débarrasser mais, voyant brûler autour de lui tout ce qui est combustible, il réalise vite qu'elles sont sa meilleure protection. Emmitouflé dans le sac de couchage dont la fermeture Éclair ne fonctionne plus depuis longtemps, torche brûlante mais pas encore consumée, il se rue dans l'escalier. L'appel d'air provoqué par l'ouverture de la porte favorise la propagation de l'incendie au rez-de-chaussée. Brahim court droit vers la porte d'entrée, heureusement très branlante sur ses gonds. Ses forces sont décuplées par la peur ; il n'a aucun mal à la défoncer d'un coup d'épaule. Il roule-boule ensuite jusqu'au milieu de la rue, où il se débarrasse des derniers lambeaux de couvertures et de sac de couchage fondus.

Au bout de la rue, les pompiers gesticulent dans les phares des camions, tout auréolés de la lumière bleutée diffusée par leurs gyrophares. Ils peinent à se frayer un chemin entre un fossé laissé béant par des travaux en cours et des poubelles qui n'ont pas été ramassées depuis plusieurs jours. Des habitants des immeubles voisins ont ouvert leurs volets. Ils crient au feu. Bientôt, ils sortiront dans la rue, effrayés à l'idée que peut-être leur logement va être touché par les flammes et qu'ils vont devoir l'évacuer. Sans doute, ils rendront Brahim responsable de l'incendie. Ils l'accuseront d'avoir sombré dans un coma éthylique et d'avoir laissé se consumer une bougie, ou quelque chose dans ce genre, et après tout, c'est peut-être bien ce qui s'est passé. Qu'est-ce qu'il en sait ? « Fallait laisser l'électricité », grogne-t-il dans sa barbe avant de prendre la fuite sans demander son reste. Il tourne dans la première rue et court se réfugier dans l'immense et sombre bâtiment de l'usine désaffectée qui trône au milieu du quartier. Là, il déniche un coin laissé inoccupé par les squatteurs. Il s'y love et, pelotonné sur lui-même, retourne à ses cauchemars.

À VENDRE

Il est 18 heures tout juste passées quand Élise, radieuse, quitte l'hôtel de ville de Larmon, au guidon du vélo Gitane qu'elle a acheté dix euros à Emmaüs et qu'elle a retapé pour moins de trente. Sitôt sortie des grands jardins qui entourent le bâtiment public, elle hésite sur le chemin à prendre pour rentrer chez elle.

Soit les bords de l'Aisne, soit l'avenue de la République.

D'un bout à l'autre de Larmon, l'Aisne forme une courbe identique à celle que dessine la Seine au centre de Paris. La mairie trône sur la rive droite, non loin du centre mais franchement dans la partie est de la ville. Le quartier des Mines, où habite Élise, s'étend à l'ouest, sur la rive gauche. La large avenue de la République, qui débute place de l'Hôtel-de-Ville et enjambe la rivière sitôt après sa naissance, vient y mourir après avoir transpercé le cœur de la ville, où elle devient soudain piétonne, forçant les automobilistes à emprunter un dédale de rues en sens unique et les obligeant à se garer dans des parkings aménagés en bordure du « quartier des commerces ». On a pris l'habitude de nommer ainsi le centre-ville à cause de l'enfilade d'enseignes qui occupent les rez-de-chaussée d'immeubles en pierres de taille soigneusement restaurés ; des magasins de vêtements, de chaussures, de cosmétiques, de meubles ou de bibelots, semblables à ceux qu'on trouve dans toutes les villes de France et d'Europe, excepté une ou deux échoppes tenues par des « créateurs » qui se vantent de proposer des produits « locaux » – mais même ces produits, on se demande s'ils n'ont pas été fabriqués en Asie, en Afrique ou en Amérique du Sud.

Après le « quartier des commerces », l'avenue de la République rétrécit. Les immeubles passent de quatre à trois étages, puis à deux, avant de s'éparpiller dans une zone pavillonnaire étale, où prospèrent des commerces plus utiles à la vie quotidienne – garages, vente et réparation de cycles, laboratoire d'analyses médicales, restaurants chinois, marocain, pakistanais… mais toujours pas de librairie.

Pour finir, l'avenue vient buter contre l'UV. L'Usine Vinaigrier. Une ancienne fabrique de machines-outils, entièrement construite en briques et pourvue d'une structure métallique que l'ingénieur Eiffel n'aurait pas reniée. Elle domine de sa taille le quartier des Mines, constitué d'anciens logements ouvriers, des maisons mitoyennes d'un étage, en briques elles aussi, qui ouvrent à l'arrière sur un jardin privatif, dans lequel la plupart des occupants cultivent leur potager ; un quartier pensé dans sa totalité par un industriel paternaliste, Étienne Vinaigrier, dans la seconde moitié du XIXe siècle. Ce « capitaliste humaniste », comme il aimait à se définir, avait confié la conception de l'usine, mais aussi de l'habitat qui la cerne – et qui à l'origine était destiné à la main-d'œuvre –, à un seul et même architecte-ingénieur : Jean de la Riboisière, ancien élève des Mines, école à laquelle il a voulu rendre hommage en nommant ainsi le quartier, ce que lui a volontiers accordé Étienne Vinaigrier. Monsieur de la Riboisière, malgré la particule qui ornait son nom, et même s'il n'en partageait pas les solutions politiques, était très attiré par les idées marxistes. Et d'une certaine manière, sur le terrain, ces idées se mariaient plutôt bien avec les conceptions sociales-paternalistes d'Étienne Vinaigrier.

Ainsi l'usine et le quartier ont-ils été conçus comme un tout. Boulanger, boucher, cordonnier, bistrot, école, pharmacien, médecin, mais aussi bibliothèque et un petit théâtre… dès le départ, les ouvriers ont pu satisfaire leurs besoins sur place. Plus tard, le théâtre deviendra un cinéma, avant d'être abandonné, comme beaucoup de lieux de culture de proximité en France, puis transformé en un immeuble d'habitations à loyer modéré. À la fermeture du cinéma, le déclin du quartier avait depuis longtemps déjà amorcé sa courbe. Étienne Vinaigrier est mort en 1928. Son fils et unique héritier, Anguerran, était très séduit par les visions managériales des Américains, à savoir que toute gestion d'entreprise a pour unique but d'augmenter la rentabilité de l'appareil productif, mais aussi, et surtout, celle des gains générés par cet appareil. Aussi a-t-il immédiatement diminué de moitié la part de bénéfices destinée au bon fonctionnement du quartier et à l'aide sociale (soins gratuits, dons de fourniture scolaires, attributions de bourses d'études, mise en place de crèches, prise en charge des enfants de parents malades, paiement des jours non travaillés pour cause de santé ou d'accidents du travail, etc.). Sa deuxième action, aux conséquences encore plus désastreuses, a été de faire coter l'entreprise en Bourse quelques mois seulement avant que ne se déclenche la crise de 1929. Sept ans plus tard, en 1936, sans doute parce qu'ils ne trouvaient plus leur compte dans cette gestion, les ouvriers de l'Usine Vinaigrier ont voté la grève. Le quartier des Mines s'est à cet égard distingué par un taux de participation extrêmement élevé. Si l'on n'avait pas peur du ridicule à l'annonce d'un tel chiffre, on avancerait sans grand risque de se tromper celui de 100 %, mais c'est sans doute que les jaunes étaient si minoritaires qu'ils n'ont pas osé se manifester.

À vingt-huit ans, Élise connaît cette histoire par cœur, et elle en est fière. Comme en étaient fiers ses parents et ses grands-parents, tous ouvriers à l'usine, jusqu'à ce qu'elle ferme définitivement ses portes en 1992, suite à une longue agonie commencée dans les années soixante-dix, quand le capitalisme français a décidé de sacrifier la force de travail et la puissance de production de son pays au profit de ceux qu'il a toujours désignés comme étant ses ennemis jurés : les communistes chinois.

C'est la fin mai, il fait beau et il n'y a pas un poil de vent. Élise opte pour les bords de l'Aisne. Récemment aménagés, ils accueillent plus de monde qu'auparavant. Des sportifs font leur jogging, des lycéens fument leurs premières cigarettes, des mamans remballent le goûter qu'elles sont venues prendre avec leurs enfants, assises sur des couvertures posées à même la pelouse ou sur les bancs de bois disséminés en plusieurs endroits, à l'ombre de marronniers centenaires. Élise roule tranquillement, profitant de la vue, de l'air tiède, de la quiétude de l'atmosphère ; de la joie d'avoir remporté le morceau, aussi. À tel point qu'arrivée aux Mines, elle est encore plus frappée que d'habitude par l'état d'abandon dans lequel végète son quartier. Trottoirs défoncés, goudron crevassé et constellé de nids-de-poule, façades d'immeubles noires de crasse… Une vague odeur de pourriture règne par endroits. Sous prétexte que certaines venelles sont trop étroites pour que puissent s'y faufiler ses camions, Prop'eco, l'entreprise de ramassage des ordures ménagères qui a raflé le contrat lorsque la ville a « ouvert les services à la concurrence », n'y passe plus.

Trois voies plus larges subissent un sort identique, mais sous un autre prétexte : des travaux de voirie, commencés depuis plusieurs semaines, sont restés en plan. Ça fait bien une dizaine de jours qu'on n'a pas vu un seul ouvrier sur les chantiers. Ces voies sont transpercées de loin en loin et de grands trous, dont le public n'est tenu à l'écart que par des bandelettes en plastique striées de rouge et de blanc, interdisent aux véhicules à quatre roues de se faufiler.

C'est dans une de ces rues qu'a brûlé un immeuble, la veille au soir. Toute à sa hâte d'annoncer à Marc l'excellente nouvelle dont elle est porteuse et encore sous le charme du chemin qu'elle vient de parcourir, Élise avait oublié le drame.

D'une humeur plus renfrognée, elle s'arrête à la boulangerie. Un panonceau collé à la vitrine indique que le magasin fermera bientôt ses portes. À peine entrée dans la boutique tout embaumée de l'odeur chaude de la fournée du soir, Élise demande à la boulangère s'il est arrivé quelque grave événement, un ennui de santé ou autre, l'obligeant à partir.

La marchande, une femme replète, âgée d'une cinquantaine d'années, dans laquelle on aimerait mordre tant elle semble péter le feu, se montre rassurante :

– Pas du tout. Mais on nous a fait une proposition très intéressante, et comme on s'est toujours dit, avec mon mari, qu'on descendrait dans le Sud, on a vu là l'occasion.

– Mais il y aura une autre boulangerie ? Je veux dire… les prochains propriétaires sont bien des boulangers, non ? Sinon la mairie n'aurait pas autorisé cette vente ?

Un retraité, à qui c'est le tour d'être servi, marque un signe d'impatience. La boulangère en profite pour faire diversion.

– Oui, monsieur, votre pain sans sel est prêt… je vais vous le chercher.

À son retour, elle fait mine d'avoir oublié la question, mais Élise la rappelle à l'ordre.

– Alors, ces nouveaux boulangers… Vous les avez rencontrés ? Ils sont sympas ?

Sans attendre la réponse, le retraité paye et sort. Dans un geste d'impuissance, la boulangère lance ses deux bras en l'air et les laisse retomber le long de son corps.

– Désolée, mademoiselle Santon, mais je ne peux pas vous dire. En fait, c'est la mairie elle-même qui a acheté.

Et croyez-moi, au prix qu'elle l'a fait, on pouvait pas refuser. Quand on voit l'état dans lequel est le quartier, maintenant… Et cet incendie hier, vous avez vu ça ? Heureusement, l'immeuble était vide. Et les pompiers ont réussi à passer. Mais vous imaginez, si les maisons voisines avaient été touchées par le feu ?

La boulangère secoue la tête d'un air définitif.

– Non, c'est plus vivable, ici… Vous désirez quelque chose ?

***

Squad aime son son. Il traverse Larmon au volant de sa Mercedes 280, un modèle de 1969 qu'il chérit à peu près autant que sa Stratocaster, née la même année que sa voiture, en écoutant à fond le dernier mix en date de son tout nouvel album, *Dix visions*. Un genre d'électro-pop-funk soft mais énervé quand même… dur à définir, quoi. Un mélange de Rage Against the Machine, des Pink Floyd et de Portishead – qui sont eux-mêmes un mélange d'un tas de styles pas toujours si facile à définir. Que des vieux trucs, ouais, mais Squad préfère se référer aux maîtres qu'aux élèves. Pour la scansion, il ne sait pas trop. Il est retombé récemment sur un vieux disque de MC Solaar et il s'est rendu compte que les Grand Corps Malade, Abd al Malik et autre Stromae couraient un bon millier de kilomètres derrière lui. Côté musique, velouté, flow, ambiance et tout ce qui est son, c'était indéniable. Côté paroles, le slameur solaire n'était pas des plus violents – à côté d'Akhenaton, il n'y avait pas photo – mais c'était un poète. Et si ses propos n'étaient pas politiques, au moins ils n'étaient pas lestés de kilotonnes de paroles lénifiantes, distillant une morale à faire mourir d'ennui une congrégation de bigotes assermentées, à l'instar des trois zigotos précédents. Merde, ça fait quinze ou vingt ans qu'il ne s'est *rien* passé en musique ;

quant à la dernière révolution, elle a bien cinquante ans… enfin, pas tout à fait, il y a le rap aussi... presque quarante ans tout de même... Heureusement, Squad 9 va bientôt défrayer la chronique. Son vrai nom, c'est Sirian Bakali. Squad, c'est un mélange de « squale » – requin –, de « squat » – où il vit – et de « quad » – pour le côté tout terrain. Et 9, parce que neuf. Pas vieux, quoi, mais un peu néo tout de même.

Il arrive aux abords du quartier des Saisons vers 18 heures. Érigé au nord-est de la ville dans les années soixante, coincé au bout d'une ligne de bus à faible roulement, entre un échangeur d'autoroute et le pont du TGV, ce quartier est constitué de quatre barres de sept étages – Automne, Hiver, Printemps, Été – agencées de telle manière qu'elles évoquent les quatre murailles d'un fort, ou d'une prison, mais une prison percée à chaque angle, tout de même ; quatre angles comme autant de sas contrôlés par des mômes de onze à quinze ans, qui opèrent une surveillance continue, suivant leurs heures de permanence au collège – leur assiduité aux cours est une chose sur laquelle leurs chefs, Kofi et Simon, ne transigent pas –, ce qui rend l'accès au quartier difficile à tout étranger, et notamment à la police. Exactement le genre de coin où Squad aurait pu naître, mais il a eu la chance de grandir dans un H.L.M. du IXe arrondissement de Paris (ce qui explique aussi en partie son nom de scène). Beau quartier mais famille pourrie. On ne peut pas tout avoir.

Il ralentit et se gare à l'extérieur des Saisons – ou de la cité, comme on dit aujourd'hui, comme si le reste de la ville ne méritait plus cette appellation, l'agora ne désignant plus en général qu'une salle polyvalente délabrée –, près de l'entrée sud. Un gamin de douze ans s'approche de lui, cigarette au bec. Squad lui dit ce qu'il cherche. Le gamin part en courant et deux minutes après, un adolescent s'approche de la Mercedes d'un pas chaloupé.

– Toujours ta putain de vieille caisse ?

– Yo, Karim. Eh oui.

– Elle suce à mort, non ?
– Moins que ta mère.
– Connard. La tienne s'est fait refaire les dents pour en avaler deux. Dix grammes, c'est ça ? Paraît que ça a cramé chez toi.
Les répliques sont balancées les unes après les autres, sans intonation particulière, comme un rite de passage obligé.
– Ouais. Le quartier devient vraiment merdique. Tu me les fais à combien ?
– Toujours moins merdique qu'ici. Cent sacs.
– La vache... il est toujours aussi blindé de mercure, ton teuch ?
– Si t'es pas content, t'as qu'à te mettre au jardinage.
– C'est ce que je vais faire. D'ailleurs ça se fait de plus en plus. On n'obtient que de la beuh mais au moins, c'est du bio. Si vous continuez comme ça, votre marché va se casser la gueule, les mecs... Allez, donne-moi ça en attendant. Je fête la fin de mon album.
– Trop bien. T'as un distrib' ?
– Pas encore, mais quand ils vont entendre ça...
– Dommage que tu sois pas des Saisons. Kofi et Simon pourraient te produire... Tu veux que je leur en parle ? On sait jamais, si ils kiffent...
– Ils font pas que du rap ?
Karim marque un temps d'arrêt et toise Squad.
– Ben et toi, tu fais quoi ? Tu fais pas de la musique de renoi ?
– Faut que tu te mettes à l'histoire, mon pote. Le jazz, le rock, le funk, la soul, le disco, le rap... toutes les musiques sont des musiques de « renoi », comme tu dis. Y a que Beethoven et sa clique qui échappent à notre sphère d'influence... et la chanson française, mais la chanson française, c'est pas de la zique, c'est du prêche. Moi, je fais de l'électro-pop-funk.

– C'est quoi, ça ? De la musique de pédé, comme ils aiment dans *Les Inrocks* ?

– C'est peut-être de la musique de pédé, mais au moins, je fais pas de la comédie de merde en short, comme cette tapette de Starr…

– Starr, il est has been.

– C'est le rap qu'est has been. Trente-cinq ans, c'est l'âge des vieux.

– Ah ouais ? Et la pop, ça remonte à quand ?

– C'est pas pareil. Passé cinquante ans, tu rentres dans les classiques. C'est comme les films. Ceux des années quatre-vingt, tout le monde dit qu'ils sont datés. Mais les vieux en noir et blanc, on appelle ça des chefs-d'œuvre. Ou alors on les a oubliés. Tout le monde vieillit, mon pote, mais personne sait comment.

Il démarre sur les chapeaux de roues, faisant crisser ses pneus dans un demi-tour qu'il aurait aimé effectuer en réalisant un tête-à-queue, mais en vain.

Richard Deurthe, garé à cent mètres de là au volant d'une BMW X6, laisse tomber ses jumelles et passe ses mains dans les quelques poils en brosse qui lui poussent encore sur le caillou et qu'il s'obstine à teindre en noir. Puis il attend que la Mercedes soit passée à sa hauteur pour démarrer à son tour.

***

Au terme de son parcours, Élise est beaucoup moins guillerette qu'elle ne l'était à sa sortie de l'hôtel de ville. Et le camion de déménagement garé devant sa maison, toutes portes ouvertes, n'est pas pour lui remettre du baume au cœur. Chaque maison est constituée de deux appartements ; un au rez-de-chaussée, un autre à l'étage. Donc, si ce n'est pas Élise qui déménage… Manquant de buter dans un manutentionnaire aveuglé par son chargement, elle franchit le portillon, un peu hébétée, et pose son vélo contre l'escalier extérieur. Passé trois marches, il dessert l'appartement du rez-de-chaussée et continue ensuite jusqu'au sien. Élise s'arrête devant la porte d'entrée de ses voisins et, bien qu'elle soit ouverte, y toque énergiquement.

– Valérie ?

Une voix répond depuis le fond de l'appartement.

– Je suis là ! Entre !

Deux déménageurs, lestés d'un lourd canapé, manquent de bousculer Élise. Elle les esquive et marche, comme illuminée, jusqu'à la chambre où une jeune femme en T-shirt et pantalon de survêtement, assise sur un sommier dépourvu de matelas, trie des vêtements avant de les enfourner dans un carton.

– Valérie… Qu'est-ce qui se passe ?

Valérie, sans interrompre sa tâche, répond presque abruptement :

Quoi, qu'est-ce qui se passe… ça se voit, non ?

– Vous déménagez ?

Plissant les yeux, Valérie se concentre d'abord sur l'étiquette d'un pull qu'elle tient tendu droit devant elle, comme si des informations capitales y étaient inscrites. Puis, d'un geste qui trahit une certaine fatigue mais aussi un certain agacement – Élise comprendra bientôt que c'est de la honte –, elle laisse tomber ses poignets sur ses genoux et dit dans un long soupir :

– Je sais, j'aurais dû te prévenir. Il était convenu que si on vendait, on vous en ferait part en premier, mais les choses sont arrivées si vite et de façon si inattendue que… de toute façon, ça n'aurait pas été possible.

– Mais tu savais que j'y tenais… Avec le bébé, on va manquer de place et… Qu'est-ce que tu veux dire par « ça n'aurait pas été possible » ?

– On nous a fait une offre très vite. Une grosse offre.

– Je ne vois pas en quoi ça t'empêchait de m'en parler avant. Si des gens vous ont fait une offre, c'est qu'ils étaient au courant de votre intention de vendre… Nous, on ne l'était pas.

Valérie s'énerve.

– Et alors ? Ça aurait changé quoi ?

Élise se sent très fatiguée. D'un côté, elle a envie de répondre que ça aurait changé qu'au lieu de perdre une voisine et une amie, elle n'aurait perdu qu'une voisine. De l'autre, elle a envie de comprendre ce qui se passe, et ce n'est pas en braquant Valérie qu'elle va y parvenir. Une sensation sourde l'envahit, celle que son monde s'écroule, et elle ne sait soudain plus trop à quoi se raccrocher. Elle pâlit, sans doute, parce que Valérie se lève brusquement et la prend par les épaules.

– Élise ? Ça va ?

Élise lui sourit tristement. Elle pose ses mains sur son ventre, comme si sa défaillance pouvait s'expliquer par sa grossesse, et Valérie se fait plus douce.

– Écoute, je sais, c'est pas terrible, mais voilà : nous aussi on voudrait faire un enfant. Il n'est pas en route mais on savait que tôt ou tard, il nous faudrait partir d'ici parce qu'on aurait le même problème d'espace que vous. Oh, tout ça était en l'air, rien n'était décidé… Mais un soir, il y a de ça un mois, un type est venu nous rendre visite. Jean-Louis l'avait croisé dans la rue, quelque temps auparavant… Tu l'as peut-être déjà vu ? Un type assez fort, engoncé dans un imper, avec un centimètre de cheveux sur le caillou… Richard Deurthe, il s'appelle… Non ? Ça te dit rien ? Bref, il nous a demandé à brûle-pourpoint si on voulait pas vendre. On s'est regardés, surpris, et on a dit que oui, peut-être, pourquoi pas. Et là, le mec nous a annoncé tout de go qu'il était prêt à acheter notre appartement un tiers de plus que sa valeur. Prenez le temps de le faire expertiser, qu'il a dit… Je prends le prix le plus fort et je rajoute trente pour cent… Franchement, Élise, tu m'aurais acheté mon appartement un tiers de plus que sa valeur ? Il aurait fallu que je te fasse réfléchir à ça ? Que tu passes des soirées entières à voir si tu pouvais t'en sortir en raclant tout ce que vous avez à la banque, et tout ça pour vous rendre compte au final que vous pouviez pas vous aligner ?

« J'ai préféré me taire. Et le temps passant, j'ai plus rien osé dire… C'est pas brillant, je sais, mais c'est comme ça…

Les yeux dans le vague, Élise demande :

– Tu pars quand ?

– La vente s'est faite super vite… par le notaire du type… c'était la condition.

– Et le délai de la mairie pour la préemption ? En général, ça prend deux mois !

– Deux mois, c'est quand elle ne répond pas. Là, elle a fait savoir très rapidement qu'elle n'était pas intéressée… On s'installe demain chez mes parents. Mais on pourrait passer ce soir, avec une bonne bouteille…

– Je préférerais pas.

Élise se détourne et traverse le salon en songeant aux aménagements qu'elle avait imaginés avec Marc. Elle fixe l'endroit du mur qui aurait vu descendre l'escalier reliant les deux appartements pour n'en faire qu'un et se dit que oui, décidément, c'était une bonne idée de le mettre là. Arrivée devant sa porte après avoir grimpé les marches une à une, d'un pas plus lourd que ne l'exigeait son état, elle fouille dans son sac à la recherche de ses clés.

Elle n'a pas le temps de les trouver. Le battant s'ouvre en même temps qu'une détonation retentit. Marc se tient devant elle, une bouteille de champagne à la main. Marc, le beau Marc. Cheveux bruns, yeux bleus, encore toute la vitalité d'un garçonnet et aussi parfois, hélas, la mentalité… mais qui a le don, d'un seul éclat de sa gaieté, d'éclairer toute chose sous un jour positif. Et Élise ne peut faire autrement

Élise habite donc au-dessus

que lui rendre son sourire. Après tout, il est chouette, leur petit nid. Avoir toute la maison à eux ne les aurait-il pas fait vieillir un peu vite – s'embourgeoiser, auraient dit certains de leurs amis ? Elle laisse tomber son sac, se saisit de la bouteille de champagne pour la poser sur le meuble d'entrée, commence à déboutonner la chemise de Marc de sa main gauche et plonge la droite dans son pantalon. Pouvoir faire l'amour sans capote et sans se demander à combien de jours des règles on est, voilà un des rares privilèges de la grossesse – celui qui consiste à pouvoir profiter des mêmes avantages que les handicapés dans les transports en commun, quand ça se verrait vraiment qu'elle est enceinte et que baiser ne serait plus qu'un souvenir, arriverait bien assez tôt.

Au moment où ses doigts atteignent les couilles de son homme, Marc arrête son geste et chuchote :

– Stop, merde, on n'est pas seuls !

Élise ôte brusquement sa main du pantalon de Marc, comme si elle s'était brûlée au contact de son sexe. Elle aime sans compter et sait se livrer sans pudeur, mais ne se laisse aller à quelque effusion que dans la plus stricte intimité. Elle demande, déçue :

– Qui est là ?

Une voix chantante retentit :

– Moi, mon pote !

– Squad ?

Le Noir attrape la bouteille et commence à remplir les trois verres qu'il tient d'une seule main, en serveur virtuose qu'il est.

– Yeah ! On a plein de choses à arroser ! Un jour comme aujourd'hui, c'est comme si le monde t'appartenait. Faut pas le laisser tomber dans l'oubli, chérie !

***

– Non, Squad, pas de pétard. Tu ne cesses de rabâcher que c'est merveilleux que je sois enceinte. T'as peut-être raison – moi, je demande à voir –, mais si c'est pour mettre sur terre un gamin qui part avec un handicap, le merveilleux va vite tourner au cauchemar !

– Tout de suite, comment t'exagères… deux trois taffes et on arrête. T'as idée de toute la merde que t'avales, sur ton vélo ?

Élise est à moitié allongée sur le canapé et s'y enfonce un peu plus à chaque gorgée de champagne – juste un verre ! Elle se tourne vers Marc, assis dans l'un des deux fauteuils – l'autre est occupé par Squad :

– Et puis pourquoi tu lui as dit, toi ?

– On a dit trois mois et après c'est bon : ça fait trois mois. On arrose ça aussi.

– Ça aussi, ça aussi… et qu'est-ce qu'on arrose d'autre ?

– Ton boulot et les deux miens !

– Les deux ?

– Oui. Je vais concevoir et dessiner la pochette du grand Squad 9 ici présent…

– … qui comme chacun sait est pété de thunes, grince Élise.

– … Et…

– Élise, t'es pas cool de dire ça. Je lui rendrai au centuple ! Ma parole !

Marc reprend un peu plus fort :

– … Et un boulot payé, pour satisfaire la jeune femme vénale ici présente : réaliser la plaquette du prochain spectacle de Bernard Salmon.

– Bernard a du fric, maintenant ?

– Apparemment, la DRAC a décidé de le soutenir. Il a touché une subvention qui est loin d'être négligeable, notamment en faisant valoir qu'il possédait son propre lieu de diffusion.

– Ah oui ? Lequel ?

– Ben… L'UV, comme il dit. L'Usine Vinaigrier !

– C'est pas une possession, c'est un squat…

Squad intervient :

– Justement, un squat d'artistes, ça déchire, ma vieille. Théâtre, musique, peinture… les bourges, ils adorent ça. T'as qu'à voir à Paris. Tous les vieux squats sont devenus les lieux les plus branchés de la capitale. Comme les Frigos, tu vois… Y en a un, dans le dix-huit, rue Léon, qui fait fureur. Garage Mu ça s'appelle. Les mecs, ils mixent comme des malades. Ma mère ! Toute la rue en profite et les flics ils disent que dalle. Et crois-moi, y a pas que du teush qui tourne là-dedans. C'est bien qu'il y a de la grosse légume qui chapeaute l'histoire. En termes de culture, l'avenir appartient à ceux qui passent pour être opprimés. Moi, Noir et squatter, j'ai mes chances… Toi, Blanche et casée, ça va être plus dur, à moins que t'aies de la famille.

– Ma famille, elle habitait ici et travaillait en face… En dehors de cet appartement et de beaucoup d'amour, je n'ai hérité de rien…

Squad renifle.

– Se faire tout seul, si t'es pas homo ou issu d'une téci, c'est nib.

– Note que comme je ne suis pas une artiste, ce n'est pas bien grave, dit Élise.

Squad, qui a manifestement oublié les réserves émises par Élise un peu plus tôt, allume son pétard et tire dessus. La jeune femme se tourne vers Marc. Constatant qu'il ignore superbement l'événement, comme il sait si bien le faire dès lors qu'une situation risque de déboucher sur un conflit, elle laisse tomber. Squad, après avoir aspiré goulûment la moitié du joint, le passe à Marc. Puis il se tourne vers Élise et demande :

– À propos, ce taf, c'est quoi exactement ?

– Remanier de fond en comble le site internet de la mairie, pour le moins obsolète. Entre autres, je dois créer des pages d'infos pratiques et culturelles, en dédier une à chaque association… tu vois le genre… Un CDD de six mois et si ça roule, il n'est pas exclu qu'ensuite, je sois embauchée pour la maintenance.

– Trop bien ! Tu pourras créer une page pour l'UV ?

– Je ne suis pas sûre que la mairie considère le squat comme un lieu officiel… C'est elle qui a donné des subs à Bernard ?

– Nan. C'est la région, je crois… ou le département.

– La DRAC, c'est la région, dit Marc en se levant pour aller ouvrir une fenêtre.

Le générique de *Game of Thrones* retentit dans la pièce. Marc dévie de sa trajectoire, se saisit de son téléphone et, après avoir vérifié l'identité de celui qui appelle, prend la communication. Il se tourne vers Squad.

– Si, il est là…

Mais il ne lui passe pas le téléphone. Il écoute son interlocuteur sans l'interrompre. Raccroche, comme assommé, et se tourne vers Squad :

– C'était Bernard. Il cherche à te joindre.

– Shit, j'ai laissé mon phone au squat. Il voulait quoi ?

Marc se tourne vers Élise.

– T'es pas près de la faire, la page de l'Usine : ses occupants viennent de recevoir la visite des flics. Ils sont venus les avertir qu'ils procéderont à l'évacuation des lieux dans une semaine.

Squad bondit.

– Putain, c'est pas vrai… Faut que je file. À tous les coups, y a réunion de crise.

Élise, soudain très réveillée, s'extirpe du canapé.

– On t'accompagne.

Marc la retient par le bras.

– T'es sûre ? Tu préférerais pas qu'on reprenne la conversation de tout à l'heure ?

Squad est déjà dans l'escalier. Élise repousse la main de Marc.

– Un peu que je suis sûre. Ça pue de plus en plus... et je ne parle pas que des poubelles qui s'accumulent sur les trottoirs. Quant à ce genre de « conversation », elle peut se reprendre à tout moment.

Et elle plante sa langue entre les dents de Marc.

***

L'Usine est occupée par des artistes peintres, des plasticiens, quelques musiciens, mais le pilier auquel tous s'accrochent, c'est la compagnie *À tout prendre*. Elle est composée de trois comédiens, trois comédiennes, deux techniciens-régisseurs-décorateurs-sonorisateurs-créateurs de lumières et d'un metteur en scène, Bernard Salmon. Ce dernier, originaire de Larmon, lorgnait depuis longtemps l'Usine Vinaigrier, tout en n'osant pas franchir le pas de l'occupation. Jusqu'en 2003, année où la compagnie, comme des centaines d'autres, a fait grève à Avignon pour sauvegarder le régime de l'intermittence du spectacle. Malgré une mobilisation sans précédent, qui a conduit à l'annulation de nombre de prestigieux festivals, trahis par les syndicats, les artistes et les techniciens du spectacle vivant ont perdu. Mais contrairement à beaucoup d'autres, bien qu'exsangue, la compagnie *À tout prendre* a survécu à l'épreuve. Et elle en est ressortie déterminée à défendre un théâtre militant. Un théâtre qui s'empare, et non pas qui quémande. Bernard Salmon se montrait particulièrement virulent. À l'époque, il répétait en boucle : « Dès lors qu'elles ne vous respectent pas, les institutions sont faites pour être violées. »

Et il a occupé l'usine avec ses acolytes.

Fort de cette expérience, le metteur en scène, quarante ans, costaud de naissance et barbu par vocation, a tout naturellement pris en charge la direction de l'assemblée générale. Dès lors que les mots « lutte » ou « politique » sont prononcés dans le squat, la compagnie *À tout prendre* est toujours la première à monter au créneau.

Au moment où Élise, Marc et Squad s'installent dans les gradins en bois, construits de toutes pièces par la compagnie, une avocate explique que quelques coups de fil lui ont suffi pour comprendre que les squatteurs de l'Usine sont dans une merde noire mais qu'ils ne manquent pas de moyens d'action. Juste après la délocalisation de son activité chez les communistes chinois, la fabrique de machines-outils a été cédée à un groupe industriel qui devait procéder à son démantèlement et à sa vente « au poids ». Ce groupe a en effet vendu toutes les machines au poids du métal, mais en fait de démantèlement, il a laissé l'usine à l'abandon pendant plus de vingt ans. Aujourd'hui, il souhaite la revendre. Élise s'inquiète de savoir s'il s'agirait d'une vente à la découpe et si la mairie ferait valoir son droit de préemption. L'avocate secoue la tête. Selon elle, c'est la Française de Maçonnerie qui se porte acquéreuse de la totalité. Pour l'heure, la seule parade envisageable pour les habitants est de faire valoir leurs droits d'occupants. Ils payent des impôts locaux depuis plus de sept ans, ils ont fait beaucoup de travaux d'entretien et de rénovation… s'ils se proposent d'acheter l'Usine, il se pourrait qu'ils soient prioritaires. Ce n'est pas du tout cuit, mais ça peut se plaider, et si l'avocate parvient à faire capoter les poursuites en référé que le groupe industriel ne manquera pas d'ester en justice pour les faire expulser, ils sont partis pour deux à cinq ans de procédure, peut-être même dix… ça laisse le temps de voir venir.

D'aucuns crient qu'il faut obtenir le soutien des politiques, informer la presse, d'autres affirment qu'il est impératif de ne pas faire appel aux politiciens et de laisser les chiens de garde en dehors de cette histoire… le débat est lancé. Élise observe la mêlée. Elle a du mal à savoir ce qu'elle pense de tout ça. Une cinquantaine de personnes sont réunies là pour défendre une cause commune et vitale – leur logement ou leur casse-croûte est en jeu, quand ce ne sont pas les deux –, et déjà ils ont du mal à se mettre d'accord. Cela dit, il faut leur reconnaître une chose : ils essayent.

La jeune femme ne s'est toujours intéressée que de loin aux activités de l'Usine. Dans un premier temps, elle a vu d'un bon œil ces histrions qui s'évertuaient à faire de nouveau battre le cœur du quartier. Secouer la poussière qui recouvrait ce grand corps mort ne pouvait qu'être salutaire. Ensuite, quand elle a vu les murs se couvrir de peintures, de graffitis, d'affiches ou de slogans plus ou moins poétiques et politiques, elle a déchanté. Cette usine avait été le lieu de travail de son père et de sa mère ; leur fierté avant d'être leur souffrance. D'une certaine manière, ces graffitis les salissaient. Ou du moins, c'est ce qu'ils auraient pu ressentir.

Élise s'assombrit. Souvent, elle s'interroge sur ce qu'auraient pensé ses parents, sur les conseils, bons ou mauvais, qu'ils auraient pu lui prodiguer, et plus généralement sur ce qu'ils seraient devenus si, à cause d'un chauffard ivre, leur Xantia n'avait pas fini sa course dans un orme déjà bien malade, mais pas assez pour céder sous le choc du tas de ferraille lancé à quatre-vingts kilomètres heure contre son tronc.

Elle sursaute. Le visage de Marc est tout proche du sien.

– Qu'est-ce que tu dis ?

– On va boire un verre au sous-sol. Tu viens ?

– Non, je suis fatiguée… ça devient lourd, les mauvaises nouvelles… Au fait, je t'ai pas dit, Valérie et Jean-Louis déménagent.

– C'est pas vrai… Ils ont vendu ? Mais ils devaient…

– Je sais. Je te raconterai. Va boire un coup… et ne rentre pas trop tard, si tu veux qu'on reprenne notre conversation de tout à l'heure.

– Je croyais que tu étais fatiguée ?

– Eh bien c'est toi qui bosseras…

***

Quand Élise ouvre les yeux, un peu avant que le réveil sonne, la tête de Marc est posée sur son ventre. Elle sourit.

– C'est encore un peu tôt pour le sentir, tu sais ?

– Je ne voudrais pas rater ses premiers mouvements… On entend des petits bruits.

– Ouais… ça, je pense que c'est plutôt mes intestins… Désolée pour hier soir, mais je me suis écroulée comme une masse.

– Tant mieux, il faut que tu te reposes.

Elle passe sa main dans les cheveux de Marc et pousse doucement sa tête vers le bas.

– Maintenant, je suis bien reposée.

Marc lève un œil sur Élise. Elle attend, les yeux fermés. Il descend du nombril au pubis en une série de baisers de plus en plus silencieux, de plus en plus mouillés, et commence à effleurer le clitoris du bout de la langue quand un coup sourd fait trembler le mur de la chambre.

Marc se redresse brutalement. Élise a le réflexe de se recroqueviller et, dans le mouvement, son genou vient frapper Marc au coin de l'œil.

– Merde !

– Pardon.

– Qu'est-ce que c'est ?

Un second coup se fait entendre, suivi d'une explosion de verre.

– C'est chez Olga… Habille-toi, vite.

Elle-même saute dans un jean sans prendre le temps de passer une culotte.

Olga habite l'appartement qui se situe au même niveau que le leur, dans la maison mitoyenne. Ils dévalent l'escalier. Valérie et Jean-Louis sont déjà sur le trottoir. Élise et Marc leur passent devant sans rien dire. Les volets de l'appartement du bas sont fermés. Sans doute ses occupants sont-ils partis en vacances. À moins qu'eux aussi… Marc devance Élise dans la montée des marches qui mènent chez Olga et entre sans frapper. Élise est immédiatement dans son dos.

Deux hommes en jeans, docs et blousons de toile, armés de pieds de biche, arrachent la plomberie des murs, les tuyaux des radiateurs, fracassent les toilettes, les vitres, dans un vacarme assourdissant. Des milliers de débris jonchent le parquet, dont un des « ouvriers » – mais les ouvriers travaillent-ils vraiment en docs et en jeans ? – arrache des lattes au hasard… Un troisième homme observe la scène sans bouger, une enveloppe en papier kraft de format A4 à la main. Un type costaud, avec quelques cheveux coupés en brosse et teints en noir. Costard marron, cravate bleue, imper gris. Pas vraiment la tenue d'un chef de chantier. Il se retourne d'un bloc vers Marc et Élise.

– Désolé si nous vous avons réveillés, mais la loi nous autorise à commencer nos travaux à 7 h 30.

Il parle fort pour couvrir le bruit.

– Des travaux ? s'exclame Marc. Mais… vous êtes en train de tout péter !

– On fait ce qu'on veut chez soi, non ?

Élise intervient.

– Chez vous ?

L'homme tend l'enveloppe. Marc s'en saisit et en sort un acte notarié.

– Richard Deurthe. Je travaille pour la Française de Maçonnerie. Nous sommes intéressés par l'achat d'appartements dans ce quartier… Le vôtre n'est pas à vendre ?

Élise a un mouvement de recul.

– Certainement pas !

– Je vous en offre 160000. Il en vaut 120 et vous le savez… Vous pourriez acheter franchement plus grand, avec 160000.

Richard lorgne sans vergogne le ventre d'Élise, sort un paquet de Gauloises blondes 100 % tabac de sa poche et allume une cigarette.

– De la place, vous allez en avoir besoin, j'ai l'impression…

– Pas question. Jamais. C'est ce que vous avez proposé aux Jacmin ?

– Vos voisins d'en bas ?

– Comment vous savez où on habite ?

– Il n'y a que vous que je n'ai pas encore vus… Les Jacmin m'ont dit que vous étiez sentimentalement trop attachés à ce lieu pour vendre. C'est pour ça que je vous propose le prix fort. Remarquez, grâce à vous, ils ont fait une bonne affaire. Eux aussi, j'ai dû leur proposer le prix fort.

Marc glisse l'acte notarié dans l'enveloppe et remet le tout à Richard Deurthe.

– N'empêche, tout casser comme ça…

Richard hausse ses épaisses épaules.

– Le proprio est roi chez soi. La Révolution française n'a rien changé à ça ! Au contraire, même, je dirais…

Il sort une carte de visite de la poche intérieure de sa veste.

– Tenez. Quand vous aurez réfléchi…

Élise se saisit de la carte comme un tigre donnerait un coup de patte, et la jette par terre.

– C'est tout réfléchi !

Elle redescend l'escalier, suivie de Marc, et s'arrête au passage devant Valérie et Jean-Louis.

– Sympas, les nouveaux voisins. Merci.

Elle file sans attendre de réponse. Marc hésite un instant. Quitter définitivement des amis, comme ça, sans un mot, n'est-ce pas un peu… il baisse le nez et la suit.

Quand il la rejoint chez eux, Élise est assise à la table de la salle à manger. Elle tient sa tête entre ses mains. De l'autre côté du mur, le vacarme continue.

– Olga a vendu… C'est pas possible.

Marc pose une main sur son épaule.

– Calme-toi. C'est pas bon pour…

Elle se dégage d'un mouvement brusque, qui fait retomber ses cheveux sur ses yeux. Marc bat en retraite dans la cuisine, où il commence à préparer un petit déjeuner. Il s'applique à doser le café quand cette fois, c'est un bruit de marteau-piqueur qui le fait sursauter. Ça vient de l'extérieur. La dosette remplie de café, Marc revient sur ses pas. Il voit Élise, plantée devant la fenêtre ouverte de la salle à manger. Elle se frappe les tempes des deux poings.

– Il se passe quoi, bordel ! IL SE PASSE QUOI ?!

Marc se rapproche et regarde au-dehors. Des ouvriers ouvrent une tranchée béante au milieu de la rue. Encore des canalisations à réparer ? À changer ? Quoiqu'il en soit, il est clair que tant que dureront ces travaux, ni les éboueurs, ni aucun autre véhicule ne pourront plus passer par là. Élise se bouche les oreilles et va se réfugier dans un coin de la pièce, où elle se laisse glisser le long du mur.

– C'est une guerre ? C'est ça ? C'est une putain de guerre ?

***

Bâtiment Été. Cinq adolescents fument des cigarettes sur le perron. Trois hommes revêtus de qamis s'approchent d'eux et leur adressent la parole. Tout en passant sa main sur son crâne rasé de près, Kofi observe la scène depuis le balcon de son appartement du dixième étage. Il ne peut pas entendre ce qui se dit mais le devine. C'est toujours la même histoire. Les religieux fustigent les jeunes : n'ont-ils pas honte de vendre leur merde ? De dévoyer la jeunesse ? Les gens aspirent à une vie propre. Et pure. Jusque-là, les « frères » ont laissé faire, mais ça ne va pas durer. Les voies de Dieu sont peut-être impénétrables, mais elles peuvent être très pénétrantes. De leur côté, les charbonneurs fustigent les « salafistes », leur rétorquent que tout ça, c'est du bidon ; que ce qui les fait chier, c'est qu'ils ne peuvent pas vendre leur propre came. L'échange dure à peine cinq minutes. Les trois musulmans affichés s'éloignent d'un pas tranquille.

Kofi pousse un long soupir et rentre dans l'appartement pour venir écraser son joint dans un cendrier. Il ne va pas pouvoir éviter la guerre bien longtemps, il le craint. Et il n'aime pas la guerre. Une guerre, c'est long, fatigant, onéreux, et il est rare que des amis ou des membres de sa famille n'y laissent pas leur vie. Il a payé assez cher pour le savoir : une guerre, ça se perd toujours. La seule issue, c'est de la perdre le moins mal possible.

Kofi est un grand Noir. Un mètre quatre-vingt-douze. Souvent, on lui demande s'il joue au basket. Ce n'est plus le cas. Il y a joué, plus jeune, et il était même plutôt bon. On lui a même fait quelques propositions. Mais il trouvait ça ennuyeux. Et il aurait dû renoncer à trop de choses : Kofi fume, boit et mange du porc ; il pense que la mort est la fin de tout. Ses modes de pensée et de vie rendaient ses relations avec les autres membres de l'équipe difficiles. Prier avant une compétition, lever les yeux au ciel après chaque panier marqué, non merci. On ne l'obligeait pas à suivre ces rituels, bien sûr, mais, même si on veillait à ne pas le froisser

– il marquait à lui seul cinquante pour cent des paniers de l'équipe –, on lui faisait remarquer qu'il ne s'y soumettait pas.

Il n'aime pas la religion, de même qu'il n'aime pas les fachos, les cocos ou les gros capitalistes. D'une manière générale, il déteste toute forme de pensée ou d'idéologie visant à l'universalisation des comportements des hommes et des femmes, c'est-à-dire à leur uniformisation. Pour autant, il s'entend très bien avec les parents de Simon. Il adore leur couscous et boire du thé à la menthe lui convient tout à fait. Et il n'ira certainement pas les insulter en sortant une flasque de whisky de sa poche. Pour lui, tout ce qui se vit en privé est respectable. Même les croyances ou les pratiques sexuelles qu'il ne comprend pas le sont. Mais surtout, qu'on ne le bassine pas avec ça. La religion, c'est comme la baise, ça se pratique en chambre. Point à la ligne.

Moustapha et Yasmina, d'origine algérienne – kabyle, pour être plus précis –, avaient appelé leur fils Simon parce qu'ils pensaient qu'au sein de cette société fondamentalement raciste, affublé d'un prénom chrétien, il pourrait plus facilement se frayer un chemin. Si leurs propres parents avaient émigré en Allemagne, ils l'auraient appelé Wilfried…

Beaucoup plus petit que Kofi – un mètre soixante-dix –, Simon a une belle gueule de brun aux yeux bleus, une belle gueule de Kabyle. Qui pourrait deviner qu'il est algérien ? Alors que s'il s'était appelé Hafed… Certes, son nom de famille est Benotman – qu'il prononce phonétiquement, et toute personne qui dit *Benotmane* se fait vertement reprendre. Mais allez définir l'origine d'un nom pareil. Juif ? Turc ? Allemand ? Arménien ? Arabe ? Le prénom Simon clôt invariablement le débat. Simon Benotman. Européen. C'est-à-dire blanc.

N'empêche que Simon n'est pas allé bien loin. Pas au sens où l'entendaient ses parents, en tout cas. Pour l'heure, il fait entrer la consultation suivante dans l'appartement qui leur sert de bureau, à lui et Kofi. Une jeune fille de dix-sept ans. Plutôt jolie. Replète. Elle force sans doute un peu sur le Mac Do et les boissons sucrées. Il faudra qu'elle calme le jeu. Ses formes, qu'on peut qualifier de pulpeuses, risquent de se transformer en amas de graisse mal contenus dans des tenues stretch, cet ersatz contemporain de la gaine.

– Entre, dit Simon, assieds-toi dans un fauteuil.

Lui-même s'assoit dans le canapé qui fait face. Kofi le rejoint.

– Tu veux une bière ?

Samia baisse les yeux. On lui avait bien dit que ces deux-là étaient des *koufar*.

– Je ne peux pas.

– Un thé ? De l'eau ?

– Un thé, je veux bien.

Simon bondit et se rend dans la cuisine. C'est toujours lui qui s'y colle. Il ne tient pas en place.

– Bon, qu'est-ce qui t'amène ? demande Kofi.

– Je voudrais… voilà, je sais que c'est prétentieux, mais je voudrais faire des mathématiques.

– Des mathématiques ?

– Oui. Maths sup, maths spé… devenir chercheuse.

– Beau projet.

– Mais les études sont longues, chères, et mes parents…

Elle laisse sa phrase en suspens. Kofi l'achève à sa place.

– Tes parents n'ont pas les moyens. Mais il y a des bourses, non ? Tu es admise en prépa ?

Elle rougit.

– Oui.

– Pourquoi tu rougis ? C'est bien, d'être admise en prépa, ce n'est pas donné à tout le monde.

– Ce n'est même pas donné du tout. Il faut travailler dur.

– Tes parents, c'est les Abdallah, non ?

– Oui.

– Sept frères et sœurs, une chambre pour les parents, une autre pour vous tous, un père et une mère qui ne vous parlent qu'en arabe…

Samia interrompt Kofi. Son regard est dur. Elle élève presque la voix :

– Comment vous savez que mes parents ne me parlent qu'en arabe ?

– Parce que je les connais, tiens… Et tu as réussi à étudier dans tout ce bordel…

– Vous en pensez ce que vous voulez, mais, à leur manière, mes parents m'ont toujours soutenue. Regardez, ils m'obligent même pas à porter le voile.

– C'est marrant. Quand vous portez le voile, vous dites « personne ne m'a obligée, c'est mon choix », et quand vous ne le portez pas, vous dites : « regardez, ils sont cools, ils ne m'obligent pas à porter le voile »… C'est un peu contradictoire, non ?

Samia se contient. Elle n'est pas là pour défendre sa famille. Elle soupire et recentre la discussion.

– Le problème, c'est que je n'ai eu que la mention bien au bac. C'est pour ça… Je n'ai pas obtenu de bourse d'excellence.

Simon revient avec le thé et deux bières. Il attrape la conversation au vol.

– Pourquoi t'as eu *que* la mention bien, comme tu dis ?

– Déjà j'ai un peu raté les épreuves. J'ai eu 16 en maths et 14 en physique-chimie. Mes plus mauvaises notes de l'année. Je jouais si gros… Mais c'est surtout la philo qui m'a plantée. 4. Penser le monde, c'est compliqué.

– Parce que penser les mathématiques, c'est plus simple ?

Samia se tord les mains, saisit sa tasse de thé et en boit une gorgée. Elle sourit à Simon.

– Il est bon.

– Ça fait vingt ans que je fais du thé. Ça me ferait mal au cul qu'il soit mauvais… T'as pas répondu à ma question.

– Oui, penser les mathématiques, c'est plus simple. Il n'y a pas de haine, dans les mathématiques.

Un blanc. Kofi enchaîne.

– Les études, c'est à Paris ?

– Oui.

– Donc il te faut un logement, de quoi manger… C'est ça le problème ?

– Oui. La bourse d'excellence, ça aurait bien aidé.

– Tu n'as pas obtenu une chambre en Cité U ?

– Pour valider mon inscription en prépa, mes notes au bac étaient un peu moyennes. J'ai dû aller défendre mon cas. Sur l'année, mes résultats en mathématiques sont excellents. 19 de moyenne générale. Pareil en physique et en chimie. Même si je n'aime pas ça. 18 en anglais. Déjà, je lis toute la littérature scientifique anglo-saxonne… pardon, je me vante… c'est juste pour dire que j'ai réussi à convaincre les responsables de la prépa.

Le ton de Kofi se fait plus cassant.

– Ne t'excuse pas. Ne t'excuse jamais. Et surtout pas d'avoir des qualités. Bref, tu as raté les inscriptions en Cité U.

– Oui. Même convaincus, ils ne m'accueillaient que si une place se libérait… J'étais première en liste d'attente, quoi. Ça a fini par arriver, mais trop tard. Les cités étaient remplies… J'aurais peut-être dû m'inscrire avant. C'est difficile, au bout d'un moment, de se battre sur…

– Et ne te cherche jamais d'excuse ! Tu as merdé, point. Dis-toi bien que ce sera toujours difficile pour toi. Tu es pauvre, arabe, et tu vis dans une famille qui, si elle t'aime, ce dont je ne doute pas, même si je t'ai choquée tout à l'heure, n'a pas les moyens de suivre tes ambitions. L'échec t'est absolument interdit. Sur tous les fronts. Maintenant dis-moi.

Tu es sûre que tu ne veux pas avant tout te tirer d'ici et t'éclater à Paris ?

– Absolument sûre. Ce qui m'éclate, c'est les abscisses et les tangentes, les équations différentielles, la mécanique quantique…

– OK, OK, j'ai compris. Mais tu as bien conscience que là-bas, tu risques d'être tentée par tout un tas de trucs… Quand on parle des lumières de Paris, on ne parle pas que des illuminations de la tour Eiffel. Tu vas découvrir un monde dont tu n'as pas idée. La liberté, les rencontres, la possibilité de sortir, d'assouvir tous ses besoins, quels qu'ils soient… Note bien que je n'ai rien contre ce monde, tu dois le savoir, on me le reproche assez. Bref, ce n'est pas pour profiter de ces bons fruits juteux que tu vas au Paradis. C'est pour t'y enfermer seule dans une chambre et bosser de 7 heures du matin à minuit, avec toutes ces putains de possibilités de vivre autour de toi.

Samia hésite.

– J'en ai conscience, oui. Mais je ne peux pas savoir ce que je serai demain. Je sais ce que je suis aujourd'hui, je sais ce que je veux, et je sais que je fais tout ce que je peux pour l'obtenir… Même venir ici.

Kofi la fixe longuement et sourit.

– Excellente réponse. Simon ?

– Ça roule.

– Bon. Voilà ce qu'on va faire. Tu vas évaluer précisément tes besoins et on va te prêter le fric nécessaire. On pourrait te le donner mais ça ne peut pas marcher comme ça. On va rajouter de la motivation à ta motivation. C'est un prêt à taux zéro sous condition de réussite : tu te manges deux points d'intérêt par année loupée. Tu nous rembourseras quand tu auras trouvé une situation stable. Dans quelques années, j'imagine. C'est très important, parce que cet argent servira à d'autres que toi. Si ta famille rencontre des difficultés qui risquent de mettre ton projet en péril, viens nous voir, on avisera. Pour tes loyers, on les paiera directement. On te trouvera une piaule indépendante et tranquille. Toi, une fois par mois, tu viendras au rapport. Ça nous permettra de suivre ton évolution et ça nous changera les idées… OK ?

Samia a presque envie de pleurer. Plus que se tordre les mains, elle s'arrache les doigts.

– Je ne sais pas comment vous remercier.

– Oh que si tu sais. Réussis. C'est tout. Si tu échoues, tu connaîtras notre colère. Et ça, je ne te le conseille pas. Va, maintenant. Il te reste à convaincre tes parents d'accepter l'argent du diable…

Samia se lève. Simon la raccompagne. Kofi la hèle une dernière fois :

– Et bouffe bien ! N'économise pas en achetant de la merde !

***

– Qui oserait nier qu'au quartier des Mines, l'insalubrité est générale ? Les canalisations d'eau fuient, celles de gaz n'ont pas été changées depuis leur installation. Les fondations de plusieurs maisons, posées sur un sol rendu de plus en plus meuble à cause de la proximité de l'Aisne, se délitent. Qui sait si demain, une école ne va pas s'effondrer sur nos enfants. L'étroitesse des venelles rend la collecte des déchets difficile, voire impossible. Les bus ont du mal à se frayer un chemin ; du coup, la desserte des transports urbains est mauvaise. Tout est vieux, délabré. Bientôt, nous devrons fermer la poste. Et la sécurité ? Parlons-en, de la sécurité ! L'incendie qui s'est déclaré hier nous a montré que les habitants du quartier des Mines vivaient dangereusement. Les pompiers ont eu toutes les peines du monde à le rejoindre pour y mettre un terme. À quelques minutes près, c'est tout le quartier qui aurait pu flamber, et avec lui, la ville ! Je ne parle pas de rayer ce quartier de la carte. L'Usine Vinaigrier ne doit pas disparaître. Elle a fait l'histoire de cette ville et à ce titre, elle en est un monument. Je parle de rénovation, d'innovation, de renouveau, de renaissance. Tous ces termes convoquent l'avenir. Un avenir qui ne fleurira que s'il s'appuie sur son passé. Un avenir dont on ne s'enorgueillira que s'il se fonde sur son histoire et s'il honore cette histoire. S'il la met en valeur. S'il la transcende.

Jean-Charles Caspiani se rassoit dans un raffut indescriptible, alimenté par les sifflements des uns et les applaudissements des autres. Il n'aurait pas dû se lever. Par définition, un conseil municipal siège. Mais, tribun dans l'âme, c'est plus fort que lui. N'y aurait-il que quatre personnes dans la salle, il s'imaginerait haranguant une foule. Et on ne harangue pas une foule en restant assis. Même chez lui, même au petit déjeuner, dès qu'il se lance dans une déclaration, celle-ci tourne vite à la déclamation. Et il se lève. Là, en se rasseyant, il se demande si la fin de son discours n'était pas trop ampoulée. Mais quoi, on ne crée pas des cités en ne parlant que de parpaings et de béton ! Maire de Larmon depuis vingt ans, il arrive au bout de sa troisième investiture. Et il n'y en aura pas d'autre. Il est temps, maintenant, de tirer les marrons du feu. Il a travaillé dur pour ça, et il ne supporterait pas de voir quelque sécheresse démocratique le priver de sa récolte.

Caspiani se ressaisit. Des bribes du discours adverse lui parviennent. L'Union des Gauches. Il connaît leur logorrhée par cœur mais il se doit de regarder celui qui parle droit dans les yeux. Et c'est parti pour le sermon : certes, des travaux de rénovation sont nécessaires, mais n'est-il pas louche que ce soit la Française de Maçonnerie, au conseil d'administration de laquelle siège la femme de monsieur Caspiani, qui se voie octroyer le marché ? Ne s'agirait-il pas plutôt d'acquérir les immeubles du quartier des Mines à bas prix pour pouvoir, après travaux, les revendre trois fois plus cher, en créant de jolis lofts dans l'Usine Vinaigrier, afin d'attirer quelques bobos parisiens soudainement entichés de provincialisme ? Et s'il s'agit vraiment de rénover nos quartiers les plus déshérités, pourquoi ne pas inclure dans ce plan si magnifiquement philanthrope le quartier des Saisons ?

Caspiani ne bronche pas mais secoue intérieurement la tête. Il entend presque son cerveau faire ploc, ploc.

Parce que c'est un quartier d'Arabes, crétin !

Assouplir les conditions de vie des émigrés signerait l'arrêt de mort de la droite comme de l'extrême droite – tout comme les virer, d'ailleurs, et c'est pourquoi aucun des deux partis ne le fera jamais à grande échelle. Ce n'est pas en vendant aux électeurs plus de travail, moins de salaire et moins de retraite qu'on les fera voter à droite. Un quartier ghettoïsé, rongé par des trafics, et où deux andouilles vont en cramer un troisième parce qu'il est venu vendre sa dope sur leur pas-de-porte, voilà ce qui assurera la pérennité de la droite au pouvoir. Tout le reste, c'est du vent ! La gauche est foutue parce qu'elle n'a pas compris ça. À chaque clin d'œil adressé à une cité arabe, elle se tire une balle dans le pied. Tant pis pour elle. Mais c'est un peu dommage. Il n'y a plus de combat, plus d'excitation. Juste des victoires faciles. Or si Caspiani s'est lancé dans la politique, c'est parce qu'il aime le sport, le combat… La politique, c'est faire la guerre sans risquer de se prendre un éclat d'obus. S'il n'y a plus de guerre, plus de terrains à conquérir, il n'y a plus rien…

– Pardon ?

Caspiani s'en veut. Cette fois, il s'est trop laissé aller à ses pensées. Il n'a aucune idée du contenu de la question qu'on lui pose pour la deuxième fois avec insistance. Il est vraiment fatigué, il en a vraiment marre, il faut vraiment qu'il se tire.

– Nous sommes une équipe. Je laisse la parole à Antoine de Clermont, maire adjoint à l'urbanisme. Il sera plus à même de vous répondre.

Et hop !

Protestations, évidemment. Encore une heure jusqu'au vote. De toute façon, l'attribution du marché passera. La démocratie revêt l'autocratie de beaux habits, mais quel ennui, quel ennui…

***

Élise n'a pas pu y couper. Embauchée la veille pour travailler sur la branche informatique de la communication de l'hôtel de ville, elle ne pouvait rien faire d'autre que venir assister au conseil municipal. Guillaume Bertrand, le directeur des services, l'entendait ainsi, puisqu'il a ponctué leur poignée de main d'un amical mais péremptoire : « Vous commencez la semaine prochaine mais de toute façon, on se voit demain ? » Et il avait ajouté :

– Ça vous donnera l'occasion de faire connaissance avec certains de vos futurs collaborateurs. Khaled Koskeïa sera là, c'est lui qui est chargé de prendre la photo de famille.

Sourire convenu, certitude de réussir, condescendance… Élise a tout de suite détesté cet homme, et elle ne voit pas comment ça pourrait changer dans les mois à venir.

Pour l'heure, elle écoute les discours. Elle ne s'est jamais vraiment intéressée à la politique. Ses parents votaient communiste par tradition mais ne s'étalaient pas sur le sujet. Les patrons allaient à la messe, les ouvriers votaient communiste, ainsi allait le monde, et ainsi sera-t-il toujours allé pour eux qui sont morts avant que nombre des valeurs qu'ils croyaient immuables fussent bouleversées… Auraient-ils voté Le Pen ? Elle en doutait, mais allez savoir…

– Ça vous intéresse tant que ça ?

Élise sursaute et se retourne. Un homme d'une cinquantaine d'années se tient près d'elle, à quelques centimètres en retrait de son épaule droite. Un mètre quatre-vingt-dix, assez enveloppé, usé, empâté mais sans mollesse excessive, des cheveux bouclés grisonnants, des yeux gris clair, aussi transperçants que dénués d'agressivité et teintés d'une incommensurable tristesse ; un sourire très doux, bienveillant, qui rassure Élise. Elle hausse les épaules.

– Je n'ai pas l'habitude.

– Ce n'est que du théâtre, vous savez. De la tragédie, même.

– Pourquoi, de la tragédie ?

– Parce qu'on connaît la fin et qu'elle est toujours désespérante : les plus forts gagnent.

Et il tend sa main. Élise la serre.

– Khaled Koskeïa.

– Ah, c'est vous. On m'a dit que vous seriez là.

– Et vous êtes Élise Santon, chargée de la refonte du site internet… enfin, quand je dis de la refonte, je devrais dire de la construction tellement sa configuration actuelle est nulle.

– Alors c'est vous qui allez prendre la photo de famille ?

– La partie la plus ennuyeuse et la plus rémunératrice de mon travail.

– Il faut qu'on se voie. Il paraît que vous avez accumulé une abondante iconographie sur la ville… On pourra aussi faire de nouvelles photos… Si ça ne vous ennuie pas trop.

– Bien au contraire ! Mais vous pouvez tout aussi bien faire ces photos vous-même, avec un de ces miraculeux iPhone. C'est de votre génération. Je vous parie que, d'ici deux à cinq ans, un film tourné avec un de ces machins sera primé à Cannes.

Teinté d'ironie, son sourire se fait encore plus beau. Pour autant, Élise ne désarme pas.

– Je vais vous expliquer un truc. Mon père était mécanicien. Il était chargé du réglage des prototypes des machines-outils produites par l'Usine Vinaigrier. Je sais ce que le mot métier veut dire. La modernité peut donner l'illusion du savoir-faire, mais pas le remplacer.

Khaled la fixe longuement, profondément. Puis son regard se perd au-delà des murs. Elle ne doute pas qu'il est capable de voir au travers.

– On va faire du bon boulot ensemble, mademoiselle.

– Élise. Si vous m'appelez mademoiselle, on ne fera pas de boulot du tout.

– Très bien… Élise.

Elle se concentre un peu sur le débat/pugilat et se tourne à nouveau vers Khaled.

– Je ne comprends pas pourquoi je n'ai pas entendu parler de ce projet de réhabilitation avant ce soir.

– Ah oui ? Pourtant, conformément à la loi, une enquête publique a été diligentée, et vous aviez la possibilité de vous informer. On sollicitait même votre avis, à vous comme à tous les habitants de Larmon.

Élise est décontenancée.

– Je ne savais pas, je vous assure.

– C'est que, comme nombre de nos concitoyens, vous ne lisez pas les panneaux d'affichage. Il y avait des encarts dans le canard local, aussi. Le strict minimum légal, mais c'était suffisant pour se tenir informé, dès lors qu'on se soucie un peu du sort que nous réservent les puissants.

Élise se rebiffe :

– En gros, je suis une conne.

– Non, innocente. Et les innocents ont toujours tort… Mais je suis désolé, je ne voulais pas vous mettre mal à l'aise. C'est simplement que… C'est un peu énervant, cette tendance généralisée à l'apathie. On se plaint sans cesse de ce que les puissants font tout ce qu'ils veulent alors que c'est faux ;

le plus souvent, c'est nous qui les laissons faire. Parce qu'on a d'autres soucis, parce que la vie est compliquée, parce que le travail est épuisant, parce que tenir sa maison, sa famille, son rôle au sein d'une entreprise et trouver dans tout ça le temps d'aimer est déjà bien difficile. Et je me mets dans le lot. On baisse trop souvent les bras. On a peut-être des excuses mais elles nous servent à quoi, ces excuses ?

C'est Élise, maintenant, qui détourne les yeux et survole l'assemblée sans fixer aucun point précis. Khaled lui pose une main sur l'épaule.

– Excusez-moi. Je sais très bien être un vieux con.

– Non, non, vous avez raison.

Un temps.

– J'habite le quartier des Mines. C'est la guerre, là-bas. Vous devriez venir voir.

– La guerre… vous pesez vos termes ?

– Je ne sais pas, je n'ai jamais connu la guerre. La vraie. Mais c'est le sentiment que j'ai éprouvé ce matin, quand j'ai eu l'impression que tout explosait autour de moi.

Khaled prend soudain un ton plus enjoué.

– Je viendrai. De toute façon, il faut qu'on se voie pour parler de ce que vous attendez de moi. Ça m'a beaucoup touché, ce que vous avez dit tout à l'heure… Bon, le vote va avoir lieu, je vais me préparer à immortaliser l'événement.

Ils se serrent la main. Khaled s'éloigne d'un pas lent, son appareil photo en bandoulière.

***

Il est une heure du matin. Le pot aménagé dans les salons privés de la mairie pour arroser l'issue victorieuse du vote est enfin achevé. Jean-Charles Caspiani a eu toutes les peines du monde à faire partir les invités, une bande de coqs et de poules satisfaits d'eux-mêmes, satisfaits d'une victoire si facile qu'un enfant de quatre ans aurait pu la remporter, et incapables de voir que ce n'est là qu'une victoire apparente. Parce que les occupants, eux, vont se battre. Ils ont déjà commencé. Maître Sophie Guérin lui a bien fait comprendre, en aparté, qu'elle lancerait toutes les procédures possibles et imaginables… Heureusement, Madeleine Caspiani, fidèle à elle-même, a épaulé son mari et fait activer la retraite, expliquant à tout un chacun que son Jean-Charles avait besoin de rester seul, qu'il devait travailler sur un dossier épineux. Elle a consciencieusement ignoré les quelques sourcils relevés ou les sourires en coin qui signifiaient : on le connaît, le dossier épineux de Caspiani, il s'appelle Florence, il est blond, il a vingt-trois ans, et son seul rôle à la mairie, c'est d'écarter les jambes et ouvrir la bouche, sauf pour parler. Madeleine s'en fiche. Son mari veut baiser ? Qu'il baise. Elle, ça la fatigue. Elle se trouve trop vieille pour ça. Et elle ne le désire plus du tout. Sans doute ne l'aime-t-elle plus, en fait. D'ailleurs, l'a-t-elle jamais aimé ?

Il baisait bien, oui. Et elle aussi. Ce genre de chose agrémente les mariages arrangés et il n'y a pas à dire, ils se sont bien amusés. Madeleine a compris très jeune qu'elle devrait se soumettre à tous ces pénibles rites, hérités du XIXe siècle (période Restauration), que s'obstinent à suivre les familles richissimes. Les mariages sont des contrats d'affaires, l'entretien de courtisans et de courtisanes en est le plus solide ciment. La religion se charge de donner à tout ça des airs de morale respectable. C'était ça ou couper les ponts, vivre avec une petite bourgeoisie qui s'offusque d'un rien et se contente de peu. Madeleine avait choisi et n'avait pas eu à se plaindre. Certes, dans ce genre d'arrangement, on devient vite spectateur d'une vie qui se déroule quasiment à son insu, mais les petits déjeuners pris sur la terrasse ensoleillée d'un hôtel à mille euros la nuit, restent des choses bien agréables à vivre. Et bien qu'elle ait été une femme plutôt belle, Madeleine n'aurait sans doute pas pu s'offrir de jeunes hommes de dix-neuf ans, taillés par des sculpteurs grecs et dont le pénis était le marbre éternel (la chaleur en plus).

Elle en avait fini avec ça. Son mari en avait besoin pour croire que la mort n'était pas si proche. À son âge, elle préférait qu'il fasse trempette à domicile – après tout, l'hôtel de ville était leur seconde résidence à Larmon, non ? S'il devait péter une durite, ce serait plus simple pour intervenir.

Ce soir, Madeleine se trompait. Florence est restée, oui – ou plutôt, elle est revenue, comédie des apparences oblige –, mais quand elle a soulevé sa jupe, sous laquelle elle ne portait pas de culotte, et qu'assise à l'angle du bureau, suffisamment en retrait pour que ses jambes pendent dans le vide et que sa vulve soit en contact avec le plateau, elle a commencé à se masturber dans un mouvement d'une infernale lenteur, comme Jean-Charles aime la voir faire avant qu'elle ne le suce – en vérité, maintenant, il a du mal à bander sans ça –, ce dernier lui a dit de se rhabiller et de décamper. Petit jeu, a-t-elle pensé. Il faut qu'elle le supplie, maintenant ! Mais la gifle retentissante qu'elle reçoit à la première tentative d'approche câline la fait détaler sans demander son reste. Ça ne peut pas durer comme ça. Il faut vraiment qu'elle obtienne rapidement ce qu'elle veut.

***

Assis au volant de sa BMW X6, Richard les regarde tous sortir. Antoine de Clermont, Guillaume Bertrand, Guy Mazel, l'architecte qui a remporté l'appel d'offres pour la reconstruction du quartier des Mines, Judith Humbert, présidente du syndicat des commerçants de Larmon, Évelyne Dirian, une conseillère juridique, François Veyssière, le P.-D.G. de la Française de Maçonnerie, Patrick Melkian, directeur de l'hebdomadaire *La République de Larmon*, et l'un de ses rares fouille-merde salariés : Gilles Cartier. Tous accompagnés de leur femme ou de leur mari. Tous le sourire aux lèvres… D'aucuns, des intellectuels, surtout, soutiennent que les buts véritables de l'existence de l'homme sont d'ordre exclusivement sexuel. N'importe quoi. Mis à part le petit personnel, la plupart de ces gens ont les moyens de cesser toute activité et de ne plus vivre que d'orgies sexuelles, jusqu'à ce que mort s'ensuive. Or, depuis la nuit des temps, ils n'ont de cesse de se montrer, d'être là où il faut être, de tisser des réseaux sociaux, toujours à la recherche de plus d'entregent, plus de puissance, plus de pouvoir, plus de fric. Le sexe est une composante de l'échafaudage, mais il n'est pas la seule. Sinon, depuis longtemps, la terre serait une vaste plaine verte et fertile, où s'ébattraient à l'infini des couples abrutis par l'orgasme. Tiens, même la petite Florence sort. Les hommes ne savent pas ce qu'ils cherchent. Sinon, ils l'auraient trouvé depuis longtemps. Mais il y a toujours quelqu'un qui croit connaître l'ordre du monde. Et toujours des obsédés qui essayent de l'imposer, ce qui fait bien l'affaire de Richard Deurthe.

Il sort de la BMW, traverse le parking maintenant désert et entre dans l'hôtel de ville par la porte de service. En pénétrant dans le bureau de Caspiani, il s'aperçoit tout de suite que, malgré sa victoire, ce dernier est d'humeur massacrante.

– Elle commence à faire chier, cette petite conne !

– Tu veux que je m'en occupe ?

– Mais non ! Bien sûr que non ! On n'est plus en Afrique, Richard !

– C'est toi qui décides.

– C'est ça, c'est moi qui décide. Et si je te dis qu'on n'est plus en Afrique, ce n'est pas pour rien. Explique-moi : c'est quoi, cette connerie d'incendie ?

– Un bâtiment insalubre qui crame, ce qui prouve qu'il faut réhabiliter le quartier des Mines… Qu'est-ce que tu veux que je te dise d'autre ?

– Je veux que tu me dises que ce n'est pas toi qui as fait ça.

– OK. Ce n'est pas moi qui ai fait ça. Je le jure sans broncher devant tous les dieux, tous les tribunaux, tous les flics, tous les journalistes…

– Ah oui ? Et tu étais où ?

– Je ne sais pas, moi… Disons, chez Florence.

– Tu te la tapes aussi ?

– Elle pense que je peux aider à son ascension. Ce qui prouve qu'elle a compris des choses et qu'elle n'est pas conne, soit dit en passant.

– Bon, OK, je m'en fous. Mais arrête avec ces méthodes. Il va y avoir enquête, procès, très certainement médiatisation de l'affaire… On va tenter de faire dégager ces foutus squatters en référé mais je n'y crois qu'à moitié. Il faut que tu trouves un truc plus insidieux, si possible qui ne part même pas de nous, qui se passe pendant qu'on bouffe au resto avec Madeleine, qu'on est en réunion de travail avec dix autres personnes, qu'on est à la messe…

– Je ne vais pas à la messe.

– Eh bien tu iras.

– Je ne pourrais pas plutôt aller au golf ?

– Richard, arrête de me faire chier, tu as très bien compris.

Richard soupire. Se dirige vers le bar, en sort une bouteille de Lagavulin, se sert un verre, en propose un à Jean-Charles.

– Non, ça va, j'ai assez bu.

– Toujours moins que les autres, j'imagine.

– Bien sûr… Bon, tu as une idée ?

– Oui. Un bon vieux classique.

– On peut savoir ?

– Vaut mieux pas.

– Un indice ?

– Pervertir.

– Faudra voir… Pour l'heure, continuons d'acquérir des lots et attendons de voir ce que vont trouver nos avocats.

ÉPISODE 2

« À quoi ça sert d'avoir un gosse, si c'est pour arrêter de vivre ? »

Élise

Toute la ville est éventrée. Les immeubles, grands corps décharnés, ne tiennent plus debout que parce qu'ils sont crucifiés à leur propre charpente. Des langues de béton, comme autant de lambeaux de peau, pendent dans le vide, retenus à leur squelette par le treillis soudé qui sert à consolider les dalles. Des millions de tonnes de gravats s'entassent, dégueulés par toutes ces plaies ouvertes, purulentes de douleur. Par endroits, ils obstruent complètement la route. Tu te frayes un chemin pour tenter de t'évader de cette jungle de ciment, de brique et de métal. Une jungle jaune, constellée d'étoiles boueuses, rouge sang à leur naissance mais bientôt noires, desséchées par la chaleur et la poussière. À part ta respiration, tous les bruits qui te parviennent sont étouffés, comme des acouphènes. Tu es accroupi. Tu as mal aux cuisses. Tu attends. Prêt à bondir. Les bombes ont fini de tomber pour une heure, deux au maximum. Mais tu dois attendre encore un peu avant de franchir l'esplanade qui s'ouvre devant toi. Sitôt la dernière bombe tombée, les snipers entrent en action. C'est là qu'ils font leurs meilleurs cartons. Le calme revenu, chacun n'a qu'une hâte : s'extirper du trou où il a dû se terrer. Pour retrouver l'air libre, mais aussi pour respirer, débarrasser ses poumons de la poussière qui obstrue ses bronches. Tu écoutes ta respiration encombrée, ce rythme obsédant de la vie qui insiste. Comme tous les écrasés, tu attends qu'un autre que toi prenne le risque de traverser l'esplanade. À presque tous les coups, le premier meurt. Comme les soldats qui chargent dans les tranchées. Les premiers meurent toujours, embrochés sur une baïonnette soigneusement aiguisée et nettoyée. Et pourtant, il y a toujours un premier. Tu tends l'oreille. Il faudrait au moins que tu puisses entendre le bruit des balles. Que tu saches s'il y a un sniper dans le secteur. Un sniper qui, depuis son promontoire, aurait ouvert le feu dans une autre direction, manifestant ainsi sa présence, et qui pourrait se tourner dans la tienne à tout instant. Mais tu ne perçois que des sons étouffés, cotonneux. À l'exception de ta respiration et de tes battements de cœur. Et d'une plainte. Qui s'élève. Une plainte stridente, très éloignée, mais claire. Un miaulement. Ou un cri de bébé. De très jeune bébé. Une silhouette se détache d'un monceau de gravats. Elle fait dix mètres, vingt mètres. Et s'effondre. Une seconde silhouette déboule alors. Toute hurlements et douleur. Elle tombe sur le cadavre qu'elle était venue pleurer, formant avec lui comme une croix. Un X. Peut-être le point de visée de la prochaine bombe. Ce n'est pas parce qu'il y a des morts qu'il n'y a plus personne à tuer. Deux sur deux. À moins d'être tombé sur un as, il y a peu de chances que le sniper fasse du cent pour cent sur trois tirs. Tu aimerais pouvoir t'élancer mais tu as peur. Et cette peur te cloue. Tu attends encore. À la prochaine tentative d'évasion d'un de tes compagnons d'infortune, tu tenteras le coup. Le sniper ne pourra pas viser deux cibles en même temps. La chaleur est insupportable, la puanteur est insupportable, la sensation d'étouffement est insupportable, le temps immobile est insupportable. Et cette plainte qui ne cesse pas. Qui bientôt te vrille le cerveau. Ça y est. Une femme sort. Tu t'élances. C'est elle ou toi. Tu cours. Un bruit lointain retentit, réverbéré, comme celui que fait un coup de feu filmé au ralenti au cinéma. C'est elle. C'était presque couru d'avance. Quand on tue une femme, on tue un peuple à venir. C'est plus rentable. Tu parviens à atteindre une carcasse de 4 × 4 sur laquelle un insigne de la Croix-Rouge a été grossièrement peint. Une balle vient s'encastrer dans la ferraille. Cette fois, ça sonne comme un coup de timbale entendu depuis les coulisses d'un théâtre. Et toujours cette plainte, ce pleur, ce cri de faim, de soif.

Il n'y a presque plus de doute.

Vraiment, un enfant vient de naître dans cet enfer ?

LVLH

Khaled se fraie un chemin entre les tranchées laissées en plan. Il passe devant une ancienne mercerie. Un rideau de fer rouillé est baissé devant la vitrine. La porte d'entrée a été murée à la va-vite avec des parpaings. Les maçons n'ont même pas pris soin de lisser les joints et, par endroits, le ciment dégueule en boudins craquelés. Un peu plus loin, c'est une maison d'habitation dont toutes les fenêtres ont été murées.

Oui, ce pourrait être une guerre, il voit ce que la petite veut dire, mais il manque quand même pas mal de choses pour compléter le tableau. Les ruines, les cadavres, le bruit, les cris de peur et de désespoir, l'odeur de charnier, celle d'égouts et de conduites de gaz éventrées, et peut-être surtout la poussière, qui grise tout, même les yeux des hommes.

Khaled atteint bientôt le grand corps calciné laissé par l'incendie. Toutes les huisseries ont explosé et des halos noirâtres se sont formés autour des ouvertures. Il franchit la bande jaune et noir tendue par les services de police et qui fait office de scellés, et jette un œil à l'intérieur du bâtiment depuis la porte d'entrée. Le feu a eu le temps d'éventrer les planchers avant d'être maîtrisé, mais le bois est beaucoup plus résistant à la chaleur que l'acier, et la charpente en poutres de chêne, bien que profondément entamée, est encore solide. Il entre, repère la descente de cave sur sa droite et s'y engouffre avec prudence. Bien que lent, son pas est sûr. Il réajuste la sangle de son appareil photo sur son épaule. Il ne la met jamais autour du cou. C'est un tic qu'il a. Il ignore d'où ça vient.

En bas, tout est carbonisé. Les ressorts rouillés d'un matelas gisent parmi un tas de cendres. À quelques centimètres de celui-ci, un bougeoir en cuivre complètement tordu est encore posé sur une brique. Brave résistance des objets… Les bouteilles de verre entreposées dans la cave ont toutes éclaté en fragments calcinés. À supposer que l'une d'elles ait servi à confectionner un cocktail Molotov, on n'aurait aucune chance de retrouver la moindre trace d'essence sur ses débris. Bien que ses yeux se soient habitués à la faible lumière du jour que laisse passer le soupirail, Khaled allume sa lampe torche. Dans un angle de la pièce, le faisceau lumineux tombe sur les restes d'un livre à moitié recouvert par un seau à charbon renversé ; il faut beaucoup de temps pour brûler un livre. Un matelas, un livre, un bougeoir… Il n'y avait peut-être personne dans la maison au moment où l'incendie s'est déclaré, mais il ne fait aucun doute qu'un squatter avait investi les lieux. Khaled soulève le seau du bout du pied et se penche pour attraper le livre. Il veut en connaître le titre. Pure curiosité. Que lit un homme arrivé en bout de course ? Un homme ou une femme, du reste… Il stoppe son geste. Un petit tas d'os noircis par les flammes gît sur la portion de livre protégée par le seau renversé. Il y a des dents, aussi. De toutes petites dents, toutes en longueur et courbées. Khaled arme son appareil photo. Il déteste le flash mais là, il n'a franchement pas le choix.

À peine a-t-il pris sa photo et laissé retomber le seau sur le livre qu'il entend des voix au-dehors. Il jette un œil par le soupirail. Un type en costard, une femme et un flic enjambent les scellés. Il va encore se faire engueuler. Il remonte l'escalier en fouillant dans ses poches, à la recherche de sa carte de presse.

La femme est elle aussi un flic. Lieutenant ou capitaine, il n'y a pas moyen de savoir. Elle jette un œil sévère à l'homme qui apparaît à l'entrée de la maison au moment où elle s'apprête à en franchir le seuil.

– Qu'est-ce que vous foutez là ?

Khaled tend sa carte professionnelle. La femme hoche la tête.

– Mouais… ça ne vous autorise pas vraiment à franchir des scellés, vous savez ?

– Je sais, mais je fais un métier où ce qui est intéressant se situe au-delà des lignes infranchissables.

– Vous enquêtez sur l'incendie ?

Le ton de la question révèle une réelle surprise. Khaled prend le temps d'observer la femme. Environ quarante-cinq ans, des cheveux blond-roux bouclés, maintenus, à l'exception de quelques mèches rebelles, en une queue-de-cheval remontée sur l'arrière de la tête, des yeux très bleus, à l'iris cerclé de noir. Un corps assez sec, plutôt bien mis en valeur par une tenue qui semble pourtant essentiellement fonctionnelle : jean, blouson de cuir souple.

– Je ne vous ai jamais vue.

– Moi non plus, je ne vous ai jamais vu. Pourquoi ? Vous êtes censé être une célébrité ?

– Non, je suis photographe pour *La République de Larmon*… entre autres. Et comme je couvre un maximum d'événements et de faits divers…

– Ouais, bon, si vous voulez bien nous laisser, l'expert d'assurances a du travail. J'espère que vous n'avez touché à rien.

– Je connais mon métier.

– Justement ! Vous l'avez dit vous-même. Ce n'est pas en marchant droit qu'on découvre un rat dans le tiroir.

– Comment ?

– Je ne sais plus le dicton exact mais il doit bien y en avoir un qui ressemble à ça.

– C'est marrant que vous parliez de rat.

– Pourquoi ça ?

– Je vous laisse. Vous aussi, vous connaissez votre métier.

L'officier de police hausse les épaules et entre dans la maison sans ajouter un mot, suivie de l'expert d'assurances qui commençait sérieusement à s'impatienter.

***

– Madame, vraiment, je ne vous comprends pas. Regardez la rue, regardez tous ces travaux. On est parti pour des années de bruit, de dérangements, de bouleversements. Pendant tout ce temps, vous n'aurez plus de commerces de proximité. Tous les magasins vont fermer et ce n'est pas demain la veille que d'autres viendront prendre leur place. Les trottoirs vont devenir de plus en plus dangereux. À l'arrivée, vous ne vous y retrouverez plus du tout. Vous êtes attachée à votre quartier ? Je le comprends bien. Il a une histoire, ce quartier. Mais il va être tellement transformé que vous ne reconnaîtrez plus rien. Croyez-moi, vous feriez mieux d'accepter ma proposition financière. C'est une occasion unique de vendre votre bien à un tel prix. Vous trouverez facilement à vous reloger – je peux vous y aider, par ailleurs –, et il vous restera un bon pécule. Vous ne voulez pas vous rapprocher du centre-ville ? Ce serait beaucoup plus pratique pour tout. Pour la santé, pour les aides à domicile, pour les courses… Vous savez, arrivé à un certain âge, on est bien obligé d'envisager le fait qu'on ne pourra plus subvenir tout seul à ses besoins. Vous avez des enfants ? J'imagine que vous ne voulez pas devenir une charge pour eux…

Richard ne sait plus quoi dire. Postée à sa fenêtre, les yeux rivés sur l'extérieur, la vieille femme ne desserre pas les dents. Soudain, elle se retourne, se dirige lentement vers la porte d'entrée et l'ouvre. Sans dire un mot. Richard soupire lourdement. Elle va souffrir, cette vieille. Il aimerait l'en avertir mais elle pourrait prendre ça pour une menace, ligne à ne pas franchir.

– Bon, je vous laisse ma carte. Réfléchissez encore, je vous en prie.

Alors qu'il est sur le seuil, la vieille femme se décide enfin à parler.

– D'où on vient… C'est triste à dire, mais à la fin d'une vie comme la mienne, c'est tout ce qui nous reste.

Et elle ferme la porte.

***

LVLH

Un matin, on se réveille, et on découvre que la ville a changé. Qu'elle s'est dégradée et qu'elle menace de s'effondrer.

C'est comme un cancer. Un jour, on perçoit une gêne légère, un essoufflement de presque rien et, le temps qu'on s'en inquiète, on découvre qu'on est atteint d'un adénocarcinome bronchique de stade IV.

Autant dire un stade terminal.

On n'a plus qu'à agoniser.

Et à mourir.

Sauf que le cancer dont souffre la ville, on en connaît le virus, et même si on se réveille trop tard, on peut encore le combattre.

Enfant, j'ai joué dans ces rues. Je les ai arpentées dans tous les sens. Pour aller à l'école, à la boulangerie, au marché. Le quartier des Mines est le ventre dans lequel je suis née et celui dans lequel je pense mourir. Mes parents y sont nés aussi, et mes grands-parents. Mon histoire y est enracinée, c'est là que je puise mes ressources. Je pourrais peut-être vivre sans, de même qu'on arrive à cultiver des plantes hors sol, mais je ne suis pas sûre qu'elles deviennent les plantes les plus épanouies, et pour l'heure, je ne le désire pas.

Aujourd'hui, ma terre n'est pas labourée, elle est éventrée. Les commerces ferment, les rues sont de plus en plus impraticables. Les appartements sont tous rachetés par une société, la Française de Maçonnerie, et immédiatement saccagés par des dévitaliseurs, afin que personne ne puisse venir les occuper. Les artistes de l'Usine Vinaigrier sont menacés d'expulsion…

Si ce quartier doit changer, s'il a en effet besoin d'être rénové, j'aimerais que ce soit ma main qui soulève la truelle et projette l'enduit sur les murs. On ne peut pas être spectateur et acteur. Actrice involontaire d'une pièce dont on change le décor, je ne peux pas me contenter de regarder sans rien faire.

On peut être violé par plus fort que soi, mais rien ne nous empêche d'essayer de donner des coups de pied dans les roubignolles du destin, ou mieux encore, du marionnettiste qui en manipule les fils. C'est le but que poursuivra ce blog.

Journal de la décomposition ou de la recomposition du quartier des Mines, selon la tournure des événements, LVLH rendra compte de l'évolution des chantiers et tentera de vous tenir informés de ce que l'on veut vous cacher. LVLH, La Ville à L'Horizon. C'est le titre et le programme. N'hésitez pas à le suivre. Tout sera consigné et signé :

Debbie

Marc rabat l'écran de l'ordinateur sur le clavier et se lève brusquement. Il rejoint Élise dans la cuisine.

– Tu es sérieuse ? Tu vas vraiment te lancer là-dedans ?

Élise étale de la margarine sur une tranche de pain.

– Il faut bien faire quelque chose. Déjà, j'ai trop fermé les yeux. Toi aussi, d'ailleurs.

– Tu n'as aucune preuve sur rien. Tu avances des faits sans citer tes sources. Sources qui doivent être au nombre de trois distinctes pour qu'une information soit validée, je te le rappelle. Tu râles assez sur les journalistes ou les blogueurs qui ne respectent pas cette règle.

Le couteau s'immobilise sur la tranche de pain. Élise dévisage son compagnon, interloquée.

– Mais enfin, Marc, où est le problème ? C'est la première fois que tu ne m'encourages pas dans une de mes entreprises. Tu ne vas pas me dire que tu as peur ? On n'est pas en Turquie. C'est de la polémique démocratique, ce blog, pas un brûlot terroriste !

– Peut-être, mais tu viens juste de trouver un nouveau boulot, et tes employeurs sont les gens que tu dénonces dans ce blog. Si tu es démasquée…

– Si je suis démasquée, quoi !? Ils vont me virer ? Mettre fin à la période d'essai ? Eh bien on aura un bout de chômage et je trouverai autre chose. On a toujours trouvé et on s'en est toujours sortis. Je te rappelle qu'on a la grande chance de ne pas avoir à payer notre logement.

– Enfin, Élise ! On va avoir un enfant ! Ce serait quand même bien que la situation se stabilise un peu, non ?

Cette fois, Élise pose le couteau et se redresse.

– Ah, c'est ça ? Parce que j'attends un gosse, je dois renoncer à ma conscience, rester sage et patienter ? Putain, Marc, ça sert à quoi d'avoir un gosse, si c'est pour arrêter de vivre ?

– Élise, tu grossis tout ! Je n'ai pas dit…

Marc est interrompu par la sonnerie de la porte d'entrée. Élise sort de la cuisine.

– C'est Khaled. J'avais complètement oublié !

– Khaled ?

– Koskeïa, le photographe. On doit faire un tour de la ville ensemble. Va lui ouvrir, vous vous présenterez. Je me fringue un peu mieux et j'arrive.

Passer en un clin d'œil d'une grimace à un sourire, de l'orage au ciel azuré, c'est tout Élise. Marc soupire. Pour lui, c'est plus difficile. Chaque haussement de ton le blesse. Il ne comprend toujours pas comment on peut s'aimer et se balancer des choses méchantes. Quoique en vérité, Élise ne lui a rien dit de méchant. Mais elle a encore trouvé le moyen de lui poser une question qui va, pendant des jours et des jours, lui tourner dans la tête.

À quoi ça sert d'avoir un gosse si c'est pour s'arrêter de vivre…

Qu'est-ce que vous voulez répondre à ça ?

***

– En effet, ça faisait un moment que je n'étais pas venu là. Il y a longtemps que les travaux ont commencé ?

– Il y a un mois environ qu'ils ont percé les premières tranchées. Tiens, regarde, la boucherie est murée. C'est le premier magasin qui a disparu. La boulangerie connaîtra le même sort d'ici quinze jours.

Khaled et Élise ont décidé de se tutoyer.

– Tu as pris des photos ?

– Oui… mais je vois mal la mairie accepter de les voir diffusées sur son site. *La République de Larmon* n'a toujours pas jugé bon de parler de ces… disons transformations, pour rester neutre.

– Eh bien Debbie les diffusera.

– Qui ?

– Debbie. C'est le nom sous lequel j'ai décidé de rédiger un nouveau blog. LVLH, pour La Ville à L'Horizon. La face cachée du site de la mairie. Une information, une photo, peuvent prendre plusieurs sens différents. Transformation ? Démolition ? Reconstruction ? C'est à nous de donner un sens aux choses qu'on voit.

Khaled et Élise marchent côte à côte. Il a garé sa voiture à la sortie du quartier. Volontairement, pour le traverser à pied. Il allume son Canon, sélectionne une photo et la montre à Élise.

– Et ça, tu l'interprètes comment ?

Élise fronce les sourcils.

– On dirait des ossements. Tout est noir… Tu as pris ça où ?

– Dans la cave de la maison incendiée.

Élise regarde encore et tend l'appareil à Khaled.

– Je ne vois pas ce que c'est.

– Les restes d'un rat qui a cramé.

– … ça nous apprend quoi ?

– Les rats sentent venir les catastrophes de loin. Tu connais l'expression « les rats quittent le navire », pour dire que si tu les vois faire, tu peux être sûr que le bateau va couler. Et t'as intérêt à les suivre, parce qu'ils ne se trompent jamais. Or celui-ci s'est fait surprendre, et il n'était pas le seul. Je n'ai pas eu le temps d'analyser tous les indices mais certains monticules m'ont laissé à penser qu'il s'agissait de rats dans un état de combustion plus avancé que celui-ci.

– Tu veux dire qu'ils n'auraient pas dû être là et que s'ils l'étaient, c'est qu'ils ont été les premiers à brûler ?

– C'est exactement ce que je veux dire.

– Je ne comprends pas.

– Un rat trempé dans l'essence fait une torche idéale… C'est une technique que révèle un journaliste dans un de ses livres, *Rue des rats*… Je te le prêterai, si tu veux. Il y a plein de méthodes pour chasser les occupants indésirables d'un immeuble. Celle-ci en fait partie.

– C'est grave ce que tu avances là. Tu crois que LVLH pourrait publier cette photo… et ces explications ?

– À mon avis, c'est prématuré. Il faut d'autres preuves.

– Tu parles comme Marc.

– Eh bien Marc a raison. Pour être ne serait-ce que crédible, ton blog doit être irréprochable.

– Et les autres photos du quartier, tu me les passeras ?

– Je te ferai une sélection. Être informatif n'empêche pas ton blog d'être esthétique, non ?

Élise sourit. Ils sont arrivés à la voiture de Khaled, une Logan constellée de fientes de pigeon, à la porte arrière enfoncée.

– Eh ben dis donc, on ne t'a pas raté.

Khaled soupire.

– Non, c'est moi qui ne me suis pas raté. J'ai brûlé un feu rouge. Involontairement.

– Aïe !

– Une absence. Je me suis soudainement trouvé au milieu d'un carrefour, avec une file de voitures qui m'arrivait sur la gauche. L'une d'elle m'est rentrée dedans. J'ai fait une embardée pour l'éviter et du coup, il n'y a pas eu trop de casse, en dehors de ma portière et du pare-chocs de l'autre véhicule. J'ai eu de la chance. Un vélo, une moto, et j'aurais eu un meurtre sur la conscience… La conductrice m'a gentiment fait remarquer que dans un sens je m'en étais bien tiré, parce que j'aurais pu me prendre le poids lourd qui est passé juste avant elle. « Quel poids lourd ? » j'ai demandé…

Élise pose la main sur la poignée de la porte et s'immobilise. Khaled sourit.

– Allez, grimpe. Ça ne m'arrive pas tous les jours… Et puis tu me parleras. Comme ça, je resterai en connexion avec la planète.

***

Il subsiste encore un kébab, un magasin qui propose toutes sortes de produits d'origine africaine et un boulanger, mais le Franprix, noir de suie et dont plusieurs vitrines sont fêlées, a fermé ses portes, les rideaux de fer sont baissés devant le bureau de poste et le distributeur automatique de billets est en panne. Idem pour la pharmacie.

– Ça fait longtemps que je ne suis pas venue au quartier des Saisons… ça s'arrange pas.

– Le Franprix a cramé il y a cinq ans. C'était la troisième fois en dix ans. Le type qui en détenait la franchise a laissé tomber et personne n'a voulu reprendre l'affaire. Ensuite, le quartier s'est de plus en plus refermé sur lui-même. Et comme tout le monde s'en fout…

Trois femmes revêtues d'un burkina débouchent au coin de la rue. Plutôt jeunes, elles parlent en faisant de grands gestes. L'une d'elles pousse un landau. Sa tête part en arrière, dans un grand éclat de rire. Khaled les désigne du doigt.

– Il y a dix ans, on n'en voyait pas une seule. Des vieilles algériennes dont les cheveux étaient recouverts d'une coiffe en tissu, oui, il y en avait. Comme ma grand-mère, qui était catholique et ne sortait jamais sans son fichu. Ce n'est d'ailleurs que très tard que j'ai compris que c'était sans doute la persistance d'un rite religieux. Moi, je croyais seulement que c'était parce qu'elle avait froid à la tête, ou qu'elle ne voulait pas que le vent emmêle ses cheveux.

– Ta grand-mère était catholique ?

– La mère de ma mère, oui. Cette dernière s'est mariée avec un Algérien et ils ont monté un restaurant. Couscous et escalope normande… Il y en avait plus qu'on ne croit… Bon, je photographie quoi ? Aucune des images que je prendrai ici ne pourra être validée pour sa mise sur le site de la mairie.

– Prends-en pour Debbie… Si tu veux bien. Pour la mairie, on va essayer de montrer le bon côté des choses.

– Le bon côté des choses ? Et il est où ? Côté autoroute ? Côté terrain vague ? Côté zone industrielle ?

– Le bon côté, c'est toujours les gens. Les femmes qui rient, on aurait pu les prendre… Il n'y a pas un marché, ici ?

– Si, tous les jeudis.

– Eh bien on reviendra jeudi.

– Mmmm, pas évident de prendre des photos à découvert, ici. D'ailleurs, tiens, voilà les charbonneurs.

– Les charbonneurs ?

– Les dealers de shit.

Trois jeunes à casquette inversée approchent de la voiture d'un pas chaloupé. L'un d'eux toque à la vitre de Khaled. Il l'ouvre.

– Vous attendez quelqu'un ?

– Non.

– Vous cherchez quelque chose ?

– Non.

– Alors qu'est-ce que vous foutez là ?

– Eh, gamin, on est dans un pays libre. Si je veux me garer là, je me gare là.

Le jeune sort un couteau à cran d'arrêt. Une lame courte mais épaisse. Solide.

– Et moi, si je veux crever tes pneus, je les crève. Comme ça, ta bagnole, elle va rester ici un bout de temps, si c'est ce que tu veux. Je peux aussi redresser tes autres portes à coups de pompe, papy.

Khaled le regarde dans les yeux.

– OK. Mais tu vas faire un truc pour moi. Raconte bien cette histoire à Kofi. Pas la peine que je salisse mes godasses, il te donnera des coups de pied au cul lui-même.

Et brusquement, il démarre. Le jeune crie :

– Eh, mec, attends !

Élise demande :

– C'est qui, Kofi ?

– Le gars qui tient le marché du cannabis.

– Et tu le connais ?

– Non. Mais le gamin ne le sait pas. Ils vont se triturer les méninges pendant un moment. Ça ne peut pas leur faire de mal.

***

Une main sur l'écouteur du casque collé à son oreille droite, l'autre sur les boutons de sa console de mix, Squad pousse légèrement le volume avant de lâcher tout et de se saisir du vinyle qu'il a choisi pour enchaîner. The Communards, *You Are My World.* Facile, mais trente ans après, ça le fait toujours. La voix aiguë de Jimmy Sommerville met immédiatement les danseurs en transe. Pour un peu, on se croirait dans une église de Saint-Louis en état d'implosion sous le sermon d'un prêcheur déchaîné. Sauf qu'ici, à part Squad, tout est blanc. Les gens, le chanteur, la musique… « Gay White Gospel », pense le DJ dans un sourire. Après les Écossais, *Bring On The Night,* Police. Il faut croire que Squad est dans son quart d'heure grand-breton fin soixante-dix début quatre-vingt. Ensuite, retour aux sources. Toujours rappeler à tous ces ignorants d'où elle vient, toute cette énergie. James Brown for ever. Ou Lee Field, pour arrêter un peu de taper dans les tubes. Toute la musique qu'on aime, elle ne vient pas du blues, elle vient du Noir. Ce soir, Squad manque d'inspiration, donc il va vers les valeurs sûres. On ne peut pas passer sa vie à être original, sinon, par définition, on n'est plus original. Mais ça n'interdit pas d'être efficace.

Les jeunes sont enthousiastes. Depuis quelque temps, les soirées du squat sont devenues la dernière attraction branchée de Larmon. Il y a tout ce qu'il faut. Des artistes, de la musique, de l'alcool, une légère odeur de soufre due au statut du lieu et à sa fragilité – « paraît qu'ils vont se faire virer » –, et une forte odeur de shit. Romaine aussi est contente. Squad se demande à quel moment elle va réussir à entraîner un des jeunes dans son atelier pour délirer sur ses sculptures, d'abord, puis le pousser dans son lit. Trentenaire, très jolie mais complètement frappadingue, elle fait fuir tout mâle un peu sensé, ce que ne peut pas être un jeune éphèbe au cerveau noyé dans l'alcool et le tétrahydrocannabinol. « Enjoy, my sister… »

Ce sont des soirées privées mais ouvertes à tous. Il suffit d'adhérer à l'ASOUV, l'Association de Soutien aux Occupants de l'Usine Vinaigrier. Cotisation : un euro. Boissons payantes, l'argent va dans la caisse de l'association. Une boîte de nuit associative, en quelque sorte, installée dans les immenses sous-sols de l'usine. C'est Squad qui en a eu l'idée.

Élise l'observe de loin, depuis un renfoncement où la musique n'empêche pas ceux qui souhaitent discuter de s'entendre. Elle n'est pas sûre que ce soit une bonne idée, ces soirées. Certes, c'est attractif, mais tous ces jeunes viennent consommer. La situation du squat, les enjeux sociaux, politiques, elle est presque sûre qu'ils s'en foutent. Le shit, non. Et puis ça devient gênant, toute cette drogue qui circule ; Squad peut être heureux, il fait de bonnes affaires, mais ça risque de porter préjudice à leur cause. Comment les autres habitants du quartier pourraient-ils s'y retrouver dans ce genre d'ambiance ? D'ailleurs la preuve : ils ne viennent pas. Et il y a les flics aussi. Le statut de soirée privée protège les squatteurs d'une descente mais si les auxiliaires de justice réussissent à établir que c'est un lieu de trafic, même léger, ce ne sera pas la même chanson. Il faut qu'elle soulève ce point à la prochaine réunion. Elle va encore paraître bégueule, oie blanche et tout ce qu'on veut mais tant pis.

Elle se retourne vers Bernard. Lui fume cigarette sur cigarette. Elle est enceinte, merde, est-ce que quelqu'un, un jour, va bien vouloir prendre cette donnée en compte ? Marc se tourne vers elle :

– Qu'est-ce que t'as ?

– Quoi, qu'est-ce que j'ai ?

– Tu dis rien.

– Qu'est-ce que tu veux que je dise ?

– Je ne sais pas, moi… on discute du tract depuis un quart d'heure et toi tu rêvasses.

Ah, oui, le tract… Encore des heures de discussions en perspective. Doit-il être politique ? Non, ça fait fuir les gens, si, parce que tout est politique. Il doit choquer pour réveiller les consciences, il ne doit pas choquer sinon les gens se détournent ; il doit exposer la situation dans le détail, il faut de la transparence, il ne doit pas exposer la situation dans le détail, les gens s'en foutent et ils ne vont rien comprendre…

Élise se lève brusquement.

– Bon, salut tout le monde, je suis nase.

Marc se lève à son tour et la suit.

– Ça ne va pas ?

– Mais si, ça va, retourne avec eux. Tu passes ta vie à me rappeler que je suis enceinte mais dès qu'il s'agit de picoler ou de fumer, ça te préoccupe beaucoup moins. Alors ce coup-ci, c'est moi qui te le rappelle : je suis enceinte et dans cette atmosphère, je suis en train de rendre notre bébé alcoolique, tabagique, shitigique et je ne sais quoi d'autre encore. Donc je rentre : OK ?

– Je t'accompagne.

– Non. C'est toi qui vas mettre le tract en forme, ils ont besoin que tu sois là… et moi, être un peu seule ne me fera pas de mal.

Marc tente son sourire le plus enjôleur. Ah, le salaud, il le fait bien !

– Mais tu m'aimes ?

Élise le regarde, lui sourit en retour et dit d'une voix douce – enfin, aussi douce que possible dans ce capharnaüm :

– Non. Ce soir, je ne t'aime pas. Ce soir, je n'aime rien. Ce soir, je n'ai qu'une envie, c'est être demain. Tu peux comprendre ça, *mon chéri* ?

Marc ne répond rien. Quand Élise est comme ça, ce n'est pas la peine de discuter. Il retourne vers le groupe de réflexion. La jeune femme sort du sous-sol. La fraîcheur et l'odeur de moisi qui règnent dans l'escalier lui font presque du bien. Dehors, il pleuvine mais l'air est doux. Elle se sent tout de suite beaucoup mieux et marche d'un bon pas vers chez elle. Une voiture de police passe en trombe, gyrophare allumé, et pile devant l'entrée d'un logement, deux pâtés de maisons plus loin. À quelques rues de là, la sirène d'un SMUR retentit. Élise hésite à aller voir ce qui se passe et renonce. Elle est fatiguée pour de vrai. Et dans le quartier, les événements exceptionnels deviennent la routine. Elle saura bien assez tôt de quoi il retourne.

***

Frédérique venait d'éteindre les essuie-glaces et elle s'apprêtait à couper le contact de sa Renault quand l'appel est arrivé. Un suicide dans le quartier des Mines. Un officier en vacances, un autre malade et un troisième sur un cambriolage en centre-ville. Le quatrième, on ne lui en parle pas. Il a une famille, lui… Elle jette un œil à son pavillon plongé dans le noir. Rentrer dans une maison où les lumières sont allumées, où des conversations sont en cours, où la télé fait trop de bruit, il y a bien longtemps qu'elle n'a pas connu ça. Elle soupire, déchire l'emballage d'un nouveau paquet de Lucky, allume sa vingt et unième cigarette de la journée, celle qu'elle aurait pu éviter – cinq autres vont encore venir derrière, probablement –, et s'engage dans un demi-tour. Toute la ville à traverser. Elle habite à l'est, dans un modeste quartier pavillonnaire.

Sur place, un agent en uniforme l'attend dans l'entrée. Une vieille femme lui parle, entre larmes et colère.

– ... plusieurs jours que je vous appelle, mais personne n'est venu. Alors j'ai attrapé un pied-de-biche et j'ai forcé la porte. Moi, j'ai dû faire ça... À soixante-dix-huit ans ! Y a l'autre qui voulait acheter mon logement et maintenant y a ça qu'arrive. Vous serez plus jamais tranquille, qu'y disait. Même vous, vous nous abandonnez. Je disais au téléphone que j'entendais plus rien à côté et que ça puait de plus en plus mais tout le monde s'en fichait. Pourquoi vous êtes pas venus plus tôt ?

Frédérique intervient :

– Écoutez, madame, je comprends votre désarroi, mais nous sommes là maintenant. (À l'agent :) Elle t'a raconté tout ce qu'elle savait ?

– Oui... Pas grand-chose, à vrai dire.

– Bien. Madame, vous devriez rentrer chez vous. Vous voulez qu'on prévienne votre famille ? Il y a quelqu'un, dans le coin, qui pourrait passer vous voir ?

– Nan. Y a personne. Ça fait bien longtemps qu'y a plus personne. Ils ont mieux à faire.

Les corps qui pendent au bout des cordes, les jeunes camés crevés d'overdose, les cadavres cramés dont les membres dépassent de carcasses de voitures retournées, Frédérique les supporte assez bien. Mais ce genre de remarque où se devine toute la solitude du monde l'ébranle à chaque fois plus que de raison.

– Je vous raccompagne. (À l'agent :) Il y a quelqu'un, là-haut ?

– Éric et Jean-Pierre, avec Gilles Cartier, le fouille-merde de *La République* et le photographe, là, avec un nom pas possible... Koskaya...

– Koskeïa. Et vous les avez laissés monter ? Vous êtes cons ou quoi ?

Le gendarme hausse les épaules.

– Éric connaît bien Gilles… et ils peuvent rien toucher, de toute façon.

Frédérique ne répond pas et grimpe les escaliers avec la vieille femme, qui a encore de bonnes jambes. Très vite, l'odeur de décomposition vient lui chatouiller les narines.

– Comment vous appelez-vous ?

– Odette. Et vous ?

– Frédérique. Vous êtes sûre que ça va aller ?

– C'est plus une question que je me pose. Si vraiment ça allait pas, je ferais comme mon voisin… Quoique c'est pas sûr que j'aurais le courage.

Odette sort la clé de sa poche et ouvre sa porte. Au moment où elle la referme, Frédérique promet :

– Je repasserai vous voir tout à l'heure.

La vieille femme hausse les épaules.

– Si c'est ouvert, vous pouvez entrer. Si c'est fermé, c'est que je dors.

– Bonne nuit.

Frédérique traverse le palier et entre dans l'appartement d'en face. L'odeur n'est pas pire que dans l'escalier. Curieux comme les effluves cheminent. Elle n'est pas pire mais elle n'en est pas moins prenante.

La scène est éclairée par un halogène sur pied poussé à fond. L'homme s'est pendu avec une cravate au crochet de fixation prévu pour recevoir un plafonnier. Une chaise est renversée sous ses pieds. Ses mains sont grossièrement attachées dans le dos avec du ruban adhésif large de couleur marron, habituellement utilisé pour sceller des colis. Le rouleau de scotch est posé au sol, maintenu par le pied d'une lourde table autour duquel il peut tourner. Un long ruban traîne par terre, entortillé sur lui-même. L'homme n'a pu le couper qu'avec ses dents. Ensuite, il est monté sur la chaise et a passé la tête dans la cravate préparée à l'avance. La position acrobatique dans laquelle il s'est entravé les mains fait que l'enrobement n'est pas très serré, aussi aurait-il pu parvenir à se libérer, mais il lui aurait fallu beaucoup plus de temps que les cinq minutes suffisantes pour mourir, à supposer que sa nuque ne se soit pas brisée. Il s'est bien trituré les méninges. Il voulait vraiment ne se donner aucune chance de pouvoir revenir en arrière. Ce genre de détail aussi, ça marque.

Et par ailleurs, ça risque de compliquer sérieusement l'enquête. Il va falloir dépêcher des experts pour prouver que oui, l'homme a très bien pu s'attacher les mains dans le dos tout seul. Mais le soupçon qu'un autre l'ait fait – pour l'aider à mourir ou pour le tuer – va perdurer. Il va falloir se coltiner l'enquête de personnalité, interroger l'entourage…

– OK, dit Frédérique à voix haute pour conclure son soliloque, le légiste arrive ?

– On l'attend…

Elle se tourne vers Khaled :

– Et vous, qu'est-ce que vous faites là ? Ne me dites pas que *La République de Larmon* va diffuser la photo d'un type qui pend au bout de sa cravate ?

– Non. Au mieux, je pourrais faire passer la photo de la pièce vide, dans cet éclairage blafard, avec le crochet… Même la cravate ne passerait pas. Mais je ne vais même pas me donner cette peine. J'essaye seulement de convaincre mon collègue qu'entre l'incendie d'il y a trois semaines, les déménagements hâtifs, les fermetures définitives de magasins, les saccages des appartements dès qu'ils sont libérés et pourquoi pas ce suicide, il y a moyen de faire des rapprochements.

– Et moi, dit Cartier, je crois que c'est un fait divers de plus, dans une ville qui en compte ni plus ni moins qu'ailleurs. Je suis pas payé pour faire des suppositions, je suis payé pour rendre compte. Ce type s'est pendu parce qu'il allait être expulsé suite à plusieurs défauts de paiement, comme l'atteste l'avis d'huissier posé sur son bureau. Je ne vois pas le rapport avec la réhabilitation du quartier. Ce papier va faire dix lignes à tout casser. Et Koskeïa, je vais te dire, le sujet, ce n'est pas le suicide de ce pauvre type, c'est qu'il ait fallu attendre qu'il pourrisse sur pied, si je puis dire, pour qu'on découvre sa dépouille. La solitude. Voilà le sujet qui fera frémir les lecteurs…

– Ah, c'est sûr, s'il ne s'agit que de faire frémir les lecteurs.

– Un pote m'a raconté qu'à Mantes-la-Jolie, où il bosse dans *Le Courrier*, le canard du coin, on a découvert un tas d'os dans un appartement. Ceux d'une femme. On a établi qu'elle était morte depuis cinq ans. Pourtant, elle avait eu une belle carrière de journaliste à la radio. Cinq ans. Et pas un ami, pas un membre de sa famille pour se soucier de ce qu'elle était devenue. Les impôts non acquittés, le compte en banque qui ne bouge plus, les factures d'électricité impayées… rien, personne pour s'en étonner… Pour le coup, le pote a eu une demi-page. La photo qui l'accompagnait montrait une vue extérieure de l'immeuble. Sur ce, moi j'y vais.

Gilles Cartier ne propose même pas à Koskeïa de le raccompagner. Khaled, Frédérique et les deux agents en uniforme écoutent sans dire un mot le bruit de ses pas qui s'éloignent dans l'escalier. C'est Frédérique qui rompt le silence.

– Là où il n'a pas tort, c'est que c'est peut-être un peu prématuré pour envisager un complot de quelque nature que ce soit.

Khaled la regarde. Elle est capable d'être affectée et il aime ça. Elle a les yeux clairs et il aime ça. Elle doit avoir dans les quarante ans, quelques rides commencent à sérieusement creuser leur sillon, et il aime ça. Elle réfléchit et il aime ça. Il sort les mains de ses poches et se gratte la tête.

– J'ai longtemps été payé pour savoir qu'un événement n'a de sens que dans le contexte où il se déroule. Prenez la photo d'un enfant mort échoué sur une plage, par exemple. Si vous ne le rattachez pas à la tragédie des migrants, vous pouvez supposer que ses parents l'ont balancé d'un bateau avant de prétendre qu'il est passé par-dessus bord et s'est noyé. Si cet homme s'était pendu dans une piaule du XVIe arrondissement, à Paris, je ne me poserais pas de questions. Mais là…

– Vous voulez dire qu'on aurait pu pousser son propriétaire à demander son expulsion ?

– Il faut voir… Savoir qui est ce propriétaire, si des liens le rattachaient à la victime, s'il vire systématiquement de leurs logements tous ses mauvais payeurs, si par le passé il y avait déjà eu des problèmes de versements de loyers… mais c'est votre métier, ça.

– Oui. Comme de supposer qu'en ce cas, le commanditaire aurait pu venir lui-même le pendre.

– En laissant un indice aussi évident que les mains attachées dans le dos ? Je n'y crois pas.

Frédérique sourit.

– Ah moins que justement il ne l'ait fait sciemment pour qu'on écarte l'hypothèse… Bon, j'imagine que vous n'avez plus rien à faire ici ? Un bon lit bien chaud, ça ne vous tente pas ? Moi, si j'étais à votre place, j'y serais déjà depuis un bon quart d'heure.

Elle sort une cigarette et l'allume. Khaled la regarde, étonné.

– Ne vous inquiétez pas, je ne laisserai pas mes cendres pervertir la scène de crime.

Elle désigne la dépouille.

– Et je ne pense pas que ça va beaucoup le déranger.

Elle a de l'humour et il aime ça.

***

Un petit marché se tient toutes les semaines au quartier des Mines. De plus en plus petit au fur et à mesure que la place où il se tient est défoncée par des machines. Il paraît que les canalisations d'eau sont à refaire. Durant la nuit, le ciel s'est dégagé et un léger vent du sud apporte avec lui quelques douceurs africaines. Bernard, Squad plus quelques comédiens et occupants du squat distribuent les tracts qu'ils ont imprimés aux premières lueurs du jour. Les traits sont tirés, les cerveaux embrumés. La moitié des badauds prennent le tract et s'en débarrassent deux mètres plus loin, d'autres y jettent un œil et le mettent dans leur poche, certains s'arrêtent pour discuter. En bas du tract, il y a un bulletin détachable d'adhésion à l'ASOUV. Rares sont ceux qui le remplissent et versent leur écot d'un euro, mais Bernard s'en satisfait. Il regonfle ses troupes en affirmant qu'ils ont beaucoup plus de succès qu'il n'en a jamais eu en tractage à Avignon. Surtout si on prend en compte que l'essentiel des discussions, sur le marché, tourne autour du suicide d'un des habitants du quartier. Odette prend le papier qu'on lui tend, s'arrête pour le lire, lève un œil suspicieux sur Bernard.

– Vous faites pas un tarif pour les pauvres ?

– Ben… On se disait qu'un euro, ce n'était pas très cher.

– Et pourquoi vous faites payer ?

– C'est une question de loi. C'est symbolique aussi… Mais tenez, si vous voulez, je vous l'offre cet euro.

Il sort une pièce de sa poche et s'apprête à la mettre dans la caisse.

– Tiens, le revoilà, celui-là.

– Pardon ?

– Le tondu, là-bas… celui qui rachète le quartier.

Bernard se retourne brusquement.

Richard Deurthe sort d'un petit immeuble. Il est poursuivi par un type qui doit mesurer un mètre soixante et qui l'invective en agitant furieusement le doigt. Bernard et les comédiens s'approchent.

– … Vous êtes là à nous agiter votre fric sous le nez, mais nous on n'en veut pas ! On veut rester ici. Regardez tous ces trous, regardez ce que vous faites à notre quartier. Qui vous êtes pour dire qu'on vit mal ici ? Qui vous êtes pour dire qu'on a besoin de rénovation ? Donnez-nous des pots de peinture et des sacs de ciment et on s'en chargera, de votre rénovation !

– C'est bon, monsieur, j'ai compris, je n'insiste pas.

– En plus vous dites que vous voulez rénover, mais rénover pour qui, si dans le même temps vous nous flanquez à la porte ? Ça a pas de sens, ça !

– Je ne vous flanque pas à la porte, je vous propose une affaire.

De plus en plus de gens quittent les étals des marchands pour s'approcher et voir de plus près l'altercation. Bernard intervient :

– Une affaire ? Si vraiment il y a une affaire à faire, monsieur n'aurait-il pas plutôt tout intérêt à attendre ?

– Attendre quoi ?

– Mais que le quartier soit rénové, que l'usine soit transformée en un immeuble de lofts avec vue sur la rivière et la campagne environnante pour les étages les plus élevés.

Bernard se tourne subrepticement vers la foule et, phrase après phrase, construit un discours qui ne s'adresse bientôt plus qu'à elle.

– Parce que c'est bien ça qui est prévu, non ? Faire de notre quartier une résidence de bobos !? Venez profiter des douceurs de la province, à une heure de Paris à peine ! Des prix ridicules en comparaison de ceux de la capitale ! Pour le prix de votre deux pièces de trente mètres carrés, vous aurez un loft de cent cinquante mètres carrés, ou bien vous pourrez acheter une de ces délicieuses maisons, anciennement jumelles, mais aujourd'hui réunies en une seule entité, et entièrement refaites ! Voilà ce qui se trame derrière tout ça. Et vous, habitants du quartier, que vous restera-t-il ? Vous aurez bien vendu votre logement, oui, comparé aux prix d'aujourd'hui. Mais ce ne sera qu'une bouchée de pain en regard de la valeur que votre bien aura pris demain. Ils veulent rénover ? Qu'ils rénovent ! Mais c'est nous qui en profiterons !

Il y a bien une cinquantaine de personnes, maintenant, qui applaudissent. Richard sait qu'il ne peut plus rien faire. Il tente de contourner l'attroupement mais il est pris à partie par Odette, qui s'accroche à sa manche :

– Ben quoi, vous répondez pas ?

Il se libère d'une bourrade qu'il aurait voulue moins violente car la vieille femme perd l'équilibre et tombe. Bernard la rattrape et elle ne se fait aucun mal, mais le geste a suffi pour énerver la foule qui, maintenant, harangue Richard et, bientôt, lui jette des légumes pourris, prélevés dans les cageots de rebuts des maraîchers. Deurthe a rarement été aussi humilié dans sa vie. En d'autres temps, dans d'autres pays, il aurait sorti une kalachnikov de sous son manteau et aurait arrosé ces enragés. Le tout aurait alors tourné en une émeute mise sur le compte de conflits interethniques et lui, il aurait filé par la porte de secours. Mais qu'est-ce que vous voulez faire dans cette putain de démocratie, où le moindre flic qui sort son arme et tire avec pour se défendre se voit suspendu pendant deux ans dans l'attente de son procès s'il a eu le malheur de toucher sa cible ! Un pays où au mieux, on parle de karchers pour balayer des indésirables, là où lui aurait utilisé des lance-flammes…

Odette le regarde détaler.

– Qu'il aille au diable. (À Bernard :) Quant à vous, je vais vous le donner, votre euro. Et même deux.

– C'est trop. Je vous ai juste rattrapée.

– C'est pas pour ça, c'est pour ce que vous faites.

– Mais un euro suffit, je vous assure.

– Y a pas que pour moi, y en a un pour René, aussi. S'il avait encore été de ce monde, il lui aurait mis une sacrée raclée, à ce malfaisant !

***

Kofi grimpe les dix étages de la tour Hiver à pied. C'est un de ses sports quotidiens. La nourrice au dernier étage, c'est une idée de Simon. Si les flics débarquent, Jalila n'a qu'à prendre le matos et le monter sur le toit. L'escalier de service est juste à côté de sa porte d'entrée. Il peut y avoir jusqu'à cinquante kilos de matos mais elle a le temps de vider les lieux. À la moindre alerte, le disjoncteur est actionné et le câble d'alimentation électrique des ascenseurs est coupé. Les flics doivent alors se farcir les cent trente marches. S'il leur vient à l'idée de monter sur le toit, ils découvriront la marchandise. Lourde perte, certes, mais qui n'occasionnera aucun désagrément à Jalila ni à aucun des membres de la filière, qui n'auront plus qu'à opposer un silence ferme à toute question.

Bonne idée. Mais il paraît que Jalila ne veut plus jouer le jeu. Kofi, à peine essoufflé, frappe à sa porte. La jeune femme vient ouvrir. Un bébé pleurniche dans ses bras et deux mômes de trois et cinq ans s'accrochent à ses jambes, leurs yeux noirs levés sur le géant qui vient de franchir le seuil de l'appartement. En arrière-plan sonore, la télévision. Des clips de R'n'B sur MCM.

– Tu m'offres un thé ?

– Kofi, je…

– Si tu veux, je peux le faire. En attendant, envoie les enfants dans leur chambre. Garde le bébé, je doute qu'il comprenne quoi que ce soit. Et éteins cette foutue télé.

Pendant que l'eau bout, il ouvre le placard qui fait office de « four ». Un des défauts du système, c'est qu'il faut que Jalila ait un double des clés ; elle a donc accès à la came. L'autre, c'est qu'une descente peut survenir à un moment où elle est absente – en courses ou en balade avec les mômes. Elle doit donc prévenir un des membres du gang, qui vient la remplacer jusqu'à ce qu'elle revienne, ou qui va faire des courses à sa place. Même s'ils ont l'ordre de ne jamais rechigner, c'est assez contraignant pour elle. La liberté, c'est de pouvoir conserver le secret de ses actes. De ce point de vue, elle n'en a aucune.

Le son de la télé disparaît brusquement et Jalila entre dans la cuisine quelques secondes après. Kofi apprécie le silence. Ça devient un luxe, le silence. Une de ces choses que pourraient s'offrir les pauvres, mais qu'ils se refusent. Ils ne se rendent pas compte à quel point le bruit les fatigue. Mais c'est peut-être ce qu'ils cherchent. Jalila s'assoit. Kofi lui sert du thé. Lui reste debout, adossé à l'évier. Il s'adresse à elle de sa voix éternellement douce.

– Alors, c'est quoi le problème ?

– Je veux plus le faire.

– Ça, j'ai compris, mais pourquoi ?

– Annan a ouvert la porte. Il a vu la drogue.

– Ah bon ? Et comment il a fait ? La clé est toujours cousue au revers de ton pantalon ?

– Oui.

– Montre.

Jalila soupire, se lève et retourne d'une main le haut de son jean. Le bébé couine un peu. Elle lui embrasse les cheveux et le berce doucement. La clé est bien là, au niveau de la ceinture, cousue avec un fil noir.

– Et tu peux me dire comment Annan a pu prendre cette clé sans que tu t'en rendes compte ? Tu crois que tu es la première à me sortir cet argument bidon ?

– J'ai peur. Il me faut plus d'argent.

– Plus d'argent ? Tu te fous de moi ? Je te donne 500 euros par mois. Le tarif d'une nourrice, c'est 200. Avec tes 535 euros de RSA et tes 295 euros d'allocs, ça te fait plus de 1 300 euros par mois. Et c'est moi qui complète l'allocation logement pour ton loyer…

– Et on va où, avec 1 300 euros ? J'ai quoi comme avenir ?

– Je t'ai déjà dit cent fois de profiter de la situation pour faire des études. Au lieu de ça, tu passes ton temps à avaler des clips et des séries de merde. Tu parles d'avenir mais quel avenir ? Tu crois que tu vas gagner plus en faisant des ménages ? Et la garde des enfants, tu y penses ? Et les transports à payer ? À moins que tu ne songes à tapiner ? Ne dis pas n'importe quoi, Jalila. Si tu fais des études, que tu les réussis et que tu trouves un boulot digne de ce nom, on te déménage et on met quelqu'un d'autre à ta place. Ce n'est pas plus compliqué que ça. Et si vraiment tu en as marre et que tu t'imagines une vie bien meilleure en allant travailler au smic ou en vendant ton cul, pas de problème, tu me donnes ton préavis et d'ici trois mois tu dégages. Dans tous les cas de figure, la nourrice reste ici… Momo n'a plus que trois ans à tirer. Quand il sortira, ton bébé aura grandi et si vous voulez partir, les choses seront plus simples. C'est une super maternité, que je t'offre ! Tu es toujours avec Momo ?

– Oui… mais justement.

– Justement quoi ?

Jalila hésite. À tous les coups, Kofi ne va pas apprécier.

– L'imam, à la prison, il a dit que c'est pas bien de faire ça. Que c'est *haram*.

– C'est pas vrai… Momo s'est converti ?

– Oui.

– Et toi ?

– Moi, je sais pas… Je crois que je vais être obligée. Il pourra pas vivre avec une *koufir*.

Kofi, *koufir*… le géant sourit. Un peu jaune. C'est peut-être là l'origine de son nom. Quand les Arabes, bien avant les Blancs, sont venus en Afrique subsaharienne chercher des esclaves et convertir les villageois qui restaient sur place pour continuer d'alimenter le trafic.

– Bon, c'est quand, ta prochaine visite à Momo ?

– Tu sais bien. C'est tous les jeudis.

– Oui, c'est vrai. Il m'emmerde tellement, votre putain de prophète, ou plutôt ce que vous en faites, que j'en viens à m'embrouiller… Écoute, jeudi prochain, c'est moi qui irai voir Momo.

– Mais…

– Il n'y a pas de « mais ». Il faut qu'on règle ça, et vite. Je vais parler à Momo. S'il change d'avis, tant mieux. Sinon, à toi de voir. Mais que ce soit clair. On peut quitter Kofi, mais on ne peut jamais revenir. Si tu pars, tu seras seule avec les fous de Dieu… Et là, côté avenir, ça va commencer à être très sérieusement compromis. Tu n'auras pas besoin de me le dire. Il suffira que je voie ta jolie tête mortifiée par un suaire.

– Un quoi ?

– Un suaire. Du latin *sudarium*. Ça désignait le linge dont on se servait pour essuyer la sueur de son visage. C'est devenu le nom qu'on donne au pan de tissu dans lequel on enveloppe un mort avant de l'ensevelir.

***

Brahim attrape un verre de vin rouge et prend soin de le siroter. Après l'incendie, il est allé passer quelque temps dans le centre-ville pour se faire oublier. Les villes ne cessent de se faire belles et il y a toujours un chantier dans le recoin duquel on peut se planquer. Encore qu'il n'est pas sûr que qui que ce soit ait beaucoup pensé à lui aux Mines ou se soit soucié de sa disparition. Mais il ne rate jamais un vernissage. Il a pu sauver des flammes toutes ses affaires – pas difficile, quand elles sont toutes concentrées dans un sac à dos, c'est au moins un avantage qu'il a sur les riches : une belle villa part en feu et c'est quatre-vingt-dix pour cent de leurs biens qui partent en fumée, sauf l'argent, bien sûr, l'argent est toujours ailleurs – et ce qu'il a de plus précieux dans ces affaires, c'est son costume d'apparat. Un pantalon en velours côtelé et une veste assortie, une chemise et même une paire de chaussures soigneusement conservée dans sa boîte d'origine. Le velours, c'est pratique. Ça n'a pas besoin d'être repassé. Les chaussures, il les a piquées à l'étal d'un marché. C'est très important, les chaussures. C'est ce qui trahit le plus ceux qui vivent dans la rue. Cette tenue, il ne la sort que pour ça : les vernissages. Même transi de froid, il ne la revêt pas pour ajouter une couche supplémentaire entre lui et la mort aux dents de givre.

Il est content de revenir au squat. Ici, ils le connaissent un peu. Ils savent qu'il n'est pas un bourgeois venu se cultiver ou se montrer. Limite, il aurait pu se dispenser du costume. Mais même les gauchistes apprécient les marques de respect. Et puis c'est un vernissage politique. Pour informer la population et les journalistes de la situation du squat. Rien ne doit déborder. Et lui-même, dans ce costume, se sent autre. Il a l'impression, pendant quelques heures, de faire partie de la société des ayants droit. Exposition des artistes du squat, performances, concerts, et surtout un buffet campagnard, à la bonne franquette. Une belle soirée en perspective. Il pose son verre vide et en reprend un autre. Au début, c'était tout ce qui l'intéressait. Bien manger, bien boire. Même les petits fours Sodexo ou les pains surprises sous plastique valent mieux qu'un reste de kébab extirpé du fond d'une poubelle. Là, c'est du solide, du fait maison, des salades de pâtes, des rillettes, des baguettes aux graines, des tartes, des cakes. Il doit même y avoir du bio. Et puis à la longue, il s'est intéressé aux œuvres exposées. Il aime maintenant franchement se promener parmi les œuvres présentées, s'interroger sur ce qu'a voulu faire l'artiste, sur ce que veut dire « art », sur cette volonté acharnée que mettent certains à créer quelque chose qui n'existait pas auparavant. Pour transformer le monde ? Pour l'embellir ? Ou au contraire pour en mettre toute l'horreur à nu ? Ou simplement parce que c'est agréable de sentir qu'au moment où on pétrit son matériau, où on le travaille, où on le visse, où on le ponce, où on le casse, où on le rogne, on est le centre de son monde ? Il comprend rarement, il aime plus rarement encore, mais il éprouve des émotions autres que la peur et rien que ça, ça vaut le coup. Manger correctement, avoir chaud, penser, ressentir. Tout ce qui vous est interdit quand vous êtes à la rue.

Un attroupement se fait dans un coin du squat. Une performance va démarrer, sans doute. Il s'approche. C'est Romaine. Romaine Sweiss. Sculpteuse et peintre. Alors elle, en général, ce n'est pas triste. Une fois, elle a accueilli le public dans l'espace qui était réservé à l'exposition de ses œuvres. Aucune n'était accrochée. À l'exception des cimaises, les murs étaient blancs. Vides. Romaine, vêtue d'un chandail en laine et de… rien, rien en bas, juste sa nudité, les poils de son sexe, se tenait debout à côté d'une pile de toiles, de plusieurs thermos de thé et d'un pack de trente-six Kanterbraü. Quasiment sans cesser de boire alternativement un liquide ou l'autre, elle prenait les toiles une à une et pissait dessus avant d'aller les accrocher – Brahim se masturbait souvent en pensant à cette femme accroupie qui pissait, mais ces masturbations se teintaient d'une certaine tendresse ; c'était l'image, qui l'émouvait, et pas les élucubrations pornographiques qu'il aurait pu échafauder à partir d'elle. Romaine avait mélangé à sa peinture un produit chimique qui réagissait à l'urine et du coup, la toile, d'abord seulement luisante de pisse, se transformait sous les yeux des spectateurs. La performance a duré longtemps parce que même si Romaine buvait autant qu'elle pouvait, il fallait laisser à l'estomac et à la vessie le temps de faire leur travail de retraitement. Brahim n'en a pas raté une miette.

Ce soir, il se doute que la performance sera moins choquante. Dimension politique oblige.

***

N'importe quoi. Élise ne parvient pas à s'empêcher de penser que c'est n'importe quoi. D'abord, cette exposition, ce vernissage, elle était contre. Elle s'est vertement fait recadrer par tout le monde lors de la réunion au cours de laquelle ils ont décidé de mener cette action. Elle défendait l'idée qu'ils n'étaient pas là pour vendre de l'art ou faire valoir les créations des artistes. Et une soirée punk ou électro, avec déclamation de textes révolutionnaires, au milieu d'une exposition d'œuvres totalement incompréhensibles pour le commun des mortels, ferait fuir toute la population qu'ils commençaient seulement à sensibiliser aux problèmes du quartier.

– Le squat doit être défendu comme un symbole du quartier, et non pour lui-même. Et si la population moyenne et travailleuse qui habite ce quartier ne soutient pas la résistance à l'expulsion, c'est mort !

Qu'est-ce qu'elle n'avait pas dit là. « Petite bourge inculte », « sociale-traître »… les noms d'oiseaux ont volé, et pas des plus tendres. Les artistes, surtout, ont été choqués par ses propos. Elle a fini par présenter ses excuses et se soumettre au résultat du vote. Fichue démocratie, qui veut que les minoritaires subissent et se plient à des décisions qui les révoltent. Marc n'a pas voté contre elle. Mais pas pour non plus. Il s'est abstenu. Ce soir, elle lui en veut encore. Elle s'approche avec appréhension de l'attroupement qui s'est formé autour de la performance de Romaine. La sculpteuse a promis qu'elle ne dépasserait pas les limites de la bienséance. Même si Élise n'a été suivie par personne, Bernard a souligné qu'elle n'avait pas tort sur tous les points et que chaque artiste devait penser qu'il était l'ambassadeur d'une cause commune. Sa remarque a été suivie d'interminables débats sur l'art et la liberté, l'art et la politique, l'art et le sens de l'art… Pour l'heure, il semblerait qu'au moins, Romaine restera habillée. La plupart du temps, elle commençait ou finissait à poil. Une fois, elle avait exécuté un véritable striptease. Engoncée dans un imbroglio de vêtements et de bouts d'étoffe, se présentant alors déjà comme une œuvre d'art mouvante, elle les avait tous retirés un à un, jusqu'à sa culotte et ses chaussettes, pour les accrocher sur une structure en bois. Ainsi l'élaboration d'une œuvre procédait de la destruction d'une autre. À l'arrivée, le résultat était assez joli, et le propos d'une grande clarté. La construction et la déconstruction, la transformation d'une œuvre, l'idée que celle-ci n'est pas un objet figé mais un projet en devenir, participent des crédos de Romaine. Cette fois encore, il s'agit de ça. Mais très vite, Élise comprend que le corps de l'artiste ne sera pas mis à contribution. Ça la rassure.

La sculptrice, simplement vêtue d'une tenue de travail – jean troué, T-shirt sans manches –, démonte soigneusement, boulon après boulon, barre après barre, une structure métallique de trois mètres de haut. Elle vient ensuite ranger chaque pièce dans un casier. Les boulons de huit avec les boulons de huit, les boulons de douze avec les boulons de douze, les barres d'un mètre avec les barres d'un mètre, les barres de quarante centimètres avec les barres de quarante centimètres… Le tout en marche arrière, comme un film qu'on passerait à l'envers. C'est intéressant mais fastidieux. Et ça ne fleure pas du tout le scandale. Le public s'en désintéresse. Élise aperçoit Brahim et s'approche de lui.

– Bonsoir Brahim.
– Bonsoir madame.
– Je ne m'appelle pas madame, je m'appelle Élise.
– Pardonnez-moi… Élise.
– Ça fait un moment qu'on ne vous a pas vu.
– Oui… Je suis allé me promener un peu dans le centre-ville. Changer d'air, c'est notre seul luxe…
– Je me demandais… pourquoi ne vous êtes-vous jamais installé au squat ? Il y a de la place, les gens vous connaissent…
– Je sais, mais l'air de rien, ce n'est pas si simple. Il faut participer aux tâches ménagères, verser son écot pour la bouffe, l'eau, l'électricité… C'est beaucoup d'obligations pour un type qui a complètement perdu l'habitude d'en avoir.
– Quand même, ce serait mieux que dormir dans la rue, et puis ça vous remettrait peut-être un peu le pied à l'étrier. Sans compter que ça vous ferait une adresse et qu'avec une adresse, vous pourriez toucher le RSA.
– Élise, s'il vous plaît, ne jouez pas les assistantes sociales avec moi. Leur RSA, j'en veux pas. J'ai travaillé, et tout le temps que j'ai travaillé, j'ai touché un salaire. Je travaille plus, j'ai plus d'argent. J'ai été élevé comme ça et j'en sortirai pas.
– Mais c'est de votre faute, si vous ne travaillez pas ?
Il tend son verre.
– L'alcool y est pour beaucoup, mais je m'y suis mis qu'après ma faillite. Et cette faillite, ça doit bien être un petit peu de ma faute, non ?
– Une faillite ? Vous faisiez quoi ?
– Boulanger. Je tenais un magasin dans un quartier pauvre de Sarcelles. Un Franprix est venu s'installer en face… la baguette à cinquante centimes, quasiment à prix coûtant… Comment voulez-vous lutter ? Eux ils s'en foutaient de pas faire du bénef dessus. C'était un produit d'appel, comme ils disent. Mais moi ? J'avais que ça à vendre, du pain. Ils ont

proposé de m'embaucher quand ils ont vu que je m'en sortais plus mais j'ai dit non. J'ai ma fierté. Après, ça a été la grande dégringolade, les dettes accumulées, l'hypothèque de tous mes biens, ma femme qui me trouvait complètement con de m'obstiner et de nous conduire tous les deux à la ruine… Elle a pas supporté que ma fierté soit plus forte que mon amour. Je peux pas lui donner tort…

Une illumination. Et soudain, le cerveau d'Élise carbure à plein régime. Debbie entre dans la danse. Comment n'y a-t-elle pas pensé plus tôt ? C'était si simple, pourtant. Aller vers les gens, leur apporter quelque chose. Elle plante ses yeux noirs et luisants dans ceux de Brahim.

– On est bien d'accord que si vous travaillez, vous accepterez l'argent qu'on vous donnera ? Vous ne verrez pas ça comme la charité mal placée d'une assistante sociale ?

– Ben évidemment ! Sauf que moi, je bosse pas pour les autres. Alors si vous m'avez trouvé une place, oubliez ! Et puis les alcoolos, personne n'en veut. Ils ont raison, on n'est pas fiables.

– Et pourtant, je vous en ai trouvé une, de place, et une belle. Vous pourrez faire tout ce que vous voudrez. Il faut juste que le pain soit bon.

***

Antoine de Clermont tourne dans l'allée qui traverse son petit parc paysager sur une cinquantaine de mètres et s'engage dans la descente de garage. Il aurait pu faire construire le garage en question attenant à la villa mais il aimait la forme parfaitement cubique de cette vieille maison de maître et n'avait pas pu se résoudre à la défigurer ; ou faire construire un bâtiment indépendant, dans un recoin du parc, mais cette fois, c'est le côté pratique qui l'avait retenu. Patauger dans le froid de l'hiver pour rejoindre sa voiture elle-même glacée – il n'aurait pas fait installer un chauffage indépendant, il ne fallait quand même pas exagérer –, non merci. Donc il avait fait reprendre les fondations de la maison et creuser un garage. Sur le côté, évidemment, pour que ça se voie le moins possible. Mais on ne peut jamais tout prévoir. Juste après avoir tourné dans la descente, Antoine de Clermont doit piler. Le scooter de Pierre est garé contre le mur qui retient la terre, laissant tout juste assez de place à la berline pour se faufiler. Bon sang, ça arrive de plus en plus souvent ! Il ne peut pas le rentrer, son scooter ? Même s'il ressort ? D'ailleurs pourquoi ressortirait-il ? Ça commence à devenir une habitude, une mauvaise habitude, et ça déplaît de plus en plus à Antoine. Et puis flûte, finalement, comme lui aussi ressort ce soir, il ne va pas rentrer la voiture. Il fait marche arrière et vient se garer devant l'entrée.

Le salon est plongé dans le silence. Depuis maintenant deux ans que Pierre a son propre ordinateur portable, il n'est plus jamais écroulé dans le canapé, à regarder la télévision en constellant le tapis de miettes de gâteaux. Manie auparavant insupportable, mais qui manque aujourd'hui cruellement à Antoine. C'est une occasion de moins de pouvoir échanger quelques mots avec son fils, même si celui-ci ne répondait que par borborygmes. Ce qu'on est faible, quand on est parent. Nos enfants nous tiennent entre leurs mains et pourraient nous briser d'une pichenette, nous écrabouiller rien qu'en refermant leurs mimines. D'ailleurs ils nous brisent, ils nous écrabouillent, mais ils ne s'en rendent pas compte. Ils croient seulement qu'ils veulent vivre.

Véronique sort de « sa » pièce et vient poser un baiser froid sur les lèvres d'Antoine. Il le lui rend machinalement.

– Pierre ressort, ce soir ?

– Je ne sais pas. Je travaillais dans mon coin, je ne l'ai pas vu.

Ce qu'elle appelle travailler, c'est bricoler divers objets de décoration plus ou moins kitsch qui, les uns après les autres, envahissent la maison. Antoine se résout à aller frapper à la porte de la chambre de Pierre.

– Ouais ?

Antoine ouvre la porte et reste sur le seuil. S'il y a bien un endroit où il ne se sent pas du tout chez lui et immédiatement mal à l'aise, c'est ici.

– Tu ressors encore ?

– Probab'.

– Pierre, ce scooter, c'était pour te faciliter la vie et, partant, le suivi de tes études. Pas pour aller faire la bringue tous les soirs. Tu vas où, comme ça ?

– Au squat des Mines. Avec Suzanne. On fait rien de mal, y a des expos, des concerts… C'est des sorties culturelles, tu vois.

« C'est ça, fous-toi de ma gueule, en plus », pense Antoine.

– C'est vrai que vous voulez les virer ? demande Pierre.

– On ne veut pas les virer, le propriétaire veut récupérer son bien. C'est son droit. Il veut créer des logements. Et en tant qu'adjoint à l'urbanisme, ce dossier m'incombe. C'est ça, le but de leurs fêtes, au squat ? Vous mettre dans leur camp ?

– S'il y a bien un truc que je ferai jamais, c'est de la politique. On va découvrir des trucs, s'éclater, c'est tout… Bon écoute, j'étais en plein taf, là, alors si tu veux m'interdire d'y aller dis-le-moi, mais j'ai pas le temps d'en parler.

En plein taf, affalé sur son lit, l'ordinateur sur ses genoux…

– Ne sois pas ridicule, Pierre, je ne veux rien t'interdire, je veux juste que tu te souviennes que tu as un bac à passer à la fin de l'année.

– J'vois pas comment je pourrais oublier : tu me le rappelles tous les jours.

– Tu rentres à 11 heures, OK ?

– OK… OK…

Antoine referme la porte. Cette dernière exigence n'est que de pure forme. À 23 heures, il sera encore à la réunion convoquée par le maire, et Véronique sera enfermée « chez elle », à coller des fleurs séchées ou à lire le dernier roman d'Amélie Nothomb « qu'il ne faut absolument pas rater ». Ça fait longtemps qu'elle a démissionné. Pas seulement de son rôle d'éducatrice, mais de leur vie en général.

Quand ils avaient encore leur fille, elle n'était pas comme ça. À l'inverse, même, elle était toujours après ses enfants – surtout Julie. Mais dès l'obtention de son bac, Julie est partie au Canada suivre un cursus scientifique ; sans en avoir touché un seul mot à ses parents auparavant. Elle avait fait toutes les démarches, organisé son voyage et prévu son installation à l'étranger sans jamais s'ouvrir à eux de ses projets. Elle savait pourtant que sa mère se serait fait une joie de participer aux préparatifs. Véronique l'a vécu comme une humiliation personnelle, un déni d'affection. C'était comme si Julie leur avait dit : « Voilà, j'ai eu mon bac, je vais suivre de longues études, j'ai rempli mon contrat, tchao. » Mais elle ne leur a même pas dit ça. Un samedi matin, à l'heure du petit déjeuner, moment de réunion familiale très cher à Véronique, un taxi s'était arrêté devant la maison. Julie était apparue sur le seuil de la cuisine, une énorme valise à roulettes à la main.

– Je pars au Canada. Salut.

Et elle avait filé. Le temps que Véronique et Antoine réalisent ce qui s'était passé, le taxi avait disparu, déchirant dans sa course dix-huit ans d'un bonheur illusoire. C'était il y a deux ans. Depuis, Véronique n'attend plus rien de Pierre, et elle ne se souciera certainement pas de savoir si son fils rentre à l'heure. Comme si lui aussi avait quitté la maison. Comme s'il était depuis longtemps parti avec sa sœur.

***

« On veut nous couper les vivres,
on veut nous couper l'eau,
on veut nous couper l'électricité,
on troue nos rues,
on rend nos venelles impraticables,
des "dévitaliseurs" saccagent nos maisons dans l'heure même où elles sont vendues pour que personne ne puisse venir s'y installer et pour que la désolation nous mine.

On aurait le droit de nous bombarder qu'on le ferait.

Parce qu'on veut que nous partions.

Que nous laissions la place à d'autres, plus riches, plus honorables, plus électoralement compatibles.

Parce que nous ne sommes même plus le peuple, nous sommes la plèbe.

Qui, "on" ?

Ceux qui détiennent ce pouvoir : l'hôtel de ville, les promoteurs immobiliers, les banques qui les soutiennent… Qui d'autre ?

Debbie n'a pas de nom, Debbie n'a pas de preuve. Elle a juste un peu de bon sens. Or qui d'autre que les prédateurs chasse le gibier ?

Mais nous ne nous laisserons pas faire. Nous ne nous laisserons pas affamer.

Il n'y a plus de boulangerie ? Nous allons en créer une. Associative. Dans les locaux de l'UV. Personne ne peut nous l'interdire. Un boulanger est prêt à mettre la main à la pâte. Que tous ceux qui souhaitent participer à l'aventure du pain des Mines se manifestent auprès de lui. Tant que nous saurons partager le pain, nous saurons partager le combat.

Debbie le sait, Debbie vous le dit et Debbie signe. »

– Une boulangerie ?

– En voilà, une déclaration de guerre !

– C'est qui, cette Debbie ?

– On ne sait pas. Une blogueuse. Sans doute s'inspire-t-elle de ces dissidentes chinoises ou cubaines qui font tant parler d'elles.

– Et il est suivi, ce blog ?

– Déjà plus de vingt mille personnes en trois semaines.

– Merde, ils ne sont que deux mille habitants au quartier des Mines.

– Ça, c'est le grand miracle de la mondialisation. Une réaction à Larmon, France métropolitaine, peut trouver des résonances jusqu'au Cap-Vert.

– Pourquoi le Cap-Vert ?

– C'est un exemple.

Guillaume Bertrand, le directeur des services, rabat l'écran de son ordinateur portable d'une claque de la main. Jean-Charles Caspiani, assis à son bureau, renifle bruyamment. L'opération « dévitalisation des Mines » se complexifie de jour en jour. Bientôt, il faudra procéder à des « dé-Minages », parce que ce n'est plus à l'école d'ingénieurs que renvoie le nom du quartier, mais à son explosif homonyme. Antoine de Clermont pense qu'il ne faut plus attendre. Beaucoup trop de choses se fédèrent autour du squat, on doit immédiatement procéder à son expulsion. Jean-Charles interroge Évelyne Dirian :

– Qu'en dit le juridique ?

– On a été déboutés en référé. Les squatters ont bien fait les choses. Ils payent les impôts locaux, certains artistes ont le statut d'autoentrepreneur et le lieu fait office de local professionnel. Idem pour la compagnie *À tout prendre*, qui en plus a obtenu des subventions de la région… Mettre des entreprises à la rue, en ce moment, ce n'est pas l'image que la justice ou l'État veulent donner d'eux-mêmes. On n'a pas affaire à des gens que les médias ou les juges peuvent présenter comme des délinquants ou des parasites. Leur sculpteuse phare, Romaine Sweiss, commence à avoir une petite cote.

– Celle qui se fout tout le temps à poil ?

– Eh ben vous voyez, même vous, vous la connaissez. Ça ne m'étonnerait pas que d'ici peu, par son biais, *Les Inrockuptibles* ou *Libération* s'intéressent d'un peu plus près à cette affaire… Bref, on n'a plus qu'à prendre la voie longue et sinueuse de la justice.

– Longue comment ?

– Cinq, sept ans… Les squatteurs draguent aussi les Monuments historiques pour voir s'il n'y aurait pas moyen de faire classer l'usine qui, comme pourra vous le confirmer notre architecte, est un petit chef-d'œuvre de charpente métallique, à l'image de la tour Eiffel.

Guy Mazel confirme.

– Et s'ils font ça, poursuit Évelyne, c'est qu'ils doivent se préparer à présenter un projet de rénovation de l'usine. S'ils y parviennent, il n'est pas exclu qu'ils puissent pousser l'État à acquérir le bien. Et là, adieu veaux, vaches, cochons et toute la basse-cour. En plus, leur avocate est militante. Elle ne se fait pas payer. On ne les aura donc pas à l'usure sur le plan économique.

– On ne les aura pas à l'usure non plus côté tracasseries quotidiennes, renchérit Richard. S'ils s'organisent pour monter une boulangerie, ils s'organiseront pour le ramassage des poubelles ou pour apporter leurs courses aux vieux. Debbie délire. On ne peut pas leur couper l'eau ou l'électricité. Et côté acquisitions, je n'ai obtenu qu'une vente cette semaine. Avec les commerçants, ça allait tout seul. Aucun d'eux n'était originaire de ce quartier. Ils sont venus, ils ont fait des affaires, on leur en propose une meilleure, ils partent, c'est dans l'ordre des choses. Pareil pour les propriétaires bailleurs, mais ils sont peu nombreux. L'étude de terrain réalisée avant de se lancer dans cette opération a oublié de mentionner un point crucial : ce n'est pas un quartier de passage, c'est un quartier où on naît, vit et meurt.

Caspiani tape du poing sur son bureau.

– C'est un putain de tableau noir, que vous me dressez là. On est baisés à ce point ?

Guy Mazel bondit.

– Attendez. Vous disiez, Évelyne, que les occupants de l'usine étaient susceptibles de réfléchir à la rénovation des locaux. Et si justement on les incluait dans le processus ? Une partie des lofts pourrait être aménagée en ateliers d'artistes. Ça ferait encore plus chic pour les bobos. Quant à la compagnie, on ne pourra pas lui proposer de construire un théâtre, mais une ou deux salles de répétition, oui. Et pourquoi ne pas octroyer à Bernard Salmon ce qu'il brigue depuis des années, à savoir la gestion du théâtre municipal ? Ce serait formidable, non ? Un beau projet architectural, culturel…

– … Et autant de surface en moins à vendre ! dit Caspiani

– C'est sûr que vous risquez de perdre un ou deux points de rendement. Mais vous tabliez sur 18 % : ça fait encore une sacrée marge, non ?

Jean-Charles se lève à son tour.

– Vous vous en foutez, vous : vous êtes payé au pourcentage sur le montant des travaux ! Je n'aime pas la politique du mieux que rien. C'est celle des faibles… Il est trop tôt pour l'envisager.

Guillaume intervient.

– Cela dit, Jean-Charles, il est vrai que les rez-de-chaussée ne seront pas les plus faciles à vendre. Alors des ateliers, une salle de répétition, pourquoi pas… ça rajoutera du cachet et il y aura peut-être moyen de capter des subventions publiques, ce qui diminuera d'autant notre part sur le coût de la rénovation… Essayer de retourner les artistes en leur faisant des promesses n'est stratégiquement pas idiot.

– Vous n'avez peut-être pas tort, dit Jean-Charles en soupirant. Il faut qu'on arrive à avoir un langage positif… Que les gens entendent parler d'autre chose que de destruction et d'exclusion… Je vais y réfléchir. Ce sera tout pour ce soir.

Ils sortent tous, à l'exception de Deurthe, que Caspiani retient au dernier moment.

– On va creuser dans cette direction mais il nous faut autre chose, Richard. Et autre chose que des incendies ou des suicides…

– Comment peux-tu imaginer que je…

– Pas de ça avec moi, Richard. Alors ? Quoi d'autre ?

– Je t'en ai déjà parlé. La pourriture.

– C'est légal ?

– Il y a un volet légal et un volet illégal. Naturellement, nous serons du côté légal. Nous passerons même pour des sauveurs.

– Délai ?

– Trois mois à tout casser.

– Et ça va coûter cher ?

– Rien en regard de ce que ça va rapporter. Mais c'est un investissement, oui.

– OK. Banco. Et trouve-moi cette Debbie.

***

Richard déteste les rencontres dans les parkings. Il ne parvient pas à comprendre cette manie. Venir s'enfermer dans un lieu qui ne comporte que deux issues : l'entrée et la sortie. Le dernier stade avant l'impasse. Y a-t-il plus stupide ? Enfin, au moins, Miloje lui a donné rendez-vous au dernier étage d'un parking aérien. Belle vue sur Paris. On pourrait même envisager de s'en évader par les airs, pour peu qu'on ait un hélicoptère à disposition. Richard sort de sa BMW X6 et marche jusqu'au bord du toit. Il jette un œil à sa montre. 22 heures. Miloje ne devrait plus tarder. En général, il est à l'heure. En tout cas, il l'était il y a quinze ans, la dernière fois qu'ils se sont vus, au Rwanda. Tout ce qu'espère Richard, c'est que Miloje tienne toujours le trafic de cocaïne qu'il a monté là-bas. Parce que le problème, avec la cocaïne, ce sont les Colombiens. À un moment ou un autre, on se retrouve avec ces malades sur les bras et ça, Richard n'en veut pas.

Après avoir fui la justice internationale suite aux massacres perpétrés par les siens en Bosnie-Herzégovine, Miloje s'est dit que s'installer dans un pays où les observateurs internationaux étaient vus d'un sale œil par son président n'était pas une mauvaise idée. Il a d'abord rejoint des trafiquants de dépouilles de gorilles avant de juger qu'il avait mieux à faire et de retourner sa veste. Et c'est comme ça que, par l'entremise de diverses ONG, il est devenu protecteur des grands singes. Il passait ses journées à sillonner des réserves sises à une altitude de 1700 mètres et qui bénéficiaient d'un climat équatorial, deux éléments propices à la culture du cocaïer. L'arbuste donnait moins qu'en Colombie, en Bolivie ou au Pérou, et Miloje ne tirait de sa production que 250 kilos par an, mais à 50000 dollars le kilo, ça faisait tout de même un chiffre d'affaires de 12500000 dollars par an. La marchandise transitait par paquets de 25 kilos via les allers-retours des transporteurs qui bossaient pour les ONG. Autant dire que c'était invisible. Et ça suffisait à Miloje. C'est ce que Richard appréciait chez lui. Le Serbe ne voulait pas devenir l'homme le plus riche, le caïd le plus puissant. Il voulait juste pouvoir vivre dans un luxe raisonnable et se taper des gamines à peine pubères, et dès lors qu'il en avait les moyens, il ne voyait pas de raisons de s'agrandir, au risque d'échauffer les Colombiens qui, eux, avait des prétentions hégémoniques quasi hystériques.

Les gamines à peine pubères, Richard ne comprend pas. Non pas que cette perversion le choque, il a lui-même violé et torturé des gamines plus souvent qu'à son tour, mais c'était toujours pour les raisons de la cause qu'il défendait

– la terreur par le viol, qui détruit les femmes et déshonore les hommes, reste une des plus efficaces. Non, ce qui le choque, c'est qu'un homme se rende esclave d'une perversion, qu'il s'imagine qu'il ne peut pas vivre sans. Lui n'en a pas. Il boit à peine, ne fume pas, ne mange qu'à sa faim, baise de temps à autre… Il n'a en fait aucun centre d'intérêt. Il ne sait même pas pourquoi il vit. Il l'a su. Autrefois, il a vécu pour une femme, Délivrance, au Congo Kinshasa. Il aimait la voir heureuse de vivre dans une belle villa, s'émerveiller de chaque robe, chaque bijou qu'il lui offrait. Manger à sa faim, avoir des bonnes pour accomplir les tâches ménagères, aller voir des spectacles, aller au cinéma… pas un jour ne passait sans qu'elle soit ébahie par sa propre existence, et le spectacle de cette joie était le plus beau que Richard avait jamais vu. À quarante ans, il a découvert que le bonheur, c'est celui des autres. Il a même fini par accepter de lui faire un enfant. Mais Délivrance a été massacrée avant que le bébé ait pu voir le jour. Engloutie par ces guerres tribales dont le postulat ethnocide exigeait que l'ennemi soit humilié avant de mourir. Des guerres tribales que Richard avait pour mission d'entretenir et de nourrir afin que les formidables gisements de terres rares, de métaux, d'or, d'uranium et tutti quanti restent dans les mains des banques occidentales. D'une certaine manière, c'est lui qui a violé Délivrance, qui l'a torturée, qui l'a égorgée. Il le sait. Et maintenant, il est retombé dans son incapacité à jouir ou s'émouvoir de quoi que ce soit. Il se demande parfois pourquoi continuer de vivre. Mais qu'a-t-il à faire d'autre ? Ne pas vivre aurait-il plus de sens ?

– Eh bien, mon ami, on philosophe ?

Richard sursaute en entendant la voix brisée de Miloje. Avant de mourir, à Srebrenica, un musulman avait eu le temps de lui balancer la crosse de sa kalach en travers de la gorge. Sa glotte n'avait jamais retrouvé sa place.

– Je n'ai pas entendu la voiture.

– Je suis garé à l'étage du dessous. Je voulais être sûr que tu étais seul. Ça fait un moment que je t'observe.

– Toujours à l'heure, finalement… Et toujours aussi méfiant.

– Ne le prends pas mal. C'est juste un principe de précaution.

La Serbie. Encore un pays où, autrefois, on pratiquait couramment le français.

– Je ne pensais pas te voir si vite.

– Tu es bien tombé, j'étais en Europe. Les petites négresses, c'est bien pour le quotidien mais elles sont trop habituées. Elles savent que tôt ou tard elles se feront violer par les uns ou par les autres. Dans un continent où beaucoup d'entre elles sont encore mariées à treize ans, le caractère exceptionnel de ce genre de rapport vient vite à manquer…

– Et avec les Colombiens, ça se passe bien ?

– Couci-couça… Ils savent que nous, les Serbes, on est aussi cinglés qu'eux. En enfer, les diablotins s'enfuient en courant quand ils nous voient arriver, et Lucifer se frotte les mains. Avec nous aux commandes, l'enfer, c'est encore pire que l'enfer… bref, du coup, ils ne s'y frottent pas trop, mais on va finir par se bouffer le nez. C'est pour ça que ton marché m'intéresse. S'il est vraiment vierge !

– Vous vous bouffez le nez parce que vous êtes sur le même territoire. Paris, Lyon, Marseille… Moi, je te propose Larmon. Comme Amiens, Soissons ou d'autres villes de taille moyenne, elle est suffisamment grande pour qu'un marché s'y développe mais trop petite pour qu'une bande rivale vienne s'installer sans qu'on la voie venir de loin.

– La drogue, t'y as jamais touché, et à l'époque, tu as refusé de bosser avec moi. Pourquoi t'y mettre maintenant ?

– Ma came est toujours la même : la politique. J'ai besoin de foutre le bordel et ça me semble un bon moyen. Je tiens le marché trois mois et si mon truc fonctionne, je te le remets clés en main.

– Il te faut combien ?

– Trente kilos feront largement l'affaire

– Payés d'avance ? C'est comme ça que marche le biz. Du cash, pas de marge.

– Sans problème.

Miloje siffle longuement.

– Tu tiens vraiment à conclure cette affaire... Écoute, c'est un fait que si on ne trouve pas de nouveaux terrains de jeu, on va aller à la guerre contre les cartels et moi, tu me connais, j'aime la vie tranquille. La guerre, c'est bon, on a donné. Alors je vais tenter le coup... Disons à titre exploratoire. Qui va revendre, sur place ?

– Je vais filer le marché aux dealers de cannabis qui tiennent la place. Kofi et Simon. Ils sont très organisés, il n'y a jamais de bavure et ils ont des accords avec la mairie.

– Le deal contre la paix ?

– En gros.

– Mais si ton but c'est de foutre la merde, bientôt il n'y aura plus la paix ?

– Exact, mais ce n'est pas ton problème. Toi, tu as juste à empocher 1 800 000 euros et aller te farcir tes petites Françaises.

Miloje tend la main. Richard la lui serre.

ÉPISODE 3

« Les Français ont un proverbe qui dit : "Un tiens vaut mieux que deux tu l'auras." Moi, les vierges, je préfère me les taper sur Terre... »

Malko

Antoine de Clermont n'imaginait pas qu'être parent, c'était faire tous les deux ans le deuil de ses enfants. Un jour, l'être fragile qui vacille sur ses jambes et s'agrippe à votre main pour marcher dans le monde n'est plus. Celui qui, sans sourciller, fixe de ses yeux bordés de longs cils luisants d'innocence, un adulte qu'il découvre pour la première fois, sans bienséance, sans effronterie, disparaît. Adieu aussi les petits poings qui se ferment pour venir frotter ces mêmes yeux fatigués de tant de découvertes extraordinaires, la peau plus lisse que la soie, qu'on veut caresser sans cesse, le blond duvet ; finis les bonds dans le lit, le dimanche matin, alors que l'enfant est une telle bombe de joie qu'on n'a pas le cœur à le gronder, même si on sait qu'on n'a pas assez dormi et qu'on ne dormira plus pendant six jours ; qu'on ne dormira plus jamais, en fait ; finies ces incessantes questions qui nous laissent croire qu'on est un puits de science et que finalement on a appris quelque chose qu'on est en mesure de transmettre ; exit ces cheveux ébouriffés, ces traits fins, que même une écorchure ne vient pas cabosser, ces gestes précis, sans afféterie, ces expressions pleines, franches… tout ce qui fait cette beauté donnée seulement à ceux qui ignorent qu'ils sont beaux et que, tôt ou tard, il leur faudra paraître.

À dix ans, Pierre aimait encore que, même tard, son père vienne l'embrasser dans son lit. L'enfant se réveillait à peine et, encore tout engourdi, passait ses bras autour du cou d'Antoine avant de se rendormir immédiatement. Et Antoine n'osait plus bouger. Quatre ans plus tard, il est entré à minuit dans la chambre de l'adolescent pour le regarder dormir. Il n'y a que dans le sommeil qu'on retrouve un petit quelque chose de tous ces enfants dont on a dû faire le deuil, sans jamais se souvenir du moment exact où l'on a vu pour la dernière fois un de ces gestes qui nous émouvaient tant. Il s'est agenouillé près du lit et a attendu de s'habituer à la pénombre pour discerner les traits de son fils. Mais Pierre a ouvert les yeux et a dit, de sa voix déjà faussée par la mue (encore une chose disparue, ce rire cristallin, parfois douloureux tant il était aigu) : « Qu'est-ce que tu fous là ? »

Qu'est-ce que tu fous là…

Antoine ne pouvait pas lui répondre qu'il était venu chercher le souvenir de tous ces enfants morts les uns après les autres. Il s'était senti honteux – mais honteux de quoi ? – et était sorti de la chambre sans rien dire, alors que Pierre murmurait un vague « portenawak » et se rendormait.

Ce matin, il emmène son fils au lycée. Son scooter est tombé en panne. Au moins, de loin en loin, papa sert à quelque chose, en dehors de faire chauffer sa carte bleue. À dix-sept ans, l'ado n'est déjà presque plus un ado, sans être tout à fait un adulte. Encore un corps intermédiaire, voué à disparaître lui aussi. Sans doute a-t-il atteint sa taille définitive – un mètre quatre-vingt-cinq – mais les chairs et les muscles n'ont pas suivi. Les os sont comme maintenus en équilibre par une force inconnue, autour d'une colonne vertébrale sinueuse. Un frêle mobile contenu dans un sac de peau constellé de boutons proéminents, rouges, moches comme tout.

Un quart d'heure à passer dans un habitacle de voiture. Promiscuité forcée, dans laquelle chacun s'efforce de ne pas effleurer l'autre. Qu'est-ce qu'on dit à un gamin qu'on ne connaît pas ? Qui ne se connaît pas lui-même ? On ne peut pas lui parler des enfants morts, il est le premier à les avoir oubliés. Il s'en souviendra, bien sûr. Plus tard. Quand le temps des regrets sera venu. Mais maintenant ? Antoine se rabat sur son rôle de père. Faussement détendu, il pose quelques questions sur l'école, s'inquiète de la baisse de résultats constatée le trimestre précédent, rappelle que le bac approche... À chaque fin de phrase, il pense « quel con, mais quel con ». Pierre pense très certainement la même chose. Au moins, ils ont cela en commun.

Son fils l'interrompt. « C'est bon, pose-moi là ! » Un vague effleurement des joues, la porte qui s'ouvre, la main du père qui se tend pour enserrer l'épaule du fils dans un geste qui se veut viril, l'épaule qui se dérobe trop vite, la main qui se retire prestement, comme si elle s'était brûlée, la porte qui se referme. La démarche mal assurée du jeune homme vers un groupe d'amis qui sort du bus. Tiens, la fille Veyssière est parmi eux. Suzanne. Une jolie petite. Et elle, au moins, elle a l'air intelligent. Les filles s'en sortent toujours mieux. C'est pour ça qu'il faut très vite les écraser. Pierre sort un paquet de cigarettes de sa poche et en allume une.

Ah, oui, c'est vrai, il fume.

Mon fils.

Antoine a envie de le tuer. Il a aussi envie de pleurer. Il ne fait ni l'un ni l'autre.

NOUVEAUX MARCHÉS

– C'est dingue. Cette fois, ils n'ont même pas attendu. À peine le camion de déménagement parti, les dévitaliseurs ont tout détruit.

– Pardon ? Qui ?

– Les soldats de Deurthe. On n'a rien pu faire. À 8 heures…

– Il est 8 heures ?

Khaled a dormi trop tard. Plus il dort, plus il a du mal à s'extirper du sommeil.

– À 8 heures, les gens emmènent leurs gosses à l'école ou à la crèche, vont au boulot… Les vieux se débarrassent à peine de leur insomnie. Et cette fois, ils ont apporté une benne.

– Une benne ?

– Oui, une benne, qu'ils ont plantée moitié sur le trottoir, moitié sur la route – du coup, elle obstrue sérieusement le passage – et ils ont tout bazardé par la fenêtre. Les chiottes, la baignoire, les meubles de la cuisine arrachés des murs, et pour finir, les fenêtres elles-mêmes. Et inutile de te dire que la benne n'étant remplie qu'au quart, ils ne risquent pas de la retirer tout de suite !

– Attends, Élise. Attends deux secondes.

Khaled s'arrache à la sueur qui a imprégné ses draps. Chaque matin, c'est un peu plus dur. Il s'habille toujours très vite, avant même de prendre une douche, ce qu'il ne fait pas tous les jours, pour se cacher à lui-même ce corps trop gros, trop gras, trop épais. Bousillé par le Xantiax et toutes les saloperies que les psychiatres lui ont fait ingurgiter, alors qu'il n'y a qu'une chose qui marche. Une seule. Il se traîne jusqu'à la cuisine, s'empare d'une bouteille de gin – parfois c'est du rhum, d'autres fois du whisky, de la vodka… il s'en fout, du moment que c'est fort – et en avale une bonne rasade. Puis il retourne dans sa chambre. Il sent ses couilles ballotter sur ses cuisses. Entre, elles n'ont plus de place. Ils ont bon dos, les psychiatres. Tout ce sucre que tu ingurgites avec tes potions à quarante pour cent d'alcool minimum, tu crois que ça aide ? Il s'empare du téléphone.

– Voilà, je t'écoute.

– Je te réveille ?

– Oui, un peu.

– Oh, excuse-moi, tu m'avais dit que tu te levais tôt.

– T'en fais pas, c'est rien. Tu as bien fait d'appeler, j'aurais raté un rendez-vous.

– Bon, tu as compris ce que je t'ai raconté ?

– Oui, quand même.

– C'est terrible. Parfois, on se croirait dans un pays occupé.

– Qu'est-ce que tu connais des pays occupés ?

Il se rend bien compte que soudain, sa voix s'est faite plus cassante. Tant pis. Il faut qu'elle arrête, Élise, avec ses comparaisons excessives.

– Ben… pas grand-chose. Mais j'ai peur. On doit avoir peur, dans les pays occupés, non ?

– Pourquoi tu m'appelles, au juste ?

– La prochaine fois, il faudrait que tu viennes avec ton appareil. Prendre tout ça en photo.

– Celles-ci, tu aurais pu les prendre avec ton téléphone.

– Oui, c'est vrai. Je n'ai pas le réflexe. Je ne suis pas une fille moderne… Et depuis que je te connais…

– Bon, bon, OK. Mais la prochaine fois, appelle-moi plus tôt.

– À n'importe quelle heure ?

– Oui… excuse-moi, j'ai été un peu brutal tout à l'heure… je ne suis pas trop dans mon assiette… On se voit bientôt ?

– J'ai une réunion à la mairie avec des associations pour qu'elles m'expliquent ce qu'elles attendent du site. De mon côté, je leur dresserai la liste des documents qui me seront utiles pour créer leur page. Mais je vois d'ici les images qu'elles vont me fournir… Il y aura sûrement besoin de photos.

Khaled pense soudain qu'ils ne sont pas obligés d'attendre d'avoir des rendez-vous professionnels pour se voir mais il ne sait pas comment le dire à Élise. Elle pourrait mal l'interpréter. Il choisit une vague voie intermédiaire.

– Eh bien ça au moins, c'est une bonne nouvelle.

À l'autre bout des ondes, Élise sourit avant de raccrocher. Khaled s'habille enfin et va se préparer un café. Il hésite à boire une autre rasade d'alcool et se ravise. Il s'approche de la fenêtre, regarde le soleil inonder la petite place où il habite, aux abords du centre-ville. L'air est doux, déjà presque chaud. Les couleurs des devantures des magasins et des vêtements des femmes sont éclatantes. Et toutes ces façades fraîchement décrassées, c'est plutôt beau. Une belle fin de printemps. Au final, après la nuit qu'il vient de passer, ce matin, il ne va pas si mal. Il faut croire qu'elle lui fait du bien, cette petite.

***

– Regarde, le bourge est de retour.

Le 4 × 4 BMW de Richard roule lentement vers Karim et un charbonneur avant de se garer à quelques mètres d'eux. Karim s'approche de la voiture, dont la vitre teintée, côté chauffeur, se baisse lentement.

– Quelques grammes, Monseigneur ?

– Non. Deux kilos.

– Deux kilos ? Putain, on les a pas ! On partage juste notre conso perso, tu vois, parce qu'on est cools.

– Des genres de bons Samaritains, quoi… Pas la peine de flipper, je ne suis pas flic. T'as vu ma caisse ? Tu crois que la police nationale a les moyens de se payer des tires pareilles ? Même pour chasser les go-fast ils n'en ont pas. C'est pour ça que vous êtes les plus forts. Et puis vous pourrez me fouiller si vous voulez. Qu'est-ce que vous risquez ? Que je dise qu'il y a du matos en quantité dans la cité ? Que c'est Kofi qui le planque et dirige tout le bazar avec Simon ? Mais dis-moi, qui ne le sait pas, en ville ?

Karim retourne auprès de son acolyte. Après un bref conciliabule, il se saisit de son téléphone.

Kofi sort sur le balcon, d'où il peut apercevoir Karim. Il tend le pouce vers le haut dans un mouvement de va-et-vient. Karim répond en formant un rond avec son pouce et son index. Jamais un mot de Kofi ou de Simon au téléphone. Tous les ordres oraux ne sont donnés qu'en direct. On ne sait jamais. Kofi rentre dans l'appartement et demande à Simon d'éteindre la chaîne hi-fi. Il se tourne vers les deux jeunes qui se tortillent sur le canapé.

– Écoutez, c'est plutôt bon, le flow est correct et la langue tape dur, mais ça manque de production. Il faudra un clip, aussi, pour booster le buzz sur internet. Le label peut s'en charger mais il faudra tout reprendre et en ce moment, je suis assez chargé… Si vous avez un peu de patience…

L'un des deux rappeurs se lève.

– Un peu qu'on a de la patience. Depuis qu'chuis né, j'attends qu'y s'passe un truc dans ma life. Ça va, j'peux attendre encore un peu.

– Ouais, confirme son pote.

– Alors on fait comme ça. Je vous appelle dès que ça se dégage. Allez les gars, maintenant, j'ai un rendez-vous.

Les deux jeunes sortent en exagérant abusivement le balancement de leurs corps, le seul moyen qu'ils ont trouvé pour cacher, derrière une nonchalance forcée, leur excitation d'enfants éblouis par ce qui vient de leur arriver. Kofi sourit. Ça peut sembler ridicule, mais il sait qu'ils font ce qu'ils peuvent. Personne ne leur a appris à être heureux. Personne ne leur en a même donné le droit. Une fois la porte fermée, Simon interroge Kofi d'un coup de menton.

– Deux kilos. Un bourge qui traîne dans le coin depuis un moment, répond Kofi.

Dès que la sonnette retentit, il va ouvrir et fait entrer Richard. Un mec de soixante ans qui vient acheter lui-même deux kilos de shit, voilà qui change de l'ordinaire. Il congédie Karim sans omettre de le remercier et referme la porte. Les trois hommes se serrent la main.

– Richard Deurthe.

– On sait.

– Vous savez ?

– Vous êtes venu trop souvent par ici pour qu'on ne s'en inquiète pas. Grosse bagnole, gros moyens, souvent vu avec le maire, mais pas de rôle officiel, pas d'horaires, pas de vie de famille… Il était clair que tôt ou tard, on aurait affaire à vous.

– Bon point pour vous.

– On ne fait que notre boulot… Thé à la menthe, café, alcool, jus de fruits, eau ?

– Rien, merci.

– OK. On y va direct ?

Richard se souvient tout à coup qu'il y a une chose qu'il aime. C'est l'intelligence. D'autant plus appréciable que dans les milieux où il évolue, elle est plutôt rare. Kofi n'a bien sûr pas cru une seconde que les deux kilos étaient l'objet de sa visite.

– Donc, comme vous le savez, ça fait un moment que je vous observe… Sacrément bien rodé, votre trafic.

– Je n'ai pas besoin qu'on me le dise pour le savoir.

– Vous savez que vous pourriez vous faire beaucoup plus ?

– Ce qu'on se fait suffit à entretenir la cité.

– Vous n'avez pas d'autres ambitions ?

– Je croyais qu'on y allait direct ?

– La coke.

– Trop gros pour nous.

– Vous savez bien que tôt ou tard, le cannabis va être légalisé. Légalisé, il sera taxé. Et dès lors qu'il aura du fric à se faire, l'État investira beaucoup plus dans le démantèlement des marchés frauduleux. En leur temps, l'alcool et le tabac n'y ont pas résisté. Ce jour-là, vous ferez quoi ?

– On réfléchira.

– L'autre donnée, c'est que je connais des types qui cherchent de nouveaux débouchés pour leur came. Tôt ou tard, ils viendront dans les moyennes villes de province. Ici, le marché est à prendre. Même les bobos n'ont plus les moyens d'habiter Paris. Une ville à une heure de la capitale, desservie par de nombreux trains et où le mètre carré est quatre fois moins cher, c'est une sorte de nouvel eldorado. Il y a dix ans, vous auriez vu, à Larmon, des homos s'embrasser à une terrasse de café, vous ?

– Tous les bobos ne sont pas pédés.

– Non. Mais c'est un signe. Et c'est un exemple. Les bobos ne sont pas les seuls à sniffer… Bref, à tort ou à raison, ces types pensent qu'il y a un marché à se faire. Et quand ils débarquent quelque part, ils ne laissent aucun autre marché s'installer ou survivre. Ils rafleront aussi celui du cannabis. Il y aura des morts.

– Vous êtes un pessimiste, vous.

– Non, je suis informé.

– De toute façon, si on met le doigt dans l'engrenage colombien, on aura les couilles prises dans un étau.

– Justement. Mon réseau n'est pas colombien.

– Alors ça vient d'où ?

– Ça, je ne vous le dirai pas. Vous n'aurez affaire qu'à moi. Tout ce que je peux vous garantir, c'est que vous n'aurez pas les Colombiens sur le dos. Je vous fournis la came, vous la coupez avec ce que vous voulez – mais il faut qu'elle reste bonne –, vous la vendez et vous gardez cinquante pour cent. Pour vous, c'est tout bénef.

Simon pousse un long sifflement.

– C'est pas possible. Ça n'existe pas, un marché comme ça.

– J'ai mes raisons. La seule chose que je vous demande, c'est de ne pas vendre ici mais en ville. En commençant par l'Usine Vinaigrier.

– Et pourquoi ça ?

– D'abord parce que c'est l'endroit idéal pour démarrer. Il y a des fêtes, des concerts, des soirées DJ, de la techno, des artistes, des vernissages, c'est un peu sulfureux... Les bourgeois qui veulent se faire croire qu'ils sont capables de mener une vie de bohème s'y retrouvent. Et c'est eux qui ont le fric. Ensuite, si ça tourne mal, votre marché, ici, aux Saisons, aura beaucoup plus de chances d'être épargné. Pour ça, il faudra recruter des vendeurs dans les milieux où vous voulez vendre. De toute façon, la coke, ça marche comme ça. Pareil pour les nourrices. Elles devront être à proximité des lieux où vous vendez. En fait, les filières du cannabis et de la cocaïne doivent rester totalement indépendantes. Je ne vois pas ce que vous risquez. Je ne vous demande même pas de payer d'avance.

Kofi hésite. Ne pas connaître l'objectif réel que vise Richard le dérange beaucoup. D'un autre côté, il admet que la prise de risque est minime. Il interroge Simon du regard. Qui répond :

– Je ne sais pas. Il faut qu'on réfléchisse. Qu'on tâte un peu le terrain par nous-mêmes.

– Pour ça, je vous ai apporté ce qu'il faut.

Richard sort un paquet de sa poche.

– Cent grammes de pure. Entièrement cadeau.

– Je n'arrive pas à comprendre pourquoi vous faites ça.

– Ma réponse ne varie pas : j'ai mes raisons. Contentez-vous de voir si le bénéfice est réel pour vous. Vous êtes un cas, tous les deux. Vous aussi vous avez vos raisons que je ne comprends pas. Vous faites pas mal de choses pour les habitants de la cité. Je ne sais pas pourquoi. Je ne crois pas à l'humanisme. Mais vous le faites. Chacun son truc. Imaginez seulement tout ce que vous pourrez faire avec dix fois plus d'argent… Je crois aussi savoir que les salafistes vous donnent du fil à retordre. Eux, ils pourraient le reprendre, votre marché. Tôt ou tard, il faudra vous armer et, vous le savez, ça coûte cher…

– Si vous savez tant de choses, pourquoi vous ne le montez pas vous-même, votre trafic ?

– Ce n'est pas mon métier. Je crois en peu de choses, mais je crois à l'artisanat. Votre boulot ici, c'est le boulot de gars qui savent ce qu'ils font. Si j'avais un problème de tuyauterie, j'appellerais un plombier. Là, j'ai besoin de vendeurs de drogue, de gars qui savent gérer des dealers, leur approvisionnement, la protection de leur trésor… Vendez les cent grammes, regardez comment ça se passe, comptez les billets qui rentrent et revoyons-nous. Pas la peine de prendre rendez-vous. J'imagine que puisque vous connaissiez déjà mon nom, vous saurez où me trouver.

***

– Un site internet, c'est comme une maison. Au cœur d'une résidence, elle ressemble à toutes les autres. Si vous n'enduisez pas les murs, si vous n'y accrochez rien, si vous ne la meublez pas, si vous n'y disposez pas des objets décoratifs, cette maison ne sera qu'un tas de parpaings. À l'inverse de tous les discours centrés autour des profondeurs de la personnalité, c'est son apparence qui donne du caractère à un logement. Pareil pour un site internet. C'est pour ça que, pour la page qui vous est dédiée, outre un texte de présentation et les informations de base (adresse, horaires des activités), vous devez me fournir la déco, c'est-à-dire un logo et surtout des illustrations.

Ce n'est pas la première fois qu'Élise tient ce discours. Ses interlocuteurs repartent en assurant qu'ils ont bien compris ce qu'elle attendait d'eux mais le lendemain, elle découvre dans sa boîte mail des horreurs dénichées dans des brocantes d'images toutes faites et répétées à l'infini. Le dessin en ombre noire d'un saxophone alto ou d'un piano à queue pour une école de musique, la photo ultra pixélisée et aux couleurs criardes d'un chemin herbu pour une association de randonneurs, une bobine dont s'échappe un fil passé dans le chas d'une aiguille pour un club de couture... Pour l'heure, elle discute du sujet avec un professeur de yoga qui, lui, n'y comprend rien. Depuis des années, il orne ses tracts orange d'un dessin de yogi dans la position du lotus et il ne voit pas pourquoi ça changerait. Elle hausse les épaules.

Le professeur de yoga sort de son bureau. Élise s'apprête à le suivre quand Florence l'interpelle. Une fille sympa, Florence, embauchée en CDD, et dont Élise n'a pas bien compris le rôle exact, mais qui se charge souvent des commissions des uns et des autres. Un genre de secrétaire, avec qui elle a mangé deux fois à la cantine. Florence a vingt-trois ans et aimerait être embauchée en CDI. Fonctionnaire territoriale, ce serait le nirvana. Elle a été reçue au concours mais maintenant, il faut qu'elle trouve un poste. Elle sait que d'aucuns trouvent ce rêve minable. Mais elle vit avec deux parents qui errent de périodes de chômage en emplois en intérim et qui ne peuvent rien espérer d'autre d'ici leur retraite, qui sera minuscule. Voilà qui relativise les rêves. Un boulot sûr, avec un salaire, des vacances et une retraite programmée, ça peut vous avoir des airs de paradis… Elle vient dire à Élise que le directeur des services aimerait la voir maintenant, si possible.

C'est possible.

Élise rend compte de son travail et conclut qu'au total, ça n'avance pas tellement. Guillaume Bertrand se dit malgré tout satisfait d'elle. Il aime la façon dont elle approfondit chaque sujet qu'elle aborde. Et puis il ne faut pas qu'elle s'affole, le volet « associations » du site doit être prêt pour la rentrée de septembre, ça lui laisse encore trois mois. Ou presque.

– En clair, nous sommes contents et nous envisageons la commutation de votre CDD en CDI… Vous seriez toujours partante ?

– Oui, oui.

– Parfait. Il y a autre chose dont je voudrais vous parler… Vous n'êtes pas sans savoir que nous éprouvons des difficultés à faire accepter la nécessité de réhabiliter le quartier des Mines à ses habitants… Vous-même vivez là-bas, n'est-ce pas ?

Élise acquiesce.

Toutes ses défenses sont actives. Surtout, ne rien dire. Attendre, écouter, réfléchir plus tard.

– Alors voilà : on se disait qu'il serait intéressant de créer une page exposant nos raisons, bien sûr, mais aussi l'évolution du projet, les travaux en cours, une maquette du futur quartier – que pourra vous fournir l'architecte en charge du dossier, Guy Mazel. Peut-être sous forme de journal, je ne sais pas… Vous pourriez publier des interviews des habitants. En majorité, de ceux qui sont contents à l'idée de ce changement, bien sûr, de toute façon, nous savons qu'ils sont de fait la majorité, mais aussi de ceux qui ont peur de ce changement.

« Ceux qui ont peur de ce changement »… D'entrée de jeu, présenter toute critique sous un jour négatif tout en se montrant compréhensif – et condescendant. Il est malin, le bougre.

– L'essentiel, voyez-vous, c'est de rester transparent. Qu'on cesse de nous prêter je ne sais quelles intentions. Présenter les chiffres, la réalité de la vétusté, le projet à venir… C'est dans vos cordes ?

– Oui, évidemment. Mais là aussi, il faut que je prenne le temps de récolter des éléments…

– C'est assez urgent. J'indiquerai à tous nos services que vos demandes de renseignements devront être satisfaites sur l'heure. Les tenants et les aboutissants de ce projet… Tout est ici, vous savez. Il n'est pas nécessaire d'aller chercher ailleurs. Et quand je parle d'interviews, il n'y a là rien d'officiel. Prenez simplement le temps de discuter avec les gens, de leur demander s'ils sont un minimum au courant de ce que sera leur quartier demain… Maintenant, si vous voulez bien m'excuser, j'ai un autre rendez-vous. Pas de questions ?

– Non, merci, pas pour l'instant.

Dans le couloir, Élise s'adosse un instant au mur.

– Ça va, Élise ?

Elle lève les yeux. Bernard Salmon lui pose une main sur l'épaule.

– Oui, oui… Un de ces fichus effets secondaires…

Maintenant, tout le monde est au courant de « son état », comme on dit pudiquement. C'est pratique pour les excuses toutes trouvées. Elle poursuit :

– Ça va déjà mieux… et toi, qu'est-ce que tu fais là ?

– J'en sais rien. Un rendez-vous avec le directeur des services.

– C'est lui qui a demandé à te voir ? C'est pour le squat ?

– Je ne sais pas, je te dis. Je te raconterai… rentre chez toi et repose-toi. Ou si tu veux, attends-moi et je te ramène. On mettra ton vélo dans le coffre.

– Tu es gentil, mais je vais y aller.

– Comme tu veux. Si tu es là quand je ressors, je t'embarque.

Bernard entre dans le bureau. Élise se rend aux toilettes. Elle a besoin de se passer un peu d'eau sur le visage. Cette proposition que lui a faite Guillaume Bertrand, c'est l'occasion rêvée pour avoir accès à toutes sortes de documents. Cependant, elle va devoir gérer d'un côté la face blanche de la rénovation des Mines avec le site de la mairie et de l'autre sa face noire avec La Ville à L'Horizon et Debbie. Comment ne pas s'y perdre ? Elle aurait bien besoin de Marc mais hésite à lui en parler. Lui qui n'est déjà pas très chaud pour qu'Élise s'implique autant dans le combat pour la sauvegarde du quartier des Mines et de ses habitants, sous prétexte que cela pourrait porter préjudice au bébé à venir, il risque de prendre peur. S'il lui demande de démissionner, elle menace d'avorter. Comme ça, elle ne risquera pas de nuire à l'enfant ! Elle se sourit dans la glace.

Ma pauvre fille, par moments, tu es vraiment excessive.

***

Squad pourrait faire la route les yeux fermés. Jamais il n'est autant venu aux Saisons pour se réapprovisionner. Il faut dire qu'avec toutes les fêtes organisées au squat, ça part vite. Squad trouve ça chouette, toute cette jeunesse qui vient s'éclater. Pas politisés, les gamins ? Bah, ils y viendront. Il pensait bien qu'il n'était pas dealer, lui. Qu'il se contentait de faire les courses pour tout le monde, en échange d'un petit émolument. Or de fait, aujourd'hui, cette activité représente de loin sa plus grosse rentrée d'argent mensuelle. Le petit émolument est devenu un pourcentage fixe et récemment, il a demandé à Karim de voir avec Kofi si ce dernier ne pourrait pas lui faire un prix, au regard de toute la quantité qu'il écoule. Ça ne changerait rien au prix net acheteur, mais sa marge augmenterait d'autant. Il gare sa vieille Merco de 1969. Karim ne tarde pas à débouler. Squad baisse sa vitre. La manette est de plus en plus dure. Il faudra qu'il bricole ça.

– Tu tombes bien, mon frère, Kofi veut te voir… Et prends ta musique.

– Ma musique ?

– Ouais. Je lui en ai causé.

– Cool… Mais je croyais que Kofi ne produisait que du rap.

– Kofi, personne sait ce qu'il pense. Son métier, c'est surprendre. Un jour je lui ai parlé de ta musique. Il a pas bronché. Et ce matin, il me dit comme ça : « Dès que tu vois Squad, dis-lui de venir nous faire écouter ses compos. » Alors si t'as une petite heure devant toi…

Squad attrape un CD dans la boîte à gants. Les mots *Squad 9 Dix visions* sont inscrits directement sur la galette, au marqueur noir. La pochette n'est toujours pas faite. Il faut qu'il relance Marc. Cette histoire d'expulsion du squat retarde tout le monde. Arrivé dans l'ascenseur, il sort une cigarette. Karim l'arrête.

– Stop, mec. On fume pas, ici.

– Tu blagues ?

– Pas du tout. Kofi et Simon sont formels là-dessus. Les gosses et les vieux doivent pas subir les intoxications des autres. C'est comme la fumette. C'est dehors ou chez toi, mais pas dans les escaliers ni dans les caves. Tu remarqueras qu'ici, les cages sont propres. Personne ne vient y pisser ou raconter sa life sur les murs. J'te l'ai dit. Kofi, il passe sa vie à ça : surprendre. Ça se trouve, il va kiffer ton disque et tous les rappeurs de la cité vont piger que dalle. Ça changera rien. S'il a décidé de le faire, il le fera.

Squad remet sa cigarette dans son paquet. Qu'est-ce que ça aurait été s'il avait suivi sa première intention : un petit pétard pour se détendre…

– Il va me parler de notre affaire, aussi ? Tu sais, mon rabiot.

– J'en sais rien. Moi, il m'a causé musique. On est arrivés.

– C'est quelle porte ?

– Je t'accompagne.

– C'est bon, je peux…

– C'est comme ça, Squad. Cherche pas. Jamais t'entendras personne dire où crèche Kofi. Alors on accompagne les visiteurs…

Quand il entre dans l'appartement, Squad reconnaît immédiatement sa musique. Elle sort d'un ordinateur relié à une chaîne hi-fi. Bon son, bon matos. Il se sent soudain un peu penaud avec son CD dans les mains.

– Entre, Squad. Tu bois quoi ?

– Une bière, s'il y a.

– Il y a.

– Je vous avais apporté mon CD mais…

– … Mais tu es assez con pour mettre ta musique sur Spotify avant d'avoir échafaudé un plan d'attaque global. On a cherché, on a trouvé. Pas dur. *Squad 9*, bon nom. *Dix visions*, bon titre. Très bon titre. Le nom peut prêter à confusion. On verrait plus un rappeur s'appeler comme ça. Mais ce n'est pas forcément une mauvaise chose. La confusion peut être un très bon outil de com', pour peu qu'on le manie avec précaution… Bon, nous, on trouve qu'il y a quelque chose, là-dedans. On ne sait pas trop quoi, on manque sans doute de références, mais ce n'est pas vide. C'est ce qui compte. Et en forçant un peu plus sur la basse et certaines boucles, deux ou trois titres pourraient finir sur les dance-floors. Alors si t'es OK, on peut s'en occuper.

– Je sais pas quoi dire.

Kofi baisse le son de la musique. Simon pose les bières sur la table et les décapsule tout en parlant.

– Surtout pas merci. On signera un contrat et tu peux me croire, dans un premier temps, t'en sortiras pas gagnant. D'autre part, la com', c'est nous. Sitôt arrivé chez toi, tu vires de Spotify. Nous, c'est d'abord clip et YouTube. OK ?

– OK.

– Très bien. Si on parlait de tes petites exigences, maintenant ?

Squad ouvre la bouche mais aucun son n'en sort. Kofi enchaîne.

– Autant te le dire tout de suite, on n'est pas très jouasses. On a manqué de finesse parce qu'on n'a pas vu le coup venir. Sinon, on aurait calmé tes ardeurs plus tôt. Ou on t'aurait nous-mêmes proposé ce que tu viens nous demander. Faut reconnaître que tu écoules bien. Mais tu revends plus cher… Or ici, c'est nous qui fixons les prix. Simon et moi, et personne d'autre. C'est indispensable pour avoir la totale maîtrise du marché. D'autre part, si on nous laisse à peu près tranquilles dans la cité, ce n'est pas la même chanson ailleurs. C'est pour ça que jusque-là, on ne vend qu'ici. Encore une question de maîtrise du marché. Et toi tu crées une rivière qui va couler jusque de l'autre côté de la ville… Alors on aurait préféré que tu viennes nous voir, que tu nous dises que tu avais un bon filon, que tu nous expliques de quoi il en retourne, et nous on aurait décidé.

Squad se sent soudain nettement moins bien.

– Mais… C'est arrivé comme ça, je voulais pas vraiment…

– Ouais, ouais, ouais. Tu sais ce qui devrait se passer, théoriquement ? On devrait t'emmener dans une cave et te faire passer le goût de la vente. Des bons coups de latte dans la cage thoracique, jusqu'à ce que quelques côtes pètent. Après, c'est la loterie : soit elles transpercent les poumons, soit elles se contentent de te décoller la plèvre. Dans les deux cas, si tu ne crèves pas, tu douilles sérieusement… Et ne compte pas fumer le moindre pétard avant six mois !

– Je vous jure, je…

– T'affole pas, dit Simon. Kofi a dit « devrait se passer ». C'est du conditionnel, tu comprends ? Tu sais écrire, non ? On a écouté tes paroles. C'est pas un nègre qui les a écrites pour toi ? Alors calme. T'as de la chance : on t'aime bien, tu fais de la chouette musique et il faut reconnaître que ton petit bizness se déroule au poil. Plutôt qu'une punition, on te propose une collaboration. Tu peux dire non. Les coups de pied dans les côtes, ce n'est pas une menace. On les a mis de côté, on n'y reviendra pas. On a aucun intérêt à travailler avec des gens qui ont peur. Bois un coup.

Squad se détend. Il avale une gorgée de bière. Même s'il est vrai que la punition évitée n'est pas présentée comme une menace, il ne se voit pas dire non à ses futurs producteurs. D'autre part, ils peuvent très bien cesser de lui vendre toute marchandise. Il devra alors trouver un autre fournisseur. Ailleurs. Loin. Dans une autre ville. Voire même à la capitale.

Kofi jette sur la table basse un sachet en plastique. Il contient une poudre blanche.

– De la coke. Coupée à 10 %. On se dit que ta clientèle au squat pourrait être intéressée.

– J'ai jamais touché à ça.

– Nous non plus. On te demande pas de sniffer, on te demande de vendre. 70 euros le gramme. Les artistes n'ont jamais les moyens de rien, sauf pour se défoncer. Et les jeunes qui traînent dans vos fêtes sont tous des bourges. Excite-les un peu. Intello ou pas, riche ou pas, il n'y a pas plus réac qu'un jeune. D'une manière ou d'une autre, il veut toujours montrer qu'il a des couilles. Et maintenant, les filles aussi veulent prouver qu'elles en ont. Et on s'étonne qu'en Occident, les ventes de merde aient doublé…

– Je m'y prends comment ?

– Exactement comme avec le chocolat. Tu fais goûter gratis, les gens décollent et n'ont plus envie d'atterrir. Ou s'ils le font, c'est pour mieux remonter dans l'avion. C'est pour ça que cette came est de qualité exceptionnelle. À la longue, on la coupera de plus en plus, pour arriver à 30 %. Plutôt à la Livocaïne qu'au Lemasol ; on va éviter de tuer les gens tout de suite. Mais pour l'instant, ce qu'il faut, c'est attirer le client, et surtout le rendre accro. Tu as là dix grammes. Ça fait 700 euros. On prend 70 %, il te reste 210 euros. Là, encore une fois, c'est gratis. Mais regarde le temps que tu aurais mis à te faire ces 210 euros si c'était payant. Tu ne seras pas seul sur le marché mais si tu vois quelqu'un en vendre, dis-le-nous tout de suite, on te dira si c'est OK.

Squad sent bien que c'est trop gros pour lui. Il n'a jamais été un homme d'affaires. Mais rien n'est plus simple que vendre de la drogue. Surtout de la coke. Il suffit de boire des coups avec les bonnes personnes, et il en connaît déjà quelques-unes…

– J'aurai pas le monopole sur le squat ?

– Le squat, ce sera le magasin, et tu seras le seul gérant. Mais on aura quelques volants. Tu comprendras qu'on ne t'en dise pas plus. Par prudence, on va se dégotter une nourrice extérieure, mais de ton côté, trouve un endroit pour stocker dix kilos. Ils doivent pouvoir disparaître en deux secondes en cas de descente. OK ?

– OK.

Squad finit sa bière, empoche le sachet de cocaïne et se lève. Le neuvième morceau de l'album s'achève. Il parle d'un monde où les gens évolueraient à l'état gazeux et, dotés de la maîtrise de toutes leurs facultés intellectuelles et sensorielles, s'interpénétreraient. Une vision du paradis. Il a piqué l'idée dans un roman de science-fiction des années cinquante. Clifford D. Simak, *Demain les chiens.* Pour l'heure, il se sent comme ça. Un gaz. Sa vie va changer. Il plane jusqu'à sa vieille Merco, qui lui semble soudain beaucoup trop matérielle. Kofi le regarde s'éloigner depuis son balcon du dixième étage en passant sa main sur son crâne. Il rentre dans l'appartement et désigne la chaîne hi-fi à Simon.

– Coupe-moi cette merde.

***

Allongé sur le plancher de la carcasse de la voiture, tu étouffes de chaleur. La poussière obstrue tes narines et te brûle la gorge. Tu te saisis de ton appareil photo, zoomes sur le cadavre de la femme qui a perdu à la loterie face à toi. Faire le point, régler la luminosité... ça te détend un peu. Mais tu n'appuies pas sur le déclencheur. Un cliché supplémentaire, à quoi bon ? Des photos de cadavres, de charniers, de corps décomposés, déchiquetés, mutilés, tu en as des milliers en stock. Tu en as envoyé des centaines aux rédactions des cinq continents. Mais les journaux ne les publient pas. Pas les plus monstrueuses, en tout cas. Et elles ne changent rien. Elles n'ont jamais rien changé. La réalité visuelle est toujours aussi crue, dure. La réalité des odeurs, aussi. Tu pues effroyablement. La sueur. La peur. La pisse. Tu n'as pas vérifié mais il est presque sûr que tu t'es pissé dessus après ta course, alors que, une fois arrivé dans la carcasse rouillée par le feu, tu t'es vaguement senti protégé. Tu flottes toujours dans un nuage de sons cotonneux, que seul ce cri suraigu, poussé à intervalles réguliers, parvient à transpercer. Les coups de feu ont cessé depuis un moment.

Tu n'entends plus ces impacts qui te parviennent à distance et qui résonnent comme autant de balles de tennis lancées contre un mur. Tu lèves la tête au-dessus du dossier du siège conducteur. Regardes à droite à gauche. Et c'est alors que tu aperçois le gamin, recroquevillé à l'arrière du 4 × 4. Il doit avoir douze ans. Il te fixe de ses yeux noirs. Des yeux secs. Il y a bien longtemps qu'il ne pleure plus. Il n'a peut-être plus rien à pleurer. Tu lui demandes s'il est blessé. Il fait non de la tête. Tu lui dis que vous ne pouvez pas rester ici. Que les bombardements vont reprendre. Que le métal vous protège des tirs du sniper mais que les bombes vous écraseront comme des crêpes. Du bout des pieds, tu pousses la porte du véhicule qui se situe à l'opposé de l'endroit d'où te semblaient provenir les tirs. Attends pendant quelques secondes de voir si le mouvement provoque une réaction. Rien. Tu te glisses à l'extérieur en rampant à reculons et viens ouvrir la porte arrière pour que le gamin puisse sortir. Il hésite mais finit par tendre la main. Tu l'attrapes et le tires à toi. Toujours pas de réaction du sniper. De ta main droite, tu attrapes une mallette à moitié calcinée qui gisait aux pieds du gamin et la lances aussi loin que tu peux dans l'espace nu écrasé de soleil. Elle retombe au sol comme une peau morte. Deux solutions : soit le sniper est parti ailleurs trouver un autre lieu de carnage, soit, par tes mouvements, tu as manifesté ta présence et le tueur attend tranquillement que tu te lances dans une nouvelle course. La vie, ici, c'est faire chaque seconde le pari qu'on ne va pas mourir à la suivante. Les ruines les plus proches sont à vingt mètres. Les plus éloignées à trente. C'est d'elles que provient le cri. Tu désignes à l'enfant le tas de ruines le plus proche et lui expliques que toi, tu vas courir vers le plus éloigné. Est-ce pour donner une chance de plus à l'enfant ou parce que ce cri est comme un appel auquel tu aurais pour devoir de répondre ? Ce cri pourrait aussi bien être le chant d'une sirène à la gorge déchirée par la guerre. Tu expliques à l'enfant que vous devez partir en même temps. Vous vous lancerez à trois. Tu comptes en silence, avec les doigts. Le pouce, l'index, le majeur. L'enfant part comme une flèche. Il ne fait pas le bon pari. Il zigzague trop. Or non seulement il a moins de distance à parcourir, mais tu es plus lent. D'abord, tu cours tout droit, pour aller le plus vite possible, puis tu te ravises et fais un crochet. Ça te sauve la vie. Une première balle te rate. Tu reviens dans ton axe. La deuxième balle vient mordre dans le tendre de l'épaule et t'arrache un bout de chair. Encore dix mètres. Le bruit sourd d'une troisième balle. Tu fais un roulé-boulé. Le tir ne t'effleure même pas, il ne soulève pas de poussière autour de toi. Tu te relèves, franchis les derniers mètres qui te séparent de ton prochain refuge et, une fois à l'abri, tu jettes un œil sur l'esplanade. Tu comprends pourquoi tu n'as ni senti ni vu la troisième balle. L'enfant gît à terre, la cervelle explosée.

***

L'atelier de Romaine est situé à l'étage de l'UV, sur la mezzanine, exposition nord, comme il se doit. Elle a remplacé les vitres cassées de la verrière par du plexiglas mais il y fait généralement froid en hiver et chaud en été. Romaine n'essaye pas d'améliorer ce défaut. Elle estime au contraire que cette contrainte nourrit sa création. Pour elle, l'artiste ne doit pas travailler contre le monde mais avec lui. Il est une éponge, une usine de retraitement, qui absorbe les divers éléments de son environnement et les transforme. Elle ne croit en aucune divinité mais tient que cette métamorphose est le fruit d'un processus mystérieux dont elle n'a pas à tenter de percer le secret. En ce milieu du mois de juin, la température est un peu élevée, mais sans excès, ce qui fait de l'atelier un espace très agréable et lui permet de travailler entièrement nue. Son corps est vierge de tout tatouage. D'abord c'est une mode qu'elle exècre, ensuite, son corps constituant un des matériaux de base à partir desquels elle travaille, il doit conserver une certaine neutralité. Pas d'écarteur, implant ou autre scarification non plus. Il peut lui arriver de faire appel au piercing, dans la mesure où il ne revêt pas de caractère définitif. Toute œuvre doit pouvoir être déconstruite ou transformée, à l'image de ses dernières performances. En sculpture, la déconstruction est jouable la plupart du temps. Pour la peinture, c'est plus compliqué. Une fois le mélange opéré, on ne peut plus séparer les pigments, on ne peut que les soumettre à un autre traitement. Pour Romaine, même si elle ne peut s'empêcher de fondre devant un Caravage, un Giacometti ou un Caillebotte, toute œuvre doit être éphémère. Giacometti et Caillebotte, elle ne sait pas le justifier. Le Caravage, en revanche, « photographie » toujours un corps dans un état de décomposition, et d'une manière telle qu'on sent l'histoire de ce corps. On perçoit ce qu'il était avant et on devine ce qu'il sera après. Aussi, d'une certaine manière, toute œuvre du Caravage représente un moment éphémère. Ça, elle ne sait pas faire, et elle subodore qu'elle ne saura jamais.

Pour l'heure, elle travaille sur une de ses marottes. Une activité tranquille et apaisante. Son yoga personnel : le pliage – origami si on veut, mais elle trouve que ça fait prétentieux. Elle envisage vaguement de réaliser mille cocottes en papier à l'échelle un et de les cramer au chalumeau. Pour l'instant, elle trouve l'idée un peu facile, et elle n'a pas encore testé le bon matériau. Elle n'a même pas idée de ce qu'il pourrait être. Ça doit fondre lentement, se tordre, émettre des sifflements, péter de temps en temps… La définition parfaite du plastique et du caoutchouc. Mais ça, c'est impossible. Le matériau qu'elle cherche doit pouvoir entrer en combustion sans dégager de fumées toxiques. Il y aurait bien la neige, mais allez plier de la neige…

Romaine décide que le moment de fumer un pétard est venu. Elle ouvre la boîte en fer où elle range son matos, mais elle ne renferme plus que du papier à rouler et des filtres. Elle appelle Squad. Lui ne tombe jamais en panne.

Squad propose toujours à Romaine de monter la voir. Surtout en été. La plupart du temps, elle oublie de se rhabiller. Et là, encore une fois, c'est banco. À la vue de son œil concupiscent, Romaine se rend vite compte de son oubli et passe une chemise un peu grande, qui lui arrive au haut des cuisses. Le résultat n'en est pas moins érotique. Squad lui tend une bière.

– Je t'ai apporté ça, aussi.

– Bonne idée. Je bois la bière avec toi et je me roulerai le pétard toute seule.

– T'es sûre ? On peut prendre un peu le temps de s'amuser…

– Squad, je t'ai déjà dit que tu coucheras avec moi le jour où j'envisagerai une performance publique incluant un coït. Mais ce n'est pas demain la veille. Le mélange des corps blancs et noirs, la soumission de la femme blanche, que de poncifs…

– Pourquoi soumission ? Baiser, c'est pas se soumettre.

– Une femme qui jouit est toujours vue comme une femme soumise, ou sous emprise. C'est con mais c'est comme ça… Note que je pourrais t'enculer avec un gode, ce serait pas mal, mais les interprétations racistes risquent de pleuvoir.

– Oui, et puis là, franchement, je le sens pas.

– Comment ça, Squad ? Tu n'es pas prêt à tout pour moi ?

– Je suis prêt à beaucoup de choses, comme t'offrir un petit extra dont tu te souviendras.

Squad sort de sa poche un sachet de cocaïne et le pose sur la table basse auprès de laquelle Romaine est assise en tailleur.

– De la cc. Putain, où t'as trouvé ça ? T'es allé à Paris ?

– Ça, je te le dirai pas. Mais le magasin est ouvert et la source est pas près de se tarir.

– On peut la goûter ?

– C'est cadeau, je te dis.

Romaine se lève, va fouiller dans ses outils, en sort une lame de rasoir. Puis elle dégotte deux pailles dans les tiroirs de l'espace cuisine.

– T'en prends avec moi ?

– Je dis pas non.

– En tout bien tout honneur ?

– Romaine, je te toucherai jamais sans que tu me l'aies demandé.

– T'es un peu con, Squad, mais t'es pas un mauvais gars.

– C'est ce que m'a toujours dit ma mère.

Romaine essuie consciencieusement un coin de table et y verse la moitié du sachet de cocaïne. Puis, à l'aide de la lame de rasoir, elle sépare le petit tas de poudre blanche en quatre lignes égales et tend une paille à Squad. Il sourit.

– Toi d'abord.

– Tu sais à quoi elle est coupée ?

– À la lidocaïne. Mais tu vas voir, elle est peu coupée.

Romaine sniffe. Inspire. Ferme les yeux.

– La vache, elle est bonne.

***

Élise regarde sur l'écran le brouillard vibrionnant censé représenter l'intérieur de son utérus. Ça lui rappelle ces paramécies qu'elle observait au microscope en cours de sciences naturelles, ou de biologie, quand elle avait treize ans. Son père disait toujours « sciences naturelles », même si l'appellation officielle était « biologie ». Il le disait par passion pour le mot « sciences », qui à ses yeux recouvrait tous les miracles du monde, et il insistait pour qu'elle soigne particulièrement cette matière, ainsi que les mathématiques. « L'avenir a toujours été dans la science », « Le progrès, c'est la science », « Sois bonne en sciences et tu auras un bon métier », « Le pouvoir, quand il devient fou, s'attaque aux écrivains, aux journalistes, aux philosophes, jamais à la science », « La science, c'est une vraie compétence, qu'on peut vérifier… Un bon roman, par exemple, c'est quoi un bon roman ? Qui peut définir avec des critères incontestables que tel ou tel roman est bon ou mauvais ? Alors qu'une théorie scientifique… » Si elle avait fini par le convaincre que l'informatique, à sa manière, était une science, elle l'avait tout de même un peu déçu. Pour lui, la science, c'était avant tout du vivant. Comprendre les lois immuables qui régissent le monde. Pourquoi la rencontre d'un spermatozoïde et d'un ovule donne cette vague forme blanchâtre qui remue sur l'écran et que la gynécologue lui montre du bout du doigt.

– Vous voyez ? Là ?

Non. Élise ne voit pas. Mais elle veut bien croire la gynécologue. Elle veut bien croire que quelque chose se fabrique en elle et que ce quelque chose, c'est la vie, mais paradoxalement, elle se sent extérieure au processus. La chose prospère en elle, évolue, se nourrit de son sang, mais Élise n'a aucun contrôle sur elle, et elle la vit plutôt comme une sorte de parasite qui la suce, pompe son énergie. Elle pourrait penser qu'elle partage sa nourriture, mais c'est plutôt la chose qui la lui dérobe. Elle pourrait penser que son corps fait de la place à la chose, mais c'est plutôt la chose qui la prend. Elle ne façonne pas, ne construit pas. La chose grandit, se développe, et Élise subit des transformations qui lui sont imposées. Certaines sont agréables, d'autres non. Elle n'en prend pas ombrage mais au final, elle ne se sent pas tellement concernée. À quel point parviendra-t-elle à faire le lien entre ce qu'elle vit en ce moment et ce que sera l'enfant à naître ? Au fond, elle n'est qu'une mère porteuse. Un tuyau par lequel passe la vie après une nuit d'amour plus ou moins échevelée, elle ne sait même pas laquelle, et là encore, le lien de cause à effet, s'il est scientifiquement prouvé, ne lui semble pas évident. La seule réalité, dans tout ça, c'est ce gel froid que la gynécologue a étalé sur son ventre. Élise n'en conçoit pas pour autant des idées noires et ne regrette en rien son choix. Elle sait que cette nouvelle aurait fait plaisir à ses parents. C'est curieux comme on a moins de mal à faire plaisir à ses parents quand ils sont morts. Il faut dire qu'en la circonstance, elle ne risque pas de leur reprocher d'avoir été intrusifs. Les parents de Marc aussi sont heureux. Mais eux, pour le coup, se sont montrés maladroits. Pressants. Il suffit qu'on attende quelque chose d'Élise pour qu'elle ne le fasse pas. Son père en a fait la triste expérience. S'il lui avait parlé littérature, à tous les coups, elle serait calée en physique quantique. Marc, lui, s'est montré patient. Il a toujours eu ce désir d'enfant, elle ne sait pas d'où ça vient. Elle ne pouvait pas le lui refuser *ad vitam aeternam*. Ce qu'elle aimerait, maintenant, c'est qu'on s'occupe de sa tuyauterie sans lui demander d'être béate, sans l'obliger à aimer déjà un être qu'elle ne connaît pas. De toute façon, Marc s'en charge pour deux. Comme tous les hommes heureux à l'idée d'être pères, il vit chaque étape de la grossesse comme s'il assistait à la création du monde. Ce n'est plus une naissance qu'il accompagne, c'est une nativité. Il tombe en adoration. Il oublie que ce n'est jamais là que le résultat de quelques coups de reins qui l'ont fait jouir en ahanant. La procréation rend l'homme religieux. Ce n'est pas le moindre de ses défauts.

Tout va bien. Bon, tant mieux. Pas la peine qu'en plus, ce soit compliqué. Merci madame. Enfin la rue, le soleil, le trottoir, marcher, parler…

– Au fait, je ne t'ai pas dit. Hier, j'ai croisé Bernard à la mairie. Il avait rendez-vous avec le directeur des services.

– Hein ?

– Bernard, le metteur en scène. Tu ne l'as pas vu, hier soir ? Il ne t'a pas raconté ?

– Raconté quoi ?

– Ben, comment s'était passée l'entrevue… Oh, tu m'écoutes ? Tu es avec moi, là ?

– Et toi, tu l'es, avec moi ?

– Oui, je suis là, je te parle.

– On sort de chez la gynéco, Élise. C'est de ça que j'ai envie de parler.

Élise lève les yeux au ciel.

– Qu'est-ce que tu veux qu'on en dise ? Tout va très bien. Bon ben voilà, tant mieux. Tout va très bien. Il n'y a pas de quoi épiloguer pendant des heures.

Marc s'arrête de marcher.

– Élise, tu ne pourrais pas, de temps en temps, te montrer un tout petit peu heureuse de ce qui nous arrive ?

Élise, qui avait fait deux pas de plus que Marc, se retourne.

– Je ne sais pas.

– Comment ça, tu ne sais pas ?

– Je te l'ai déjà expliqué mille fois. Quand l'enfant sera là, je verrai si je suis heureuse ou non. Pour l'instant, ça m'emmerde.

– T'es vraiment pas drôle.

– Mais qu'est-ce qu'il y a de drôle ? Est-ce que tu te rends compte qu'on vit les derniers mois d'une vie qu'on a aimée ? Que tout va être chamboulé ? Qu'on ne fera plus l'amour à 8 heures du mat' sur la table de la cuisine ? Qu'on ne ratera plus la fin des films à la télé parce qu'on préfère s'embrasser et se regarder dans les yeux ?

– Là t'exagères. Pendant au moins dix ans, à 10 heures, le petit dieu, comme tu dis, sera au lit.

– Oui, en effet, on ratera toujours les fins de film, mais c'est parce que notre enfant se sera mis à hurler pour une de ces raisons que seuls les bébés connaissent. Et ne me dis pas qu'à la moindre alerte, tu ne vas pas t'inquiéter de ce qui lui arrive. Tu vas connaître les joies du *coïtus interruptus*, mon ami.

– Mais y a pas que la baise, dans la vie !

– Non mais sans elle, on n'en discuterait pas, de la future idole. Et je ne parle pas que de ça. Je parle de sortir boire un verre à 23 heures sur un coup de tête, des cinémas au dernier moment, des tours à la mer le dimanche matin, des sujets de conversation qui tournent autour d'autre chose que des pipis et des cacas… d'ailleurs, ça a déjà commencé. On sort moins, on parle moins, on fait moins l'amour. On organise. Voilà, ça va être ça, notre vie : organiser. Heureusement qu'il y a cette histoire d'expulsion de l'UV, sinon, on serait déjà en train de repeindre la chambre du fond.

– Si tu vois autant les choses en noir, je me demande pourquoi…

– Parce que je t'aime, et parce que pourquoi pas ! Je ne suis pas en train de te dire que tout va être nul. Je t'explique que la vie, ça se vit au présent. Pour l'instant, je grossis et j'ai des malaises. Bon. Mais il y a d'autres choses autour. Je ne cherche pas à tout réduire à ça, bien au contraire. Et encore une fois, demain, quand l'enfant sera là, on verra bien. Mais ce n'est pas en rabâchant à longueur de temps que tout sera merveilleux que ça le sera. Vivons ce qu'on a à vivre aujourd'hui et demain, on verra. Tu te rappelles le film *We Need to Talk About Kevin* ? On va peut-être engendrer un psychopathe. Mais peut-être aussi une philosophe ou une danseuse étoile. Statistiquement, il est plus probable qu'on tombe sur un chômeur ou un employé de bureau mais je m'en fous, s'il y a de l'amour, tout me conviendra. Seulement, pour l'instant, il ou elle n'est pas là… Marc, s'il te plaît, arrête de me parler d'avenir. Je mange comme il faut, je ne bois plus d'alcool, je dors, demain, comme me l'a recommandé la gynécologue, j'arrête le vélo… je fais ce qu'il faut pour que cet avenir advienne. C'est bien suffisant. S'il te plaît, Marc, embrasse-moi et allons au cinéma.

***

Bernard gueule. Il en a assez de ces fêtes au squat. C'est un lieu de travail et de création, ici, pas un lieu de débauche ! Débauche ? Squad sursaute. Qu'est-ce que c'est que cette morale à la con ? Il n'est pas d'accord. L'UV est un lieu de travail ET de vie. Et la vie, c'est la fête. Bernard ne démord pas de sa position. Mais il n'a pas envie de se péter les cordes vocales, alors ils en discuteront tous en réunion. Une AG extraordinaire de l'association qu'il va bientôt convoquer. Squad rigole. Bernard peut convoquer toutes les AG qu'il veut, il n'empêchera pas le musicien de faire la fête chez lui. Ou alors quoi ? Il va lui envoyer les flics ? Ah, Ah, Ah. Qu'il regarde autour de lui, plutôt. Il n'y a jamais eu autant de monde. Il y a de plus en plus de jeunes, de têtes qu'il n'a jamais vues. Toutes les sphères de la société sont touchées, y compris les plus huppées. Tiens, là-bas, Suzanne Veyssière et Pierre de Clermont. Au début, ils sont venus voir, assez timidement, maintenant, ils rappliquent à chaque fois, et pas tout seuls. Ça ne va pas sauver le squat, mais ça va compliquer le débat dans la tête des élus. Quand ton gamin entre en crise d'adolescence, tu n'as pas forcément envie de jouer le rôle du grand méchant loup… Ouais, éructe Bernard, les parents peuvent aussi rappliquer. Et s'ils tombent sur la merde qui circule ici… Parce que faut pas me prendre pour un con, Squad. Ça circule de plus en plus. Et si les flics débarquent ici… Squad hausse les épaules. Boaf… conso perso. Qu'est-ce qu'ils peuvent dire, les flics ?

– Les *journalistes* peuvent dire, ducon. Et donner une image bien pourrie de notre cause.

– Mais non. Les journalistes sortent ce genre d'affaire quand il y a une grosse saisie ! Ils ne dénoncent pas un trafic sans preuve. Sinon, ils devraient passer en revue tous les lieux branchés de la capitale. Tu délires, là, Bernard. Et puis qu'est-ce que tu veux que j'y fasse, moi ? J'y suis pour rien. J'organise juste des fêtes – qui nous font rentrer pas mal de thunes, je te signale au passage. Après, c'est sûr, quand il y a de la zique et de l'alcool, la beuh n'est jamais loin…

– Il y a de la cc, aussi. Vraiment, tu n'y es pour rien ?

– Je te jure, mon frère.

– Bon, j'en peux plus de ce bruit, je me casse. On en reparlera.

Suzanne fait un petit coucou à Bernard quand il passe près d'elle. Elle le connaît, il vient régulièrement au lycée diriger des ateliers de théâtre. Elle a vu un de ses spectacles, aussi, dans le cadre d'une sortie scolaire. Des artistes, des musiciens, des comédiens… elle se sent bien, ici. Et elle se sent femme. Et c'est cette femme que voit en elle le type de vingt et un ans dont elle a croisé le regard en arrivant. Un type beau, beau, beau. Et délicat. Il a bien mis une heure à s'approcher d'elle alors qu'ils n'ont pas cessé de se lancer des regards étonnés, scrutateurs, complices ou amusés. C'était très agréable, cette relation à distance. Ce moment miraculeux où on peut faire ce qu'on veut de l'enveloppe de l'autre. La remplir de ses propres désirs, sans avoir à se soucier de ce qu'elle contient réellement. S'ouvrir à l'autre, découvrir ce qu'il est, c'est bien gentil, mais parfois, c'est vraiment la barbe. Pendant une heure, Suzanne a vraiment eu la sensation de planer. Chaque regard, chaque attention provoquait en elle une excitation hors du commun, accompagnée d'un sentiment de plénitude comme elle n'en avait jamais eu. Pour la première fois depuis longtemps, elle habitait totalement son corps. Comme si enfin elle était parvenue à apprivoiser sa nouvelle taille, ses nouvelles formes, sa nouvelle odeur… Elle a presque regretté ce moment où le jeune homme s'est enfin décidé à venir lui parler. Pour sa part, elle ne l'aurait pas fait. Non pas parce qu'elle est une femme. Mais parce qu'elle aurait voulu que ce miracle d'être en totale fusion avec soi-même grâce aux simples ondes reçues d'un autre fantasmé ne s'arrête jamais.

Elle ne se souvient pas d'avoir attiré autant l'attention d'un garçon, et surtout pas une attention d'une telle qualité. Fred – elle sait maintenant qu'il s'appelle Fred – ne vise pas droit au vagin. Il semble vraiment vouloir vivre quelque chose. Et sans le savoir, il lui a fait un second cadeau. Il ne s'est pas approché d'elle pour la baratiner. Il ne l'a pas touchée, il ne l'a pas embrassée. Il est simplement venu lui dire :

– Fred. C'était très bon. Au revoir, à une prochaine.

Suzanne n'a jamais rien entendu d'aussi érotique que ce « c'était très bon » venant de quelqu'un qui ne l'a même pas effleurée. Et cette tension érotique, elle va continuer de la ressentir jusqu'à ce qu'elle revoie Fred. Ce n'est pas un cadeau qu'il lui a fait. C'est des milliers. Comme autant de minutes qui les séparent de leur prochaine entrevue.

***

Au nord de la cité des Saisons, il y a un grand champ. Cette année, on y cultive du maïs. Un chemin longe ce champ en contrebas de l'échangeur autoroutier. Les ouvriers y ont épandu le surplus de remblai nécessaire à la réalisation de l'ouvrage d'art et trois ans après les travaux, les herbes peinent à percer l'épaisse couche de granulat, que chaque passage de véhicule (le plus souvent un tracteur tirant quelque machine agricole) tasse encore un peu plus. Il est minuit passé quand une BMW M3 s'engage sur le chemin et roule sur une vingtaine de mètres avant de s'arrêter. Malko, le chauffeur, coupe les phares et les quatre occupants de la berline sortent pour se dégourdir les jambes. Trois d'entre eux allument une cigarette. Malko sort son téléphone portable et tape un code : KB2 72 37K. La réponse, tout aussi lapidaire, arrive dans les dix secondes : 5.

– Ils arrivent dans cinq minutes.

L'homme s'exprime en serbe. Il allume à son tour une cigarette. Belgrade / Larmon, vingt heures de route et trois arrêts seulement. Les longs voyages, c'est bon pour les poumons. Dans une heure, ils seront à Paris. Trois jours de détente. Ils l'auront bien mérité. Et ils en profiteront pour régler quelques affaires en cours.

– Les voilà.

Un faisceau lumineux s'avance sur la route qui vient de la ville. Le véhicule dépasse légèrement le chemin et l'emprunte en marche arrière, comme convenu. Les feux de position, rouges, et les phares de recul, blancs, approchent très lentement. Les Serbes s'amusent à deviner la marque de la voiture. C'est le chauffeur – enfin, le dernier à avoir pris son tour, parce que bien évidemment ils se sont relayés – qui l'emporte. Une Audi A7 Sportback. Belle bagnole. Malko sourit :

– Sacrés musulmans. Mêmes convertis, ils ne peuvent s'empêcher de conserver leurs habitudes de truands.

– Isham est un converti ?

– Lequel de ces mecs ne l'est pas ? Il y a encore trois ans, après chaque livraison, il nous accompagnait à Paris et je peux te dire que ce n'était pas le dernier à lever le coude. Il était à Saint-Ouen, dans ce temps-là.

L'Audi vient se mettre à cul de la BMW. Isham et trois hommes en sortent. Aucun d'eux ne fume. Le chauffeur serbe actionne l'ouverture du haillon de la BMW, Isham celle de l'Audi. Les Serbes n'ont même pas un pas à faire pour transporter dix kalachnikovs et une caisse de munitions d'un coffre à l'autre. Isham leur tend une valise. Le chauffeur compte rapidement. Treize mille euros.

– Parfait. Je suppose que tu ne viens pas boire un coup ? demande Malko en français.

– *Koufir.* Pourquoi tu me charries avec ça à chaque fois ? Je suis la voie de la pureté, maintenant. La voie des élus.

– Comme tu veux. Les Français ont un proverbe qui dit : « Un tiens vaut mieux que deux tu l'auras. » Moi, les vierges, je préfère me les taper sur Terre…

Isham hausse les épaules, monte au volant de sa voiture et, sitôt le dernier de ses acolytes assis, démarre brusquement. Les roues motrices tournent trop vite. Elles peinent à mordre le remblai et projettent des granulats. Les Serbes se demandent vaguement si Isham ne l'a pas fait exprès. Puis ils montent dans la BMW et entament tranquillement un demi-tour en bout de champ.

***

Après le cinéma, Élise et Marc ont fait l'amour. Puis ils ont mangé et ont refait l'amour. Ça commençait à faire un paquet de temps qu'ils n'avaient pas passé une soirée comme ça. Marc observe le corps d'Élise à moitié sorti de la couette. C'est vrai qu'elle a changé. Ses seins sont un peu plus gros, mais toujours aussi parfaits. Enfin, parfaits pour lui. Est-ce qu'il les aimait mieux avant ? Il a toujours aimé les poitrines modérément développées. Une douce remontée depuis la clavicule, un téton et une aréole de petit diamètre, et une redescente quasi égale à la montée, à peine bombée. Voilà pour lui le sein idéal. « Une résurgence de tes amours adolescentes », le moque parfois Élise. Ce qui n'est pas vrai, parce que son premier amour, son seul et unique, en définitive, c'est Élise. Et elle le sait. Bon, de toute façon, ce sont les seins d'Élise, donc il les aime toujours. Et son sourire n'a pas changé. C'est fou ce que c'est bandant, un sourire.

– Alors, c'est pas bon, le présent ?

– Vu comme ça, évidemment… Mais alors, explique-moi : pourquoi on se bat pour l'avenir ?

– De quoi tu parles ?

– De l'UV.

– On ne se bat pas pour l'avenir, on se bat pour que le présent continue.

– Oui, mais du coup, du présent, ça nous en bouffe.

– C'est pour ça qu'il faut faire du combat en question un présent à vivre. Se battre, c'est faire des trucs, découvrir des gens, avoir des sensations fortes… C'est la vie, quoi. Alors que se mettre en réserve, se préserver, se préparer à…, attendre un événement – tu vois à quoi je fais référence mais franchement, je n'ai aucune envie qu'on se dispute –, c'est plutôt passif.

– N'empêche, je me demande si on est vraiment assez costauds pour lutter contre un consortium comme celui formé par la Française de Maçonnerie et la mairie… Et même si ça marche, nous par exemple, tu crois qu'on restera vivre ici ? Après cet enfant, on en aura peut-être un autre…

Élise le bourre gentiment de coups de poing.

– Je te vois venir, gros malin… Mais pour moi, ça ne change rien. Défendre le quartier, c'est défendre le libre choix des gens de vivre où ils veulent, et comme ils l'entendent. Et si un jour on décide d'aller vivre ailleurs – t'as vu, je suis *open*, ce soir –, eh bien j'aimerais que ce soit dans un quartier du même type. Un truc constitué au fil des ans, des générations, et pas un de ces ensembles conçus par un architecte qui prétend savoir comment j'aimerais vivre… Tiens, je vais l'écrire !

D'un bond, elle saute du lit. Marc tente de la rattraper mais il est trop lent.

– Non, Élise, tu déconnes !

Élise passe un T-shirt

– Pas du tout. Et puis j'ai faim.

– Encore ?

Elle dégage ses longs cheveux pris dans le col du T-shirt et les envoie en arrière d'un mouvement souple. Dieu qu'elle est belle !

– Eh, c'est qu'on a fait du sport ! Je me fais une tartine de sardines au piment. T'en veux ?

– Des sardines à l'huile ? À une heure du matin ? Franchement, non.

Élise va dans la cuisine préparer sa tartine et revient s'asseoir devant l'ordinateur posé sur son bureau, à deux mètres du lit. Marc a éteint la lampe de chevet. Il regarde Élise, partiellement éclairée par le halo de la lampe articulée orientée sur le clavier de l'ordinateur. Il regarde sa concentration. Il regarde la mèche de cheveux qui lui tombe devant les yeux et qu'elle passe négligemment derrière son oreille. Totalement à sa tâche, elle semble avoir oublié tout ce qu'ils viennent de vivre. Une pro du présent. C'est une des choses qu'il admire chez elle. Lui, il faut toujours qu'il ressasse le passé ou envisage l'avenir. Pour lui, le présent est un passage quand pour elle il est un but. Elle se retourne brusquement, lui sourit :

– Qu'est-ce qu'il y a ?

– Rien, je t'aime.

Elle se replonge dans ses écrits. Il n'est même pas sûr qu'elle ait entendu ce qu'il lui a dit. Il s'endort en pensant qu'il y a tout de même une chose qu'il vit totalement au présent : le sexe. Le sexe est un présent qu'on voudrait toujours voir recommencer.

***

Combien de temps durera ta chance ? Et quel en sera le coût ? Pour l'heure, c'est une mort pour une vie. Aussi, au soulagement d'être en vie vient très vite se substituer la culpabilité du survivant. Pourquoi est-ce toi qui es en vie, et pas cette femme, pas cet enfant ? D'une certaine manière, ces morts ne sont-ils pas la monnaie contre laquelle ta vie est échangée, dans une relation directe de cause à effet ? Tu te souviens de cette nouvelle de Dino Buzzati. Un homme se fait offrir une veste. Un jour, il découvre une liasse de billets dans la poche de la veste. Ne sachant d'où ces billets peuvent provenir, l'homme s'en saisit et dépense l'argent. Le lendemain, une nouvelle liasse de billets apparaît dans sa poche. Puis une autre, puis encore une autre. Ainsi, comme un actionnaire qui engrangerait des dividendes sans rien faire, l'homme s'enrichit. Jusqu'au jour où il fait le lien entre certains événements catastrophiques relatés dans les journaux et le montant des sommes qu'il trouve dans sa poche : à l'unité près, ces catastrophes produisent un nombre de victimes identique à la quantité d'argent qu'il a découverte le matin dans la poche de sa veste. D'abord incrédule – c'est absurde, aucune loi physique cohérente ne peut expliquer un tel lien de cause à effet –, dans un second temps horrifié, l'homme se débarrasse de la veste… Dois-tu te débarrasser de ta peau ? Te planter une bonne fois au milieu de la place et attendre que le sniper fasse son carton ? Allons, Khaled, on n'est pas dans une fiction, une construction qui attribuerait une place définie à chaque chose ; une histoire dans laquelle le héros aurait un pouvoir sur le déroulement des événements. On est dans l'horreur du tri hasardeux de la guerre. Marche, maintenant. Il y a ce cri, cet appel, si clair au milieu de tous les autres sons assourdis. Comment croire qu'il ne t'est pas destiné ?

Tu t'enfonces dans une ruelle. Il y a là d'autres cadavres, tombés dans des attitudes grotesques, bras démantibulés comme ceux de ces marionnettes à la malléole ronde, qui permet à l'avant-bras de se mouvoir sur 360°, mains et pieds tronçonnés, jambes arrachées, mâchoires disparues... Sans doute les victimes d'une bombe à fragmentation. Photo ? Pas photo ? Tu hésites. Tu n'hésitais pas comme ça, autrefois.

Dieu que la guerre est jolie.

Tu te souviens de ce vers d'Apollinaire que citait un fixeur irakien, non sans une certaine ironie. Un pauvre type, victime d'un des multiples attentats à la bombe quotidiennement perpétrés à Bagdad. Une voiture piégée et une bombe baril font exactement le même genre de dégâts. Mais l'une est pilotée par un kamikaze, l'autre par un chef d'État. Ici, on peut se faire alternativement déchiqueter par l'une ou par l'autre.

Un grondement. Tu en perçois la vibration plus que le son. Un avion.

Dieu que la guerre est jolie.

Tu aperçois une porte branlante, au rez-de-chaussée d'un immeuble de trois étages, réduit à un et demi. Étrangement, un chemin a été dégagé parmi les éboulis pour pouvoir accéder à cette porte, de la même façon qu'on aurait déneigé un passage à coups de pelle. Tu suis le chemin, tu pousses la porte. Tu entres dans une pièce plongée dans une semi-pénombre. Une femme enturbannée de voiles multicolores est assise au centre de la pièce. Elle est très vieille. Des rides profondes creusent son visage. Elle fume une de ces petites pipes indiennes comme on en voit dans les réserves aux États-Unis. Tu es saisi par cette image incongrue. Là, oui, photo. Tu lèves l'appareil, la femme lève les yeux. Ils sont d'un gris si clair, si intense, qu'ils semblent presque fluorescents. Ils te clouent sur place. Tu lâches l'appareil. D'une certaine manière, c'est la femme qui te prend en photo. Ton image est enregistrée dans sa mémoire. Elle en fait maintenant partie.

« Cours, maintenant, dit la vieille femme. Cours vite, écoute le cri qui t'appelle, tu ne peux pas mourir ici, il te reste encore une chose à faire. »

Tu traverses la pièce. Il y a une autre issue, à l'opposé de la porte par laquelle tu es entré. Tu l'empruntes, et une fois dehors, tu cours. Tu n'as pas fait vingt mètres qu'une bombe vient souffler les restes de l'immeuble, dans un bruit amorti mais intense, totalement envahissant. Et soudain, c'est le silence. Tu te frottes les oreilles. Es-tu devenu totalement sourd, cette fois, ou les cris ont-ils cessé ? Peu à peu, reviennent les bruits de ta respiration, ceux des battements de ton cœur, et subitement les hurlements, deux fois plus forts qu'auparavant, deux fois plus aigus, comme si dans ce court instant de repos, étonnés et surpris par le bombardement, ils avaient retrouvé une nouvelle vigueur.

Dieu que la guerre est jolie... Khaled déplie son corps, s'extirpe avec peine de cette insupportable position fœtale dans laquelle il se met au cœur de la nuit, s'allonge sur le dos et ouvre les yeux. En finira-t-il un jour avec ce cauchemar ? En connaîtra-t-il un jour la fin ? En vérité, il craint surtout de la *reconnaître,* cette fin.

Ça se passe toujours comme ça. L'histoire se poursuit, nuit après nuit, comme dans un feuilleton. Sauf que la durée de la série est variable. Les péripéties changent, jamais le thème, ni le décor. Le sniper revient souvent, mais les victimes sont différentes. Comme si elles s'accumulaient les unes aux autres, au fil du temps. Cette fois, pas de bombe à fragmentation, pas de gamins amputés parce que ce qu'ils ont pris pour un jouet était une grenade camouflée. Parfois, il approche de la fin, il le sent, et soudain, au bout de cinq nuits, d'autres fois au bout de trois semaines, il se retrouve à l'entrée du labyrinthe, et déjà, il ne peut plus faire demi-tour pour en sortir. Il devra tôt ou tard reprendre à zéro son long périple parmi les ruines, le sang, la poussière et la mort. Comme dans cette autre nouvelle de Buzzati, où un homme revit en boucle une journée de travail, de bouchons, de stress, puis de paniques, jusqu'à ce que son cœur, conduit à la limite ultime de l'épuisement, éclate. Cette nouvelle s'intitule *L'Enfer*. La résurgence de ce cauchemar déprime Khaled ; ça faisait trois mois qu'il parvenait enfin à dormir d'un sommeil sans rêve, et il espérait en avoir fini avec ce symptôme du syndrome de stress post-traumatique diagnostiqué par les médecins qui l'ont examiné à son retour (forcé) de Syrie. Espoir vain : comment sortirait-il par miracle d'un labyrinthe dont il n'a pas trouvé l'issue ? La trouvera-t-il seulement ? Sur ce sujet, le psychiatre a été clair : il ne faut pas trop compter en finir un jour. L'atténuation du syndrome est probable mais pas certaine, sa disparition quasi impossible. La nouveauté, c'est que jamais les images du cauchemar n'ont été aussi précises. Il s'agit là de souvenirs, d'événements réels, représentés tels qu'ils ont été vécus – y compris l'image la plus onirique du cauchemar, cette vieille femme à la pipe –, et pas du magma d'horreurs habituelles, agglomérées autour de cet inamovible fil conducteur : le cri. Pourquoi ? Khaled sent qu'il tient l'explication. Buzzati l'a mis sur la piste de la littérature, la littérature sur celle d'Apollinaire, Apollinaire sur celle d'Hamid, le si élégant, cultivé et généreux fixeur irakien, et Hamid…

– Ah, merde ! Je l'ai au bout de la langue !

Il s'extirpe du lit, encore gluant de sueur, et rampe jusqu'à la cuisine. Il ne comprend toujours pas comment il fait pour se déshabiller dans l'état où il se couche. Il ne se rappelle d'ailleurs jamais s'être couché. Après le septième verre du soir, il y a un grand trou, dans lequel il sombre jusqu'au lendemain matin. Ça l'effraie un peu. Apparemment, dans ce trou, il se déshabille et s'enroule dans les draps du lit. Mais qu'est-ce qui lui dit qu'entre-temps il n'est pas sorti ? Que certaines de ses connaissances ne l'ont pas vu dans cet état d'alcoolisation extrême ? Manifestement, ce n'est pas le cas. Personne ne lui en a fait la remarque et il boit toujours seul. Jamais en public. À tel point que d'aucuns le croient musulman pratiquant. Au premier sandwich au jambon qu'ils le voient avaler, ils changent d'avis. Ils se sentent même un peu cons, là où ils auraient voulu penser qu'ils faisaient preuve d'intelligence. Bien fait pour eux. Khaled ouvre la bouteille et boit directement au goulot. Et c'est l'éclair. *Dieu que la guerre est jolie* = Apollinaire = Hamid = Richard Deurthe. Khaled a vu ce type en Irak. Très peu, mais suffisamment pour faire quelques recherches sur lui et pour s'en souvenir. Il représentait une « entreprise de services de sécurité et de défense ». Le nouveau nom pour mercenaires. Un nom noble, qui permet aux sociétés occidentales de s'appuyer sur eux en toute quiétude. Richard Deurthe. Un militaire privé, un trafiquant d'armes, un des fers de lance de la Françafrique… Et c'est ce type qui est chargé de la « dévitalisation » du quartier des Mines.

Khaled avale une seconde rasade de… de quoi, au fait ? Ah, du gin… en espérant que ça suffise pour remettre son corps et son cerveau en état de marche pour les cinq heures à venir (il refait toujours un saut par chez lui en milieu de journée). Il pense que les Mineuses et les Mineurs sont vraiment dans le pétrin.

Et qu'Élise est en danger.

***

« En vous aidant du schéma d'une coupe de la Terre contenant l'axe des pôles, décrivez l'évolution des valeurs de la composante tangentielle et de la composante normale du champ magnétique terrestre. »

Suzanne a revu Fred au squat le vendredi suivant. Cette fois, ils se sont parlé. Pas beaucoup, mais suffisamment pour se dire qu'ils avaient envie de se rencontrer dans un lieu plus intime. Le dernier cours du samedi est une véritable tannée : physique-chimie. « Pas vraiment un contrôle, plutôt une petite série de questions portant sur le travail de la semaine, claironne la prof de sa voix haut perchée. Je vous rappelle que ce n'est pas noté mais que ça peut infléchir certains de mes jugements. C'est important pour vous : ça vous permettra de savoir si vous avez besoin de passer votre week-end à réviser. En termes de connaissances, ça s'accumule très vite, le retard ! » Tous les samedis, depuis la rentrée de septembre, c'est la même histoire. Et de fait, Suzanne s'est plus d'une fois servie de cet exercice pour redresser la barre. Mais maintenant, on est en fin d'année scolaire, il fait 25° à l'ombre et le soleil est éclatant. Il y a vraiment mieux à faire que potasser des équations.

Il y a Fred qui l'attend pour l'emmener déjeuner quelque part. Puis ils iront au cinéma, ou se balader dans la nature. Elle préférerait le cinéma parce qu'au cinéma, on ne parle pas. Mais par ce temps, la nature serait beaucoup plus agréable. Elle ne sait pas. Elle verra bien. Bon, ce questionnaire… elle jette un œil autour d'elle, comme pour se replonger dans la réalité de la classe. Pierre lui sourit. Un sourire un peu triste. Elle sait qu'il a des vues sur elle mais franchement, avec ses boutons, sa glotte proéminente et son air de grand échalas dégingandé, ce n'est pas possible. À seize ans, la moitié des garçons ne sont pas finis. Ce n'est pas de leur faute, et certaines leur trouvent du charme. Mais pas Suzanne. Elle hésite entre lui rendre son sourire et le snober. Ils sont amis depuis un bout de temps. Ce n'est pas de sa faute à elle s'il s'est mis en tête qu'ils pourraient avoir une relation amoureuse (relation amoureuse, il veut te sauter, oui !). Au final, elle continue de le regarder, pensive, sans expression particulière. Et se rend soudainement compte qu'il n'y a pas que de la tristesse, dans ce sourire. Il y a un petit air de défi, aussi. Qui se précise de plus en plus et vient bientôt balayer complètement la tristesse. Sans la lâcher des yeux, Pierre échange avec son voisin de devant un petit sachet de poudre blanche contre trois billets. Faire ça au moment le plus dangereux, celui où la prof les tient le plus à l'œil, quel con ! Elle sait depuis un moment qu'il trafique de la coke au sein même du lycée mais habituellement, il fait ça dans les toilettes, au foyer ou dans un recoin de la cour. Tout ça pour l'épater. C'est ridicule. Il devrait savoir que Fred en a plein, de la coke. Et pour elle, c'est gratis. À seize ans, certains garçons ne sont pas finis du tout. Elle ne lui sourit pas. Elle lève les yeux en l'air et retourne à son questionnaire.

« En vous aidant du schéma d'une coupe de la Terre contenant l'axe des pôles, décrivez l'évolution des valeurs de la composante tangentielle et de la composante normale du champ magnétique terrestre. »

Pfff…

***

L'espace dévolu à la future boulangerie est situé dans un angle de l'UV. Autrefois, c'était le bureau où l'on gérait la réception des livraisons. Personne n'a essayé de le squatter. D'une part parce que son côté « pignon sur rue » le rend trop visible – l'expression « pour vivre heureux vivons cachés » ne s'est jamais mieux appliquée qu'à un squatteur –, d'autre part parce qu'il jouxte une large allée par laquelle passaient les camions, ce qui fait que trois de ses faces sont exposées à tous les vents. Un frigo l'hiver, un four l'été. Brahim, qui en a vu d'autres, pense que ce n'est pas vraiment un problème. L'hiver, les travailleurs ne le sentiront pas passer. L'activité boulangère n'est pas des plus rafraîchissantes. L'été… eh bien l'été, il fera chaud. Mais la boulange se pratique dans les heures fraîches, entre trois et dix du matin. Onze pour les dernières fournées de baguettes, les jours de gros débit. Pour le reste, ils s'en tiendront à quelques viennoiseries. Pas de pâtisseries, dans un premier temps, ni de sandwichs.

– Une vraie boulangerie, à l'ancienne, dit Odette.

Odette est la première volontaire à s'être montrée intéressée par le projet.

– Je dors pas la nuit et je m'ennuie le jour… C'est parfait pour moi, ce boulot-là. Et j'ai déjà ma retraite, vous aurez rien à me donner ! Par contre, pour nettoyer tout ce bordel et faire en sorte que ça ressemble à autre chose qu'une écurie d'Augias, faudra pas compter sur moi.

Ça, tous les membres du squat présents ainsi que les quelques habitants prêts à mettre la main à la pâte s'en doutent. Il y a quelques inconnus, aussi, drainés par les réseaux sociaux. De nombreuses compétences seront nécessaires. Pour tout ce qui est des travaux d'isolation et de peinture, les bricoleurs suffiront. L'aménagement du magasin devrait pouvoir se faire sans problème majeur. Mais concernant la partie atelier de fabrication, c'est une autre paire de manches. Pour le système d'évacuation des fumées, par exemple, un pro devra se pencher sur la question. Faut-il construire une cheminée jusqu'au toit ? Une hotte aspirante avec une ouverture dans le mur est-elle suffisante ? Il va falloir s'inquiéter du cahier des charges sanitaires, trouver un four, un pétrin, un réfrigérateur… Brahim essaiera d'aller voir de vieilles connaissances. Du matériel d'occasion sera amplement suffisant et certains boulangers changent leurs machines pour en acquérir de plus modernes. D'aucuns accepteront peut-être de leur en donner. À charge pour eux de les transporter, évidemment. Brahim n'en revient pas de ce qui lui arrive. Il connaît les lieux, il y a dormi plus d'une fois. La nuit de l'incendie, par exemple, quand il a cherché un endroit où se réfugier. Un frigo, oui, mais au sec. Déjà, il commence à entasser les déchets et à les sortir. La parlotte, ça va un moment. Tout en discutant, Marc et Bernard lui filent un coup de main. Squad est à peu près inapte à tout. L'idée le branche mais la boulange, ça ne sera jamais pour lui. 3 heures du matin ! Déjà qu'une réunion à 9 heures, c'est très compliqué… La Logan de Khaled se gare devant le local. Alors qu'Élise vient vers lui, le photographe s'en extirpe péniblement. Il jette un œil sur le chantier.

– Tu veux vraiment que je photographie ça ?

– Déjà, je voulais que tu le voies… mais oui, je veux aussi que tu l'immortalises. Je ne publierai pas tout de suite la photo. On fera un « avant/après ». Déjà, une fois nettoyé et muni de vitres, ça aura une autre gueule.

– Et qui est-ce qui va faire tourner ça ?

Elle désigne Brahim, en grande discussion avec Odette.

– Tous les deux. Lui à la fabrication, elle à la vente.

Khaled sourit.

– Joli couple.

– Te moque pas.

– Je suis sincère. Je ne parlais pas d'eux sur un plan esthétique. Une vieille et un Arabe qui s'associent pour monter une boulangerie, je trouve ça joli, c'est tout.

Marc appelle Élise. Khaled décide de faire le tour du propriétaire. Qu'est-ce qui pousse les gens à croire que tout est possible, quand l'histoire démontre que tout est impossible ?

Allons, allons, Khaled, il y eu la fin du travail des enfants, le droit de vote des femmes, la sécu, les congés payés… c'est ça, oui. Le tout arraché au prix de luttes sans fin, et après des soubresauts et des phases d'extermination d'une violence inouïe. Quoiqu'on fasse, on ne fait que construire des cathédrales. Ceux qui commencent les travaux n'en voient jamais la fin, et ceux qui les finissent ne savent plus comment ça a commencé. Bien maussade, Khaled, ce matin. Ces fichus cauchemars le hantent.

Il y a ceux qui détruisent les cathédrales aussi, et qui eux ne savent rien.

Khaled s'éloigne de la partie magasin, arpente lentement celle qui sera consacrée à la fabrication du pain. Il va jusqu'au fond. La lumière commence à manquer, dans ce coin-là. Un peu bêtement, il teste un interrupteur, ce qui ne donne rien. Il sort son téléphone portable et ouvre l'application « lampe torche ». C'est dingue ce que ça éclaire. De quoi vous flinguer une batterie en cinq minutes. Il ouvre une porte. Il y a même déjà des toilettes. C'est le grand luxe ! C'est alors que le faisceau de la lampe passe sur un objet blanc. Il se distingue nettement de la grisaille et la poussière ambiantes. Khaled fronce un sourcil et le ramasse. C'est une seringue insuline. 1 ml. Récemment abandonnée. Il coupe l'appli « lampe torche » et reste un moment dans la pénombre. Puis il rallume son téléphone et compose un numéro.

***

Frédérique Hartmann arrive un peu plus tôt que l'heure prévue au Café des Arts. Elle s'installe à la terrasse qui mord sur la place du marché et allume une cigarette. Parfois, elle se demande ce qu'elle est venue faire dans cette ville de province. Comme beaucoup de jeunes recrues, en sortant de Cannes-Écluse, elle avait été affectée à Garges-lès-Gonesse, en Seine-Saint-Denis. Pour éviter le passage par les quartiers pourris, il fallait être classé dans les premiers du concours d'admission à l'école. Et Frédérique a toujours été moyenne en tout. Puis, l'âge et les points de notation s'accumulant, elle a été en mesure d'obtenir une mutation. À l'instar de la très grande majorité des officiers de police, elle a demandé le Quai des Orfèvres, qu'elle n'a pas obtenu, et en second choix, une ville de province, n'importe laquelle. Tiens, Larmon, pourquoi pas ? Son mari, Alain, originaire du Nord, avait accumulé les mêmes droits qu'elle. Professeur de français au collège, il en avait lui aussi soupé du « neuf-trois ». L'idée de cette ville de province pas trop éloignée de Paris, et qui le rapprochait de Lille, lui a plu. Et puis c'est bien, une ville de province, pour élever un enfant. Ils ont acheté un pavillon avec trois chambres, dont une qui finirait par accueillir ce premier bébé qu'ils essaieraient d'avoir. Ils ont déménagé et ils ont baisé, baisé, baisé dans cet ultime but de féconder Frédérique avant ses quarante ans. Ce qui n'est jamais venu. Tous les examens médicaux ont montré qu'il était normal, qu'elle était normale, mais rien à faire, ça ne venait pas. Pierre s'est lassé. Il a couché avec une collègue qui, elle, est immédiatement tombée enceinte, et est parti vivre avec. Le pavillon est en vente depuis un an et demi mais personne n'en veut. Il faut dire que Frédérique n'a pas cherché non plus à faciliter la vie d'Alain. Elle n'est pour ainsi dire jamais chez elle dans les heures de visites et elle a refusé de laisser la clé aux agences. Pierre, qui a un emploi du temps plus généreux, accompagne de loin en loin les agents immobiliers et les acheteurs potentiels, mais ce n'est pas très simple pour lui non plus. Frédérique sent quand il est venu. Elle ne se trompe jamais. Il ne touche à rien, ne laisse pas d'odeur particulière – mais avec son nez perverti par le tabac, elle n'en est pas si sûre –, encore moins un mot. Elle sait pourtant qu'il est passé, et ça la déprime à chaque fois.

L'aime-t-elle encore ? Elle n'en sait rien. Elle s'est sentie lâchée, abandonnée, trahie, ça suffit pour lui mettre le moral à zéro à chaque fois qu'elle y repense.

Pourquoi rester à Larmon ? Elle s'y ennuie plutôt et regrette finalement pas mal la marmite bouillonnante de Garges-lès-Gonesse, où il se passait toujours quelque chose. Elle regrette peut-être surtout ce temps où Pierre et elle vivaient heureux dans un appartement qu'ils avaient prévu de quitter tôt ou tard, et où le désir d'enfant n'entrait jamais en ligne de compte dans leurs rapports amoureux, tant il était clair pour tous les deux qu'il ferait l'objet d'une vie future, quand ils « s'installeraient ». Un désir qui deviendra un besoin, puis une obsession, et pour finir ce vide immense qui les fera imploser.

Le serveur vient de lui apporter un demi quand Khaled arrive. Il a insisté pour la voir ailleurs qu'au commissariat et elle sait pourquoi elle a accepté. Grand, massif, habillé comme n'importe quoi avec son pardessus beige – un pardessus à l'aube de l'été… il s'habille chez Emmaüs, ou quoi ? –, elle le trouve plutôt vieux et pas très beau. Seuls ses yeux clairs et bordés de cils d'un noir de geai sont à son goût. Mais, paradoxalement, il a rallumé en elle une petite flamme qu'elle croyait éteinte, une attirance plus qu'un désir, et ça, c'est déjà pas mal. Et puis maintenant, elle sait qui il est. Elle sait enfin pourquoi son patronyme lui disait quelque chose. Ils se serrent la main et Khaled s'assoit. Elle demande :

– Vous prenez la même chose ?

– Non. Je ne bois pas. Enfin, pas d'alcool. Un café fera l'affaire.

Elle a un de ces sourires automatiques. Le sourire de quelqu'un qui vient d'être traversé par une idée désobligeante pour lui-même. Khaled n'a pas envie de la laisser marner trop longtemps. Il ajoute :

– Mais je mange du jambon. Il n'y a pas d'alcool, dans le jambon. Je fume aussi, à l'occasion.

Elle sourit plus franchement et lui tend son paquet de cigarettes ouvert.

– C'est idiot, non ?

Elle lui tend son briquet.

– Un peu, oui. Mais c'est dans l'air du temps. Disons que c'est difficile de ne pas se faire la réflexion.

– Alors disons que j'aurais préféré être un peu moins banale.

Il plonge la main dans sa poche et en sort la seringue insuline qu'il a trouvée dans ce qui sera l'arrière-boutique de la future boulangerie.

– Vous pourriez faire analyser les résidus qui ne doivent pas manquer de traîner là-dedans ?

– Avec une commission rogatoire, l'aval de mon chef et sous injonction d'un juge d'instruction, oui.

– Sauf que si je vous le demande comme ça, c'est que j'aimerais éviter que tout ça soit trop officiel.

– Et vous pouvez m'en dire un peu plus ?

– Pas vraiment, non. L'intuition qu'un sale truc se trame. Trop floue et trop imprécise pour que je me lance dans des accusations… Et vous dans une enquête.

– Vous pouvez au moins me dire où vous avez trouvé ça ?

– Dans les Mines.

– On connaît tous l'existence d'un trafic de cannabis aux Saisons, mais l'héro ou la coke, je ne pense pas que ce soit le rayon de Kofi…

– Et pourquoi vous n'avez pas fait cesser ce trafic ?

Elle hausse les épaules. Une mèche de cheveux tombe devant ses yeux.

– Vous le savez bien. Parce que ce Kofi est trop fort. Régulièrement, des descentes ont été tentées. Des montées, je devrais dire. On trouve un tas de merde sur un toit d'immeuble, personne ne sait d'où ça vient, personne ne sait qui l'a mis l'a… Et voilà, fin de l'opération. De plus, Kofi fait très bien son boulot. Il commence à être sérieusement emmerdé par les islamistes mais pour l'heure, il y a la paix aux Saisons. Le quartier serait candidat à la destruction et à la reconstruction de nouveaux logements, ce qui nous simplifierait singulièrement la tâche, mais la ville ne veut pas en entendre parler. Elle a acheté la paix sociale et ça lui suffit. Cela dit, une seringue ne prouve pas un trafic. On est à cent kilomètres de Paris et il n'y a rien de plus simple que d'aller faire ses courses là-bas.

– Je sais bien, c'est pour ça que je ne parle que de vague intuition…

– D'autant plus que c'est peut-être une vraie seringue de diabétique.

– Ces gens-là ont une sacrée hygiène. Rien que les soins qu'ils prennent de leurs pieds… Je ne les vois pas laisser traîner une seringue derrière eux.

– Bon, je vais le faire, mais franchement, c'est si mince que je ne vois pas à quoi ça peut aboutir.

– Éventuellement à faire en sorte que mon cerveau se calme. Vous m'avez entendu l'autre jour. Je n'arrive plus à considérer quelque événement qui arrive aux Mines comme un hasard. Vous avez du nouveau sur l'incendie ?

Frédérique soupire.

– Non. À part les rats cramés.

– Ah, vous les avez vus.

Elle se renfrogne.

– Vous pensez que je suis nulle ?

– Pas du tout. J'aurais dû dire : « Ah, vous voyez bien ! »

Frédérique prend la seringue et en tapote le piston sur la table.

– Bon, je vais le faire. Mais je voudrais quelque chose en échange… Si ça ne vous dérange pas.

– Demandez toujours.

Elle sort de son sac un gros livre de photos et le pose sur la table. Sur la couverture on voit deux enfants jouer au foot avec un ballon de caoutchouc rouge, au pied d'un immeuble. L'angle du bâtiment est érigé comme une stalagmite dont on se demande comment elle peut encore tenir debout. La ruine, qui mesure plus de dix mètres, semble pouvoir s'écrouler à tout moment et réduire les enfants en miettes. Le sujet n'est pas original mais la composition est saisissante. Au-dessus de la photo est imprimé un bandeau noir d'où se détachent en épaisses lettres blanches le titre, « RUINES », et le nom de l'auteur, « KHALED KOSKEÏA ».

– Vous pouvez me le signer ? J'ai un stylo.

Khaled est immobile. Son visage se ferme complètement. Sa grosse masse, ramassée sur elle-même, devient plus imposante, et à peu près aussi froide qu'un iceberg. Frédérique dit d'une voix hésitante :

– C'est bien vous, non ?

– *C'était* moi.

Un silence. Frédérique se mord la lèvre.

– Qu'est-ce qui… Non, excusez-moi, c'est indiscret.

– Ce n'est pas indiscret, mais je serais incapable de vous répondre.

Le bras droit de Khaled, qu'il avait posé sur ses genoux, se lève lentement au-dessus de la table, hésite, revient à sa place.

– Désolé, je ne peux pas.

Il se lève.

– Je ne peux pas.

Frédérique reprend vite le livre et le range dans son sac.

– Attendez, je…

– Je ne peux pas.

Il se retourne et s'éloigne en vacillant. Tout comme la ruine de la photo de couverture, il semble qu'il pourrait s'écrouler à tout moment.

ÉPISODE 4

« La seule chose que tu as à faire, c'est plonger dans tes équations et les résoudre. »

Kofi

Il leur dira que le projet n'était pas celui qu'il pensait.

Il leur dira que l'architecte lui a montré la maquette. Qu'elle était belle. Qu'on lui a promis une salle de répétition de grande dimension et correctement équipée. Qu'il a vu cette salle de répétition, un plateau de quinze mètres d'ouverture et de dix mètres de profondeur, bordé de coulisses aménagées. Qu'il a vu le gril, le réseau électrique pour l'alimentation des lumières, indépendant de celui du câblage son afin d'éviter toute interférence. Qu'on lui a montré sur un catalogue le matériel qu'on envisageait d'acheter : la table de mixage son, le jeu d'orgue, les projecteurs à led, les PAR, les caméos, les enceintes…

Il leur dira qu'il est fatigué.

Il leur dira que ça fait quarante ans, non, soyons honnêtes, vingt-cinq, depuis l'âge de ses quinze ans, qu'il milite pour des causes qu'il a toutes perdues. Des causes citoyennes, politiques. Pour la défense des libertés, pour la fin des inégalités sociales et de revenus, pour l'accueil de tous par tous, dans un monde fait pour tout le monde, contre la marchandisation de ce monde, contre la marginalisation des « autres », ceux qui n'aiment pas pareil, qui ne vivent pas pareil, qui ne sont pas pareils, qui ne pensent pas pareil, qui ne croient pas pareil.

Il leur dira qu'il a toujours agi en son âme et conscience, mais qu'est-ce que c'est, l'âme ? Qu'est-ce que c'est, la conscience ? Dans les deux cas un truc qui va mourir avec lui. Voient-ils tous ces livres dans sa bibliothèque ? Il les a tous lus, et bien d'autres encore, des mauvais qu'il a jetés, des bons qu'il a perdus ; il a vu des centaines de pièces, au moins autant de films, beaucoup moins d'opéras mais quelques dizaines tout de même, il a marché des kilomètres et des kilomètres dans des galeries d'art, des expositions... Que restera-t-il de tout ça, une fois qu'il sera mort ?

Il leur dira qu'il continuera de militer, mais avec son art. Exclusivement. Que l'art est la seule trace que laisse la conscience et que si elle doit lui survivre, ce sera dans ce qui restera de son œuvre, et nulle part ailleurs. Beethoven a fait bien plus pour l'humanité avec ses symphonies que n'importe quel militant. Pas pour la survie matérielle de l'humanité, voire pour son confort, mais pour sa transcendance. Pour sa sagesse.

Il leur dira qu'il ne les a pas trahis.

Il leur dira que oui, il a accepté les subventions de la mairie, que oui, la Française de Maçonnerie a décidé de monter une fondation pour l'épanouissement des arts et des spectacles et qu'elle s'est engagée à soutenir financièrement ses créations. Leurs créations. Est-ce l'argent du diable ? Oui, c'est l'argent du diable. Mais Molière n'a-t-il pas accepté l'argent du diable ? Que serait Molière sans Louis XIV ? Et de toute façon, existe-t-il un argent qui ne soit pas du diable ? D'où tient-on que l'argent peut être propre ? A une seule chance d'être propre ? Même celui qu'on jette aux mendiants est entaché de mauvaise conscience.

Il leur dira que oui, Molière a pris l'argent du diable. Et il a écrit, mis en scène, interprété des pièces qui font encore autorité aujourd'hui. Il a dit ce qu'il avait à dire, il a exposé sa vision du monde. Pas une vision militante, mais sa vision à lui, égoïste, voire même égocentrique. Et cette vision a plus parlé au peuple à travers les siècles que celle de Karl Marx.

Il leur dira que comme Molière, il ne veut plus se consacrer qu'à son art.

Il leur dira qu'il ne veut pas mourir vieux et nécrosé, à acheter de la soupe en promo chez Lidl avec les reliquats de minimum vieillesse qui lui resteront une fois qu'il aura payé son loyer et son chauffage. Seul et nécrosé avec pour unique compagne cette conscience luisante d'orgueil, de satisfaction d'elle-même, et qui comprendra, mais trop tard, qu'elle va disparaître avec lui. Avec lui et avec tout ce qu'il a lu, vu, entendu, appris, compris, partagé, aimé. La naissance est un big bang et la mort est un trou noir. Un trou noir qui absorbe les millions de galaxies qu'on a forgées au cours de son existence. La galaxie des amours, celle des amitiés, des connaissances acquises, des pensées, des idées, des réflexions, tout ce qu'on a tissé au jour le jour et qui en une seconde va disparaître dans ce putain de trou noir.

Il leur dira que comme Molière, il veut mourir sur scène.

Il leur dira qu'il a assez perdu de temps. Qu'il n'en a plus. Qu'il ne veut plus passer un an à monter un spectacle qui sera joué cinq fois devant un total de cent personnes. Cinq fois deux heures. Dix heures en tout d'émerveillement, qui viennent conclure un an de rêves, de passions, de travail en commun, d'humanité qui se déchire, puis s'adore, puis se déchire, puis s'adore, et enfin meurt au soir où pour une dernière fois le rideau tombe sur scène. Et alors il n'y a plus qu'à recommencer un nouveau rêve, se bercer de nouvelles illusions, de nouveaux espoirs, même si on sait que ce sera encore plus difficile que la fois précédente, qu'il y aura encore mille non pour un oui, que les financiers seront désolés mais qu'il y a tant de dossiers, que les journalistes seront désolés mais qu'il y a tant de choses à voir, que les spectateurs seront désolés mais que la vie est courte, et difficile, qu'une sortie c'est cher et qu'alors, autant mettre le paquet, aller voir un truc dont on est sûr qu'il sera bien puisque les têtes d'affiche qui défendent le projet sont célèbres.

Il leur dira qu'il en a marre.

Il leur dira qu'il les emmerde.

Il leur dira qui m'aime me suive, et que les autres sont des crétins.

Il leur dira, oui.

Mais après.

Quand tout sera fini.

TRAFICS

Cette matinée de juillet serait des plus agréables si l'odeur de poubelles ne devenait pas de plus en plus envahissante. Mais heureusement, une autre odeur est venue réveiller le quartier des Mines à l'aube : celle du pain. En trois semaines, grâce à la participation de nombreux habitants, les travaux de la boulangerie ont été achevés. Brahim, de son côté, a repris contact avec de vieilles connaissances. Comme nombre de gens à la rue, il avait perdu de vue tous ses amis. D'abord, il n'en avait pas tant que ça. Ensuite, la majorité d'entre eux avaient été chassés par la pluie d'emmerdes qui lui était tombée dessus. Et pour finir, il avait fui le dernier carré de fidèles. Par honte. Ils lui proposaient de « passer quand il voulait », de « ne pas hésiter à venir manger », et s'il avait besoin d'argent, surtout « de ne pas faire son fier », il n'aurait qu'à considérer ça comme un emprunt. Mais quand on est dans la merde, quand on est malheureux, on ne veut pas de porte ouverte, on veut quelqu'un qui nous prend par les épaules, nous assoit sur une chaise et nous dit « mange, maintenant ». On ne veut pas entendre « si tu veux, tu peux dormir là », on veut entendre « ton lit est prêt ». Quant à l'argent, ce n'est même pas la peine d'en parler. Il suffit d'un chèque signé et plié, surtout pas dans une enveloppe, qu'on puisse le glisser discrètement dans sa poche, et le tour est joué. Mais personne ne fait ça. Et c'est difficile de pousser une porte de soi-même, de s'inviter. Qu'on le veuille ou non, on sait qu'on va arriver avec son paquet de merde et qu'en le posant sur la table, il va éclabousser tout le monde. Il va obliger, puis il va déranger. Enfin il va devenir insupportable, et comme on est collé à lui comme un escargot à sa carapace, bientôt, c'est soi-même qui va devenir insupportable. Alors d'instinct, on sait qu'il vaut mieux disparaître. Plutôt que d'user ses amis, mieux vaut les réserver pour le jour où on arrivera par on ne sait quel miracle à remonter cette la pente. Ce jour est arrivé pour Brahim. Il a pu dire « ça a été dur mais ça y est, je reprends une affaire ». C'est tellement plus agréable à dire et à entendre que « putain, cette fois, c'est la mort ».

Et les amis ont répondu présent. Brahim ne leur demandait même pas d'argent, juste des machines. Deux d'entre eux sont venus l'aider à les brancher et lui en ont montré le fonctionnement. Ça va, en dix ans, ce n'était pas non plus devenu des ordinateurs. Et pour ce qui est du tour de main, le pain, c'est comme le vélo. Ainsi Brahim sort-il de ses fours une première fournée parfaite, qu'Odette et lui arrosent d'une coupe de champagne. Elle pensait venir à la boulangerie à 6 heures et demie pour voir ça mais elle est arrivée beaucoup plus tôt. Tout excitée, elle n'est pas parvenue à s'endormir la veille au soir, et dès qu'elle a entendu Brahim se lever, elle l'a suivi.

Depuis début juin, il dort chez elle. Dans la seconde chambre, celle où ont dormi les enfants. Jusqu'à quatre, ils ont été là-dedans. Odette a insisté. Brahim ne pouvait pas réussir à monter un projet pareil tout en se battant tous les jours pour survivre dans la rue. C'est fou ce qu'on leur demande, à ces gens. Ils sont fragilisés par leurs échecs et il faudrait qu'ils soient plus forts que tout le monde. À ceux qui s'aviseraient de lui demander pourquoi elle n'a pas fait ça plus tôt, elle sait quoi répondre : parce que ça n'aurait servi à rien. Sans projet, le gars aurait trainé à la maison et très vite, elle ne l'aurait pas supporté. Mais elle est tranquille, personne ne lui posera la question : personne ne l'a fait plus tôt.

Élise vient chercher sa baguette à 7 h 30. Jamais elle n'a été aussi émerveillée par un bout de pain. Elle revient à 10 heures. Elle a rendez-vous avec Khaled. Le reporter est épaté. Il soigne particulièrement la photo qu'il veut faire du « joli couple ». Il a traîné Gilles Cartier dans son sillage et le journaliste interviewe Brahim et Odette. Bien sûr, il ne souligne pas la dimension politique de l'événement, n'évoque même pas l'idée que cette boulangerie pourrait être le fer de lance de la lutte qui oppose la mairie à l'Usine Vinaigrier. Élise est prête à s'en offusquer mais Khaled l'entraîne à part et la calme :

– Au contraire, c'est exactement ce qu'on veut. C'est pour ça que je l'ai fait venir, ce crétin. Il va nous présenter la belle histoire d'un SDF qui monte une affaire avec l'aide d'une vieille dame et avec un peu de chance, certains lecteurs se diront « c'est quand même sympa, ce qu'ils font dans cette usine » sans être effrayés par la dimension politique de l'événement. Nombreux sont ceux qui ferment leurs écoutilles au seul mot de « politique ». Quant au mot « lutte », n'en parlons pas.

***

Le paquet de papier kraft qui contient la cocaïne est ficelé et attaché à une petite section de fer à béton posée en travers du trou central d'une plaque d'égout. Ainsi le paquet de cocaïne pend-il dans le vide, au-dessus de la rivière d'eaux usées. Pour le faire disparaître, il suffit de soulever le fer à béton, de la même manière qu'on tire sur le manche d'un tire-bouchon, et de sectionner la ficelle avec un cutter. La cocaïne rejoindra alors l'élément qui lui est le plus naturel : un lit d'ordures. Rapidement imbibé, le papier kraft se déchirera et les sachets de poudre seront disséminés. Adieu la dope, bonne fête aux rats.

Kofi hoche la tête.

– Bravo, mec, c'est un bon système. Mais à n'utiliser qu'en cas d'extrême urgence… La coke est peut-être de la merde, mais c'est de la merde à cinquante mille euros le kilo.

Simon est un peu plus circonspect.

– Pour limiter les pertes, faudrait quand même vraiment qu'on trouve une nourrice extérieure. Une planque insoupçonnable.

Squad allume une cigarette.

– Votre surveillant général, là… Fred. Il drague une petite bourgeoise et je crois qu'elle serait prête à se faire dépecer vivante pour lui.

– Et alors ?

– Ben s'il se démerde bien, elle pourrait peut-être accepter de planquer quelque chose pour lui dans sa chambre. Il est pas obligé de dire que c'est de la coke et les flics vont quand même pas aller fouiller dans la piaule d'une gamine où sont collés sur les murs des posters de *Buffy contre les vampires* et de *Twilight*…

– Ils vont se gêner, tiens… Suffit qu'un indic balance la planque… Encore que… C'est qui, cette gamine ?

– Suzanne Veyssière, la fille du P.-D.G. de la Française de Maçonnerie.

Kofi siffle.

– Ça pourrait être assez idéal, en effet. Mais il faut vraiment que Fred la tienne bien.

– Je le connais pas beaucoup, mais il a l'air de savoir y faire.

Simon regarde Kofi et lui dit :

– C'est vrai que dans ce domaine, il est plutôt bon.

– OK, on verra ça. Mais tu prends des risques, Squad.

– Pourquoi ?

– Plus tu sais de choses, plus elles peuvent se retourner contre toi. Pour nous, si la nourrice est vendue, ça ne pourra venir que de toi. T'as conscience de ça ?

– Moi ou la fille, oui je sais.

– Avec la fille, on saura vite.

Squad hausse les épaules.

– Pas de risque que j'ouvre ma gueule. Les affaires marchent trop bien.

Il y a fête tous les jours au squat, maintenant. Ça ne dérange personne. Depuis la rue, on n'entend rien de ce qui se passe dans les tréfonds de l'usine, et comme c'est privé, les flics n'ont aucune raison de venir y faire une visite. En plus, avec la nouvelle boulangerie installée au rez-de-chaussée, l'usine s'est racheté une virginité. Ça marche tellement bien que Squad aurait besoin de plus de matos. D'aucuns lui demandent de l'héro, de l'ecsta. Il a remarqué aussi qu'un jeune achète régulièrement des quantités importantes, alors qu'il ne semble pas plus défoncé que ça. Il n'est pas exclu qu'il revende à l'extérieur. C'est dommage, parce que Squad est certain qu'ils pourraient se contenter d'écouler la marchandise sur place, ce qui limiterait considérablement les risques. Kofi tique. Ça, en revanche, ça ne va pas du tout. Ils doivent contrôler l'intégralité de la filière. Karim viendra à la prochaine fête et Squad lui désignera le jeune en question. Ils se chargeront de la suite.

Il va avoir mal aux côtes, le petit gars.

***

– Tu vas où, maintenant ?

– À la mairie.

– Je te dépose ? Ma bagnole est garée juste derrière.

– Tu as encore toutes tes portières ?

– Très drôle.

Le passage à la boulangerie a pris plus de temps que prévu. Élise n'hésite pas longtemps.

– Écoute, oui, je veux bien. J'ai promis à Marc de ne plus rouler à vélo, et le prochain bus passe dans une demi-heure.

– Les bus passent encore ?

– Bien sûr que non. Il faut sortir du quartier pour les trouver.

Ils font le tour de l'usine et montent dans la Logan. Khaled glisse sa clé dans le contact. Élise l'arrête.

– Regarde.

Le charbonneur qui les a sommés de dégager il y a un mois, alors qu'ils étaient garés aux abords de la cité des Saisons, vient de passer la tête par l'entrebâillement d'une ancienne porte de service de l'usine, que personne n'utilise plus depuis des lustres. L'adolescent fait un pas sur le trottoir, referme la porte, regarde de tous côtés et donne trois coups sur le panneau de fer. Sortent alors un grand Noir et un Blanc de taille moyenne. Tous les deux dans la trentaine. Ils montent dans le 4 × 4 qui est garé à deux pas de là. Le charbonneur les rejoint. Ils démarrent aussitôt. Khaled enclenche la première.

– Désolé mais tu vas quand même être un peu en retard.

– Tu veux les suivre ?

– Si ça t'effraie, je peux te laisser à la sortie du quartier. Tu pourras attraper ton bus.

– Non. Allons-y.

Le 4 × 4 roule tranquillement jusqu'à la cité des Saisons. Les trois hommes en descendent. Le grand Noir jette les clés à un charbonneur, qui court les donner à un vendeur. Ce dernier monte au volant du 4 × 4 et pénètre dans la cité. Le grand Noir et le Blanc discutent un moment avec les guetteurs et leur filent un billet. Puis ils entrent à pied dans la cité. Khaled ne s'arrête pas, n'accélère pas non plus. Le jeune charbonneur avec qui ils avaient eu une légère altercation les mate.

Soudain, il se met à courir derrière le grand Noir. Cette fois, Khaled appuie sur le champignon.

– Tu te demandais qui c'était, Kofi. M'est avis qu'on vient de le voir.

– Qu'est-ce qu'il faisait à l'usine ?

– Son métier, très certainement. Ça pue.

– Marc m'a dit qu'il y avait de plus en plus de coke au squat.

– De la coke ? Kofi aurait élargi son trafic ?

– Il y a des fêtes tous les soirs, maintenant. Ce ne sont plus des fêtes, d'ailleurs, c'est plutôt comme un club privé. Des jeunes types montent la garde devant l'entrée. Je me demande s'ils ne viennent pas d'ici.

– Tous les soirs, tu dis ?

– Presque. Y a relâche le lundi.

– Je crois que je vais m'inviter.

– Moi, je n'y vais plus. Dans mon état, ce n'est pas très bon. Et puis je n'aime pas trop ce que ça devient.

– Tu as raison. Reste en dehors de ça.

– Je n'ai pas dit ça. Debbie doit continuer de rester informée. Et s'il y a de l'action, je veux en être.

– Pour l'heure, il vaudrait mieux que Debbie ne dise rien. On n'a pas de preuve. Et sans rire, ça peut vraiment devenir dangereux.

Élise se sent soudainement triste. Triste et en colère.

– Il fait chier, Squad. À tous les coups, c'est lui qui est derrière ça. Il va tout foutre en l'air.

– Squad, c'est le jeune branleur que j'ai vu à la boulangerie ?

– Oui.

– M'étonnerait qu'il soit assez costaud pour avoir monté tout ce bordel. Mais ce que tu dis n'est pas con. Tout foutre en l'air, ça pourrait bien être le but de l'opération… Plus besoin d'expertise, en tout cas.

– Hein ?

– Rien. J'avais déjà des doutes. Ça se confirme.

***

Depuis le vasistas de la chambre de bonne qu'elle habitera bientôt, dans le Ve arrondissement de Paris, Samia regarde les clochers de Notre-Dame. Ils sont inondés de soleil. Elle ne pensait pas qu'il était possible d'être aussi heureux. Jamais elle n'a attendu une rentrée scolaire avec autant d'impatience. Encore deux mois à tirer. Deux mois de bled. Ça, elle ne pourra pas y couper. Deux mois à suer sous un voile, sous le regard concupiscent d'hommes qui n'auront pas le droit de la toucher – ça, c'est plutôt pas mal – mais qui auront aussi à peine le droit de lui parler – et ça, c'est plutôt triste. Deux mois à se baigner dans des voiles qui, une fois trempés, pèsent dix tonnes – un coup à se noyer. Deux mois à trop manger tous les soirs, parce qu'il faut bien honorer ses hôtes et que ne pas manger, c'est comme les insulter. Elle va encore prendre cinq kilos… Ici, à Paris, elle devrait parvenir à les perdre plus vite que d'habitude. Heureusement, il y aura aussi ses cousines. Elle va en avoir, des choses à leur raconter… Elle se tourne vers l'homme qui l'a accompagnée et le gratifie d'un grand sourire.

– C'est parfait.

La chambre fait neuf mètres carrés, il n'y a qu'un lavabo, la douche et les w.-c. sont au bout du couloir, mais c'est parfait. C'est déjà une autre vie. Elle descend les escaliers quatre à quatre et décide de rejoindre les Halles en marchant. Traverser un premier bras de Seine en passant par le pont au Double, flâner un peu sur le grand parvis de la cathédrale… non, plutôt faire le tour par le pont de l'Archevêché, longer le quai aux Fleurs jusqu'au pont d'Arcole, enjamber le second bras de Seine et flâner sur le parvis de l'Hôtel de Ville.

Et pourquoi pas continuer à pied jusqu'à la gare du Nord ? Rejoindre la place de la République par la rue du Temple, faire un détour par le quai de Valmy, remonter par la rue des Récollets ou l'allée du Canal… tiens, il y a un jardin entre les deux, le jardin Villemin, peut-être qu'on peut le traverser… puis gare de l'Est, contournement par la rue d'Alsace et enfin gare du Nord, par la rue de Dunkerque. Les yeux rivés sur son plan de Paris, Samia se délecte de tous ces noms de rues, de ponts, de places. Elle ne peut pas s'empêcher de les prononcer à voix basse. Ils fleurent bon la liberté. Ça n'a pas de sens, mais c'est ce qu'elle ressent. Ça fait une trotte, tout de même. Elle regarde l'heure sur son portable. Elle va rater un train mais qu'importe, elle prendra le suivant. C'est décidé. Elle se lève du banc où elle était assise et commence à marcher d'un bon pas. Elle se dit « c'est ma marche ».

« C'est ma marche de la liberté. »

***

Théâtre municipal… non, il faut dire Théâtre Jean Vilar, ça a plus de gueule. Présentation de la saison à venir. C'est le dernier rendez-vous important avant la longue pause estivale. La dernière corvée pour Caspiani, qui se fout complètement de la culture. Il n'a pas vu un seul des spectacles qu'il va évoquer dans son discours, et à part l'humoriste que le directeur-programmateur du théâtre municipal s'oblige à mettre à l'affiche tous les ans, il ne connaît aucun des artistes, aucune des compagnies invitées. Cela dit, un discours sur la culture est le meilleur moyen de faire croire au peuple qu'on est un démocrate. Et il y en a pour tous les goûts. On peut dégoiser sur la diversité tout en rappelant que la culture forme l'identité de nations ou de groupes d'individus. Savoir reconnaître la différence de l'autre, c'est admettre que cette différence existe et qu'on est soi-même défini par des critères, des rites, des histoires qui n'appartiennent pas aux autres. Donc identité et diversité, même combat... Mais le peuple en a-t-il vraiment quelque chose à faire de tout ça ? Et de la démocratie elle-même, en a-t-il vraiment encore quelque chose à faire ? Et lui, Caspiani, qu'est-ce qu'il en a à faire, de ce que pense le peuple, maintenant qu'il compte se retirer ? Dans dix mois, il ne sera plus là.

Caspiani ne lit pas, ne va pas au spectacle, pas au cinéma, pas au concert. Il ne comprend pas ces auteurs qui lisent des centaines de livres, ces metteurs en scène qui vont au spectacle, ces cinéastes qui vont au cinéma. On ne peut pas être acteur et spectateur. On lui rétorquera qu'il écoute ou lit les discours de ses adversaires. Oui, mais c'est pour mieux les détruire, pour qu'ils lui fourbissent des contre-arguments assassins. D'ailleurs tous ces artistes sont peut-être des menteurs. Ils disent s'intéresser au travail des autres pour entretenir une forme de dialogue, se nourrir, mais c'est peut-être plutôt pour pouvoir mieux les dégommer par-derrière, évaluer leurs positions ou plus prosaïquement leur piquer des idées... À la télé, parfois, il regarde des comédies. Mais c'est quasiment pour des raisons professionnelles. Les acteurs de comédie maîtrisent mieux que les autres la science du masque.

Bon, le discours est terminé. Ni trop long ni trop court. Quelques belles paroles, des promesses, toujours des promesses : « La culture est notre lien, notre ciment, notre vivre ensemble, elle est trop importante pour être jetée aux oubliettes, aussi en ces temps de crise, je vous l'annonce, mes chers concitoyens, son budget ne sera pas grevé. » Il ne va pas non plus annoncer d'augmentation, il ne faut rien exagérer. En ces temps si difficiles, voir des institutions perdurer suffit à satisfaire le citoyen de base ; plus personne n'exige d'avoir « plus », chacun est déjà soulagé d'apprendre qu'il n'y aura pas « moins ». Une litanie de remerciements pour finir (c'est quand même surtout la communauté de communes et la région qui payent pour la culture) et on peut enfin passer au buffet. La présentation de la saison culturelle réunit plus de gens que n'importe lequel des spectacles programmés, et pour cause : à la fin, on mange gratis. Des petits fours infects, du cidre, du Coca, du picrate. Caspiani n'y touche pas. Il attrape un verre qu'il gardera à la main tout le temps qu'il restera présent à la réception sans jamais y tremper les lèvres. Il espère ne pas dépasser la demi-heure mais il a quelques mains à serrer.

L'adjoint à la culture est présent. En cette soirée de fête du théâtre, impossible de l'éviter. Cela dit, pour une fois, ça tombe bien, Caspiani a deux mots à lui dire. Autant aller tout de suite voir ce raseur.

– Magnifique, votre discours, monsieur le maire.

– Vraiment ? Je raconte toujours un peu la même chose, non ?

– Pas du tout ! Et puis ce sont des choses essentielles.

(Il faudrait savoir, je ne répète pas du tout la même chose ou ces mêmes choses que je répète, il est essentiel de les rappeler ? Tais-toi, Caspiani, tu as besoin de lui. Flatte-le, plutôt.)

– Allons allons, Xavier, sans tout ce travail que vous faites, je n'aurais surtout rien à dire !

Et tout le monde de rire. La femme de l'adjoint, les deux ou trois élus qui se sont déjà agglutinés autour d'eux… Bon, il ne va pas y passer la nuit. Il se tourne vers son aréopage.

– Excusez-moi, puis-je vous enlever quelques minutes notre maître de cérémonie ?

Mais bien sûr, monsieur le maire, on vous en prie. Caspiani attrape l'adjoint à la culture et l'entraîne à l'écart.

– Dites-moi, vous en êtes où de la subvention à Bernard Salmon ?

– J'allais la lui refuser, comme d'habitude, mais Guillaume m'a demandé de faire le contraire.

– Parfait.

– Sauf que c'est impossible : le budget est bouclé et, comme vous l'avez annoncé en creux, il n'y aura pas d'enveloppe supplémentaire.

– Démerdez-vous. Vous direz à n'importe qui d'autre que vous avez réfléchi et que finalement, il n'est plus possible de lui octroyer une subvention.

– Ça ne va pas être facile. Ce n'est pas une petite somme.

– Qu'est-ce que vous voulez que ça me fasse ? Il y a bien deux ou trois projets encore plus inutiles que les autres, non ?

– Le CIR, peut-être… Le Centre d'Information du Rock. Le département leur a coupé les plumes et on avait prévu de suppléer pendant un an pour voir…

– C'est quoi, leur budget ?

– Cent mille euros. Essentiellement du fonctionnement.

Caspiani s'étrangle presque.

– Cent mille euros ? Ce truc qui prétend donner des formations aux gamins qui montent des groupes ? On n'a jamais eu besoin de suivre une formation pour brancher une guitare et faire du bruit. Vous croyez que les Beatles ou les Rolling Stones ont suivi des formations ? Quand vous dites « on avait prévu », ça signifie qu'ils ne sont pas au courant, au CIR ?

– Non, je leur ai vaguement donné quelques espoirs mais…

– Eh bien parfait. Coupez la branche.

– Ça va mettre trois personnes au chômage.

– Vous mettrez ça sur le dos du département. Ça n'a rien à voir avec les studios de répétition ?

– Non.

– Très bien. Il ne faut surtout pas toucher aux activités des amateurs. Surtout pas à celles des jeunes.

– Tout de même, c'est…

– Tenez, le voilà, justement, notre metteur en scène. C'est l'occasion rêvée pour lui annoncer la bonne nouvelle.

Bernard Salmon a lui aussi un verre en main. Il en boit une gorgée et fait la grimace, mais il le finira. Il a l'habitude de la piquette, même si l'âge venant, elle lui troue de plus en plus l'estomac. Il jette de temps à autre un œil vers le couple maire/adjoint.

– De toute façon, vous n'y couperez pas. Il n'attend qu'une chose : que je vous libère pour pouvoir vous mettre le grappin dessus. Allez-y. Maintenant.

Le maire fait un petit salut de la main à Bernard. L'adjoint à la culture feint de découvrir la présence du metteur en scène et marche vers lui, les bras levés. Il lui serre la main. Dans d'autres pays, où la mafia règle ce genre d'affaire, il lui aurait donné un baiser.

***

Cette fois, Richard et Miloje se la font version confort. À l'instar de Samia, eux aussi, depuis leur table réservée à la Tour d'Argent, ont vue sur Notre-Dame de Paris. Il est encore très tôt pour un dîner, mais dans ce genre d'établissement, on n'avale pas sa pitance en cinq minutes. On ne mange même pas ; on déguste. Ça demande du temps. Et comme Miloje aimerait également bien profiter de la nuit, il souhaiterait être sorti de table quand il fera encore jour. Un 22 juin, c'est largement jouable. Et quand on s'y prend à 19 heures, c'est carrément gagné. L'autre avantage, c'est qu'il n'y a pratiquement personne. On n'est pas servi plus vite pour autant – il y aurait une certaine vulgarité à l'être –, mais les conversations secrètes peuvent plus aisément avoir libre cours.

– Richard, c'est décidément très bien, ton idée de s'implanter dans les villes de province. Les résultats obtenus par tes gars sont étonnants.

– La clientèle se bouscule. Les bouseux ont toujours Paris en ligne de mire. L'idée que sur un plan ou un autre ils soient d'égal à égal avec la capitale les fait bander… Et puis plus prosaïquement, tu préfères quand tu n'es pas obligé de te farcir deux heures de route pour t'éclater – au mieux, parce que dans Paris, pour se garer c'est un foutu bordel… Avec la coke, viennent les fêtes, les réseaux, les parties branchées… Et, cerise sur le gâteau, parfois, les dieux descendent de l'Olympe : le petit côté safari enjoint certains Parisiens à s'aventurer au-delà du périph. « Il paraît que là-bas, dans les tribus reculées, on s'amuse… »

Miloje sourit.

– Te voilà plein d'humour, ce soir…

Le serveur arrive avec les entrées :

– « Langouste puce royale, pochée dans un beurre blanc, haricots paimpolais, bisque de potiron, courge butternut, bacon, huile de courge » pour monsieur, et « Oignons pourpres de Jean-Marie Caillot, velouté marbré d'une crème crue au vieux comté de Vincent Badoz, mouillettes toastées » pour monsieur.

Le sommelier verse le vin. Miloje regarde sa langouste et se demande si les haricots paimpolais sont vraiment différents de ceux de… de Beauce, par exemple… enfin, que les autres haricots. Il conclut que oui. Ils sont plus ronds.

– C'est bizarre, quand même, avant, les plats avaient un nom… je ne sais pas… « Blanquette de veau », ou « Bœuf bourguignon »… Maintenant, on t'annonce la liste des ingrédients. Tu crois que c'est pour des raisons de traçabilité ?

Richard hausse les épaules.

– On a tout notre temps mais dis-moi un peu où tu veux en venir.

– Nulle part, je voulais partager ce dîner avec toi pour te féliciter, c'est tout. Ne sois pas toujours aussi suspicieux… Je me pose juste une question : tes débutants se démerdent très bien, mais est-ce qu'on n'aurait pas des résultats meilleurs encore avec des pros ?

– Tu veux dire des pros que tu connais, avec qui tu travailles et qu'éventuellement tu peux manipuler ?

– Ah, là là, ça fait tellement du bien d'être compris… je devrais voir plus souvent des vieux amis comme toi.

– Tu penses à qui ?

– On alimente en armes plusieurs groupes d'ultra-islamistes. La plupart sont bien implantés dans leurs cités. Ils y font de plus en plus la loi.

– Toi, tu alimentes des islamistes ?

– Eh, en Bosnie-Herzégovine, la guerre est finie depuis longtemps. C'est la paix, maintenant. Et le stock d'armes accumulées dans les Balkans est loin d'être épuisé. Le temps de faire fructifier les quelques liens qu'on a entretenus est venu. Nous avons été de bons ennemis pendant la guerre, nous sommes d'assez bons amis, maintenant… Je parle des milices, pas de la piétaille qu'on a massacrée…

– À Larmon, en tout cas, c'est Kofi qui tient la baraque.

– Peut-être plus pour très longtemps. On a livré des armes aux salafistes il y a peu.

Richard trempe une mouillette dans le velouté.

– En gros, tu veux savoir si tu viens marcher sur mes plates-bandes ?

– Non, ça, je le sais. Je sais aussi que, si j'ai bien compris, il s'agit pour toi d'une opération provisoire, pour des raisons politiques ou économiques que je n'ai pas bien comprises mais on s'en fout. Ce que je te demande, c'est si je PEUX marcher sur tes plates-bandes, et si oui, quand ?

Richard réfléchit un moment. C'est vrai que c'est très bon, cette cuisine. Il devrait s'offrir ça plus souvent.

– En fait, vu comment les choses sont avancées, ça m'est égal. Je me demande même si ça ne servirait pas mes intérêts. D'une part, si Kofi et Simon sont éliminés, on ne risque pas de remonter jusqu'à moi. D'autre part, plus tu répandras de la merde et plus on me payera pour la ramasser…. Le seul truc, c'est qu'il faudrait la répandre au bon endroit…

Ils trinquent. Le vin est lui aussi excellent. Et la vue sur la cathédrale… divine.

***

Quand Samia arrive chez elle, appartement 734, septième étage, elle a encore du soleil dans les cheveux et un sourire scotché aux lèvres. Dans l'entrée, elle tombe sur son père. Vague moment d'angoisse. Arrive-t-elle trop tard ? Non, impossible. Le soleil est encore loin d'être couché. Alors que fait-il dans l'entrée, à 19 heures et quelques ? Il devrait être en train de suivre les informations sur Ennahar TV. Mais il est là. Ce n'est pas un hasard. Il ne vient pas des toilettes. La télé est éteinte. Et il n'y a pas que ça. Ses frères ne sont pas en train de se chamailler ou de faire gueuler leur rap. Des chuchotements parviennent de leur chambre, où ils semblent être cantonnés. Et la cuisine ? À cette heure-ci, sa mère devrait être aux fourneaux, la radio branchée sur Radio Soleil. Bref, théoriquement, dans cet appartement, à cette heure, il y a un bordel indescriptible. Et là, c'est le silence. Une ambiance d'enterrement.

– Papa ? Qu'est-ce qu'il y a ? Quelqu'un est mort ? Maman a eu un accident ?

Hamed pose un doigt sur ses lèvres et tend un foulard à Samia.

– Chut. Mets ça.

Il lui parle en français.

– Quoi ? Mais pourquoi ?

– Discute pas, s'il te plaît, ma fille. Mets ça, Isham veut te parler.

Au nom de l'imam, Samia ne peut pas s'empêcher de tressaillir.

– Et alors ? Mes oreilles, elles sont sur ma tête, pas dans ton voile, dit-elle en désignant le bout de tissu que son père tient toujours dans sa main.

– Allons, ne complique pas les choses. C'est déjà bien assez…

– Bien assez quoi ?

Hamed s'approche de sa fille et la prend doucement dans ses bras. Il la serre de plus en plus fort. Émue et désorientée, elle se dégage doucement.

– Papa, mais qu'est-ce qui se passe ?

– Pardon, ma fille.

Cette fois, Samia ne discute plus, elle noue rapidement son voile sur ses cheveux et entre dans le salon. Son père la suit et referme la porte. Sa mère est enfoncée dans le canapé, la tête basse. Elle aussi est voilée. Samia s'assoit à côté d'elle et lui passe un bras sur l'épaule.

– Qu'est-ce qu'il y a, maman, quelqu'un est mort au bled ? Ton père ? Ta sœur ?

– Non ma fille. C'est toi. C'est pour toi qu'il est là.

Samia toise Isham.

– Qu'est-ce qui se passe ? Tu veux m'empêcher de faire des études, peut-être ?

– Je ne me le permettrais pas. Ce n'est pas à moi de prendre ce genre de décision.

– Je suis bien d'accord. Alors c'est quoi le problème ? Je mets pas le voile ? Non, je le mets pas et je le mettrai pas. On est dans un pays libre ici. Un pays laïc, tu sais ce que c'est, laïc ?

– Oui, je sais ce que c'est. Laïc, c'est *kufr*, c'est *haram*. Comme ta position sur le voile, mais ce n'est pas à moi non plus d'en discuter avec toi.

– Je comprends pas. Si tu admets que je peux prendre mes décisions toute seule…

– Je n'ai pas dit ça non plus. Une femme n'a pas à prendre de décision sur ces sujets. Le seul qui peut le faire pour elle, c'est son père, son frère, ou son mari.

– Mes frères et mon père n'ont rien contre ma façon de vivre… Enfin, je veux dire, ils ne sont peut-être pas d'accord mais ils me laissent libre de mes… Non.

Soudain, elle comprend.

– Non, non, non ! Papa, maman, c'est pas possible !

Samia est effarée. Sa tête va de l'un à l'autre, mais tous les deux ont les yeux baissés. Sa mère se met à pleurer. Isham sourit :

– Si, Samia. Tu es promise à quelqu'un. Et tu pars demain retrouver ton futur mari. En Algérie.

***

Les deux jeunes fument des cigarettes. L'un d'eux s'approche d'un clodo qui braille sur le trottoir d'en face, alors qu'un couple néglige de lui verser une obole. Le second s'écarte de la porte en ferraille et laisse le couple entrer dans l'UV. Le clodo répond à quelque chose que lui a dit le vigile en criant deux fois plus fort :

– Et qui t'es, pour me demander de calter ? Dehors, je suis partout chez moi. C'est le privilège des gens qu'ont rien, d'être partout chez eux. Tu veux appeler les flics ? Vas-y ! Si tu crois qu'ils vont s'emmerder à venir me chercher. Je suis bien, ici. Y a plus que là qu'y a du monde qui passe, à c't'heure.

Le jeune lui répond en parlant doucement. Il sort une cigarette de son paquet, la tend au clodo. Il lui donne aussi un billet de cinq euros.

– Ce Kofi a décidément de jolies manières, dit Khaled, planqué à dix mètres de là dans sa voiture.

Élise l'accompagne.

– Ils ne vont quand même pas lui filer du fric tous les soirs ?

– Non. Ils vont l'autoriser à rester s'il ne fout pas le bordel… et s'il tient à l'écart les autres parasites. Ils lui fileront une fin de bouteille de temps en temps. À chaque milieu sa police. C'est le meilleur moyen de maintenir l'ordre. Je peux te garantir que le coin va devenir un des plus paisibles et des plus sûrs au monde. La maréchaussée n'aura jamais à intervenir.

– Jusqu'au jour où tout va péter avec cette histoire de drogue.

– Oui. C'est pour ça qu'il faudrait qu'on trouve le moyen d'enrayer le processus. Descendons voir. Je ne me suis encore jamais rendu à ces « fêtes ». On sort de la bagnole quand ils ont le dos tourné et on ne claque pas les portes.

Les jeunes vigiles laissent entrer ce couple aux allures si tranquilles. Un troisième, posté dans l'escalier qui descend, les regarde passer sans rien dire. On ne peut plus accéder à l'UV par la porte principale. Désormais, elle est verrouillée. Les accès à l'usine par le sous-sol sont aussi tous fermés à clé. C'est une exigence des occupants de l'UV qui admettent ne pas avoir à empêcher Squad de faire des « fêtes » mais qui ne veulent pas que n'importe qui puisse accéder à leur sphère privée. D'ailleurs, à l'exception de Romaine Sweiss, la majorité des membres du squat ne participent plus que rarement à ces fêtes. Ils ne s'y reconnaissent pas.

La musique, toujours électro, est très planante. Élise vise la sculptrice, complètement défoncée et sérieusement imbibée. Un lycéen – un gamin, en tout cas, il ne doit pas avoir plus de seize ou dix-sept ans – lui tripote les seins. Romaine écarte mollement sa main. Le gamin revient à la charge, passe une main sous sa chemise. Il y a là-dedans quelque chose de dégoûtant. Pas parce que Romaine a bien vingt ans de plus que lui, mais parce que quoiqu'on pense de la sculptrice, elle a toujours tenu son corps en haute estime. Élise n'a jamais considéré que ses performances étaient vulgaires. Elles choquaient une part d'elle-même – sa pudeur, sans doute –, mais elle y voyait une affirmation de la qualité de ce corps revendiqué comme un bien précieux, un territoire de liberté, le seul qui nous appartienne vraiment. Romaine écarte une nouvelle fois la main et tente de se lever. Échec total. Elle tombe à quatre pattes. Le gamin la chevauche. Romaine éclate de rire et l'attelage se dirige vers la piste de danse. Élise n'y tient plus. Elle fend la foule et bouscule le gamin qui tombe par terre. Romaine lève la tête. Élise l'attrape sous les épaules et la force à se relever. Le gamin se rebiffe. Romaine lui dit de laisser tomber. La sainte-nitouche ici présente n'est pas méchante, juste un peu bégueule. La jolie maison, le couple, l'enfant, voilà tout son horizon de vie. Élise gifle Romaine, qui part à rire de nouveau. À cet instant, elle sent une main ferme enserrer son biceps. C'est le vigile rencontré plus tôt dans l'escalier. Khaled intervient, s'excuse, dit qu'ils vont partir. Le vigile maugrée qu'ils n'ont pas vraiment le choix. Élise s'insurge, exige du vigile qu'il la lâche. Khaled prend Élise par les épaules et la détourne de la scène.

– Je vous ai dit que je m'en occupais.

Le vigile jauge Khaled. Costaud, déterminé… Inutile de risquer la bagarre, mieux vaut lui faire confiance. Soudain, Romaine cesse de rire. Elle regarde Élise s'éloigner. Le gamin l'attrape par la taille. Elle le repousse.

– Tu danses plus ?

– Va te faire foutre, connard.

Et elle quitte à son tour ce qu'il faut bien appeler maintenant la boîte de nuit.

***

Suzanne ne voit rien de cette scène. Bien que ses accès au reste de l'usine soient fermés, le sous-sol comporte beaucoup de recoins. Et en cette douce nuit de juin, l'air tiède s'est infiltré partout. Le sexe de Fred est à mi-parcours de son vagin et elle ne sent aucune douleur. Il faut dire que le jeune homme est particulièrement délicat. Suzanne a les fesses posées sur le bord d'une table. Ses genoux sont repliés à angle droit et ses pieds sont posés à plat contre le mur qui s'élève à soixante-dix centimètres de la table. Entre les deux, et entre les jambes de Suzanne, comme pris dans une toile d'araignée, Fred se tient debout. Il ne bouge pratiquement pas. C'est Suzanne qui, s'aidant de ses jambes et de ses avant-bras, les mains agrippées au rebord de la table, imprime à son corps un lent mouvement de va-et-vient. Millimètre par millimètre, elle enrobe à chaque fois un peu plus le sexe du garçon. Les vagues montent lentement. Les mains de Fred caressent doucement ses hanches, ses flancs. L'une d'elles s'arrête sur un sein, pince le téton, le tire, le visse et le dévisse. L'autre, posée à plat sur l'aine, accompagne le mouvement de va-et-vient en exerçant une légère pression. Le pouce descend jusqu'au clitoris complètement détrempé, le titille, puis le frotte de plus en plus vite, dans un mouvement concentrique de plus en plus large. Maintenant, le pénis est au fond. Suzanne le dévore à coups de reins. La peau de son dos commence à s'irriter au contact du bois dur de la table mais elle ne le sent pas. Elle accélère de plus en plus. Fred n'y tient plus. Il attrape Suzanne par la taille et donne plus de force à son mouvement. Une force égale à celle de Suzanne. Une force commune, qui les emporte.

***

Encore plus enfoncé dans les entrailles du sous-sol, Richard inspecte le système mis en place par Squad. Kofi et Simon l'accompagnent. Le musicien n'est pas là. Il s'occupe de sa clientèle. On entend les battements sourds de la musique. Quelques gémissements parviennent aussi aux oreilles des trois hommes. Ils ne s'en inquiètent pas. Richard hoche la tête, apprécie le travail à sa juste valeur.

– Vous faites du bon boulot, les gars. Mais c'est quand même con qu'il n'y ait pas un magasin de jour. On pourrait doubler les ventes.

– Tu as une idée ?

– Un appartement vide. Ici, aux Mines. Mes dévitaliseurs ne s'en sont pas encore occupés. Le locataire s'est pendu et c'est le genre de chose qui tient les squatteurs à l'écart pour un moment.

– Il est à toi ?

– À mes employeurs. Ils viennent de le racheter au propriétaire, qui ne demandait pas mieux que de s'en débarrasser.

– OK, on va y réfléchir.

Richard leur tend une enveloppe.

– Voilà l'adresse et la clé. Allez réfléchir sur place. On se retrouve dans deux jours chez vous, aux Saisons.

Richard fait volte-face et s'éloigne. Le regard de Kofi reste fixé sur l'angle de mur derrière lequel le mercenaire a disparu.

– Je persiste à penser qu'il a en tête autre chose que ce trafic. On se fait plein de fric mais ça pue. Il faut vraiment qu'on monte un plan B. Cette histoire de nourrice chez les bourges : dis à Fred de se magner.

– Je crois que ce n'est pas la peine.

– Hein ?

– T'entends pas ?

– …

– Les gémissements.

– C'est lui ?

– Si j'ai bien suivi ce qui se passait dans la boîte tout à l'heure, il est en plein boulot…

Ils se tapent dans la main.

– On est la meilleure équipe du monde. Laissons-le bosser et tirons-nous d'ici. La nuit n'est pas finie.

***

« Ma vie s'effondre »…

Samia n'est pas sûre que l'expression soit bonne, elle n'a pas encore vraiment eu de vie. Ce qui est sûr, c'est que c'en est fini de son futur, de ses espoirs, de ses aspirations. Sa mère l'a aidée à faire ses bagages. Elle pleurait quand les yeux de Samia restaient secs. Était-elle déjà morte ? On dit que lorsqu'on est victime de grandes blessures, le corps balance de hautes doses d'endomorphines pour rendre la douleur supportable. Ou bien il a recours à l'évanouissement. Samia se sent exactement comme ça : anesthésiée. Une grosse valise, voilà tout ce qu'elle va emporter de son passé. Elle ne pense presque à rien. Des solutions ? Il n'y en a pas. Isham a placé un garde devant la porte d'entrée. Elle pourrait se jeter par la fenêtre, oui, ça mettrait un terme à la très longue agonie qui l'attend. Elle pourrait déchirer son hymen avec un stylo. On découvrirait le lendemain la tache de sang entre ses jambes et son mari ne pourrait pas avoir la satisfaction de présenter au matin de leur nuit de noces le drap souillé à sa famille. Mais il y aurait des représailles, elle ne sait trop quelle torture, ou quelle punition, qui viendraient augmenter son fardeau. Et de toute manière, elle est en totale incapacité d'agir. Allongée sur son lit – elle ne s'est même pas déshabillée –, elle attend dans le noir, les yeux grands ouverts, que le jour se lève. L'appartement est plongé dans le silence. Une faible lueur émane des étoiles fluorescentes collées au plafond de sa chambre. Un jour, elle avait huit ans, entre deux clignements d'yeux, une étoile avait disparu. Elle les avait comptées, recomptées, pas de doute, il en manquait une. Ses parents l'avaient vue débarquer en pleurs dans leur chambre. Qu'est-ce qui se passe, ma petite fille ? Tu as mal ? Les étoiles s'éteignent, avait-elle répondu. Son père s'était levé. On va les recompter ensemble. Ça n'avait pas été nécessaire. L'étoile manquante gisait au sol. Elle s'était décollée. Son père était allé chercher l'escabeau et l'avait refixée avec du scotch double face.

Les étoiles s'éteignent.

Soudain, elle sent qu'on la secoue par l'épaule. Déjà le matin… Finalement, elle a dû s'endormir. Elle ouvre les yeux. La nuit est encore noire. Un type immense, tout aussi noir, est penché sur elle.

– Lève-toi. Vite. Tu as d'autres affaires que cette valise ?

Kofi ?

– Non.

Il y a Simon, aussi, qui emporte la valise. Les parents de Samia sont dans l'entrée. Sans dire un mot, ils embrassent longuement leur fille. Sur le palier, à côté de la porte d'entrée de l'appartement, gît le corps sans connaissance du garde. Samia va pour appuyer sur l'interrupteur, Kofi retient son geste. Ils descendent dans la pénombre, sans même s'aider d'une lampe de poche. Samia se rend compte qu'elle connaît ces escaliers par cœur. La pensée qu'il est peu probable qu'elle les gravisse un jour à nouveau l'effleure, mais elle ne s'y arrête pas. Elle avance comme une somnambule. Kofi compose un numéro sur son téléphone et raccroche avant que son destinataire ait répondu. Au moment où ils sortent de l'immeuble, un 4 × 4 arrive. Karim en descend. Il a laissé tourner le moteur. Kofi monte au volant, Simon pousse Samia sur le siège arrière et pose sa valise sur ses genoux. Puis il fait le tour de la voiture et grimpe sur le siège passager. Il n'a pas fermé la portière que déjà Kofi démarre.

Maintenant, le 4 × 4 fonce sur l'autoroute. Samia s'éveille doucement. Des larmes coulent sur ses joues, et plus elle sent la vie revenir en elle, plus elles abondent. Des larmes de joie ? De tristesse ? Kofi se tourne vers elle.

– On va à Paris. Ton père m'a appelé. Je retire tout ce que j'ai dit sur lui.

Elle ne répond rien.

– Tu ne pourras pas voir tes parents pendant un bout de temps. Il est bien sûr hors de question que tu remettes les pieds dans la cité, et eux ne savent pas où on t'emmène. Ils sont d'accord. C'est plus sûr, au cas où on voudrait les faire parler.

Il allume la radio et la règle sur Nova. *Eveybody's Talkin'*, dans la version de Bill Withers. Samia ne connaît pas mais elle aime tout de suite cette musique. Elle ne demande pas ce que c'est. Elle ne la retrouvera peut-être jamais, mais elle s'en souviendra toujours.

Simon tend une enveloppe à Samia.

– Il y a deux mille euros. Démerde-toi pour tenir avec ça jusqu'en septembre. Nous non plus, tu ne nous verras pas. Tu ne verras personne en fait. Paris est grand, Isham ne devrait pas te retrouver si rien ni personne ne le met sur ta piste.

– Mais mes parents…

– On s'en occupe. Tes parents ont fait un choix, et ce choix comporte des risques. C'est tout à leur honneur mais ce n'est pas ton problème. Te ronge pas le cerveau. La seule chose que tu as à faire, c'est plonger dans tes équations et les résoudre. Si tu tiens tes promesses, dans cinq ans, ton père et ta mère seront fiers de toi. Ils seront fiers d'eux, aussi. C'est pas rien, comme cadeau, la fierté.

Arrivés devant l'immeuble d'où elle est sortie pleine d'espoir il y a une huitaine d'heures, Kofi se gare en double file. Samia descend de la voiture et prend sa valise. L'homme qui lui a fait visiter la chambre l'après-midi lui donne un trousseau de clés et un morceau de papier où est inscrit le code de la porte d'entrée. Elle a à peine le temps de lui dire merci que déjà il s'éloigne. Et quand elle se retourne pour remercier Kofi et Simon, elle constate que le 4 × 4 a disparu. Elle pénètre dans l'immeuble, grimpe les escaliers en bois qui sentent bon la cire. La valise est lourde. Déjà, elle entre dans sa nouvelle vie. Elle se demande si elle n'a pas oublié quelque chose. La lune est puissante, ce soir. La clarté qu'elle diffuse dans la chambre est suffisante pour que Samia n'ait pas besoin d'allumer la lumière. Elle pose sa valise sur le lit et va ouvrir le vasistas. L'air frais lui fait du bien. Elle se rend compte qu'elle avait chaud. Elle se rend surtout compte qu'elle porte toujours son voile. Elle le dénoue, le secoue par le vasistas comme si elle remuait un drapeau sur le passage d'un défilé et le lâche. Longuement, elle le regarde s'envoler dans la nuit.

***

Pierre sort du lycée à 13 heures. Il reprend les cours à 15 heures, ça lui laisse largement le temps d'aller faire la livraison promise au parc Anatole France. Si son père savait à quoi lui sert son scooter, pour le coup, il ferait franchement la gueule… À part Suzanne qui baise avec l'autre abruti et cette acné qui ne veut pas partir, la vie est plutôt cool. Il conduit prudemment. Se faire arrêter avec dix grammes de coke sur lui ne serait pas très malin. Il fait beau, il impressionne ses amis, s'en fait de nouveaux, et il va gagner 150 euros en dix minutes. Il achète les doses 60 euros et les revend à 75. Il pourrait peut-être aller jusqu'à 80… Les filles aussi le regardent d'un autre œil. Elles ont encore un mouvement de recul devant sa peau grêlée, mais toute cette assurance que lui donne sa position de dealer va bien finir par avoir raison de ces satanés boutons. Il tourne dans une rue étroite et déserte. Une voiture le suit, elle accélère, klaxonne. Qu'est-ce qu'il a, ce connard, il ne voit pas qu'il ne peut pas doubler ? Pierre ne va pas s'emmerder à monter sur le trottoir. La rue fait trois cents mètres et en plus, il roule à cinquante. L'homme pressé attendra.

Soudain, Pierre entend un rugissement de moteur et voit la voiture, un 4 × 4, le doubler en montant sur le trottoir de gauche, explosant au passage une poubelle. Puis le 4 × 4 se rabat sur lui. Pierre fait une embardée. Sa roue avant vient cogner le bord du trottoir et il valdingue. Sonné, il tente de se relever quand deux types, un Noir et un Blanc, jaillissent du 4 × 4, l'empoignent et le font monter de force dans le véhicule qui démarre en trombe. Le Noir est assis sur le siège passager, le Blanc à côté de lui, à l'arrière. Le 4 × 4 est conduit par un troisième homme.

– Vous…

Le Blanc donne un coup de poing dans son casque.

– Tu fermes ta gueule. Tu parleras quand on te le demandera, s'il te reste assez de dents pour le faire. Vire ton casque.

Pierre s'exécute.

– Tourne-toi.

Pierre se retourne. Le Blanc lui met un bandeau sur les yeux.

Maintenant, Pierre sent bien la douleur. Il ne portait qu'un T-shirt et un pantalon de toile fine quand il est tombé. Sur son côté droit, la main, l'avant-bras, le coude, la hanche, le genou et le tibia, tous les points de son corps qui sont entrés en contact avec le sol sont écorchés et le brûlent. Son pantalon est déchiré. Le 4 × 4 se gare. On l'empoigne à nouveau, lui fait descendre un escalier. Il fait beaucoup plus frais. Pierre brûle et grelotte en même temps. De froid, de peur. Ses agresseurs l'allongent par terre. Son réflexe est de se recroqueviller mais on l'en empêche. Ses mains et ses pieds sont liés et étirés au point que son corps se soulève légèrement, jusqu'à pendre dans le vide. La porte s'ouvre et se referme. Bruit d'un tour de clé. On lui retire son bandeau. Un néon diffuse une lumière froide. Les cordes auxquelles ses mains et ses pieds sont attachés passent dans des anneaux fixés dans des murs en parpaings bruts. Le Noir et le Blanc le regardent. Ils prennent leur élan et lui filent tour à tour de grands coups de pied dans les côtes. Pierre crie, mais son cri ne dépasse pas le bout de chiffon crasseux qu'on lui a collé dans la bouche. Sa cage thoracique vibre à chaque coup. Ses entrailles flottent. Il a l'impression de les sentir se décoller. Jusqu'au moment où elles se relâchent et expulsent la merde qu'il avait dans les intestins. Cette fois, c'est la panique. Il va mourir ici, dans cette cave. Il va mourir et on va aller enfouir son corps quelque part, ou le réduire en cendres. C'est pas possible, c'est pas possible…

– C'est bon, dit le Noir. Je vais retirer ton bâillon. Si tu gueules, on repart pour une tournée. Pigé ?

Pierre opine. Le Blanc arrache le chiffon de sa bouche.

– Tu t'appelles comment ?

– Pi… Pierre… Ah putain, j'ai mal…

– On s'en doute, c'est fait pour. Tu sais pourquoi t'es là, Pierre ?

– Non… Non, je sais pas.

Sa voix tremble. Ses poignets et ses chevilles, tiraillés par les cordes, le brûlent aussi. La douleur est partout. Dans son corps, sur son corps. Le Noir soupire.

– Allons, réfléchis, Pierre. J'aime pas bosser avec des cons. Refléchis.

– Je réfléchis… mais je vois pas.

– Non, tu réfléchis pas. Calme, respire, avec un peu de chance, la partie de foot est terminée… Y a rien qui a changé dans ta vie, ces derniers temps ?

– Je…

– Réponds pas tout de suite. Prends ton temps. Tu connais le Jeu des 1 000 euros ? On est passés directement à la question banco. Alors t'as qu'une réponse.

Pierre fait ce qu'on lui dit. Se calme. Le Noir lui a donné un bon indice. Rien n'a vraiment changé dans sa vie. Ses résultats scolaires sont toujours aussi médiocres, il n'a toujours pas baisé Suzanne, son père et lui sont plus étrangers l'un à l'autre que jamais… Rien sauf…

– Le fric. J'ai plus de fric. Vous voulez mon fric ?

– Tu es sur la bonne voie, on va considérer que c'est une demi-bonne réponse. Mais ce n'est pas ton fric, qu'on veut, c'est le nôtre.

– … La coke ?

– Voilà ! On va te soulager un peu.

Le Blanc détache de l'anneau la corde reliée aux pieds de Pierre. Le garçon tombe sur ses fesses. En tirant sur ses bras, il parvient à glisser jusqu'au mur derrière lui, auquel il s'adosse.

– On va t'expliquer un truc. Un : si tu fais du bénef, tu dois en fournir une bonne part au fournisseur. Deux : tu n'as pas à faire de bénef. C'est la filière qui contrôle les prix, pas toi. Trois : c'est aussi la filière qui décide d'étendre son territoire ou non. Pour que ce genre de trafic tienne la route, tout doit être sous contrôle. Tu comprends ça ?

Pierre opine derechef.

– Parle.

– Oui.

– Bon. Tu touches combien de clients ?

– Dix… quinze.

– Pour nous rembourser, va falloir que tu fasses mieux. On va t'expliquer comment ça va se passer. N'oublie pas que t'es en sursis. À la moindre erreur, on va jusqu'aux tirs au but. Tu me suis toujours ?

– Oui.

Le Noir sort un bout de papier de sa poche.

– Voici une adresse. Tu la lis, tu la retiens et tu bouffes le papier.

– Maintenant ?

Le Noir ne répond pas. Le Blanc, les bras croisés, ne lâche pas Pierre des yeux. Impossible de savoir ce qu'il pense. Il n'y a ni haine ni mépris dans son regard. Juste une attention soutenue. Pierre lit l'adresse. Une maison du quartier des Mines. Puis il mâche le papier. Sa mâchoire lui fait mal aussi.

– En sortant d'ici, tu te rends à cette adresse, tu montes au premier, tu frappes et tu dis ton nom. On te donnera ce qu'on estime que tu dois vendre dans la journée. Dès que tu as tout écoulé, tu reviens avec l'argent, tu le déposes et on te redonne de la came. Le squat, tu n'y vas plus, quelqu'un d'autre s'occupe de ce secteur. Toi, ton rayon, c'est le lycée, les concerts, les soirées étudiantes, toutes ces conneries… Si tu consommes, tu payes ce que tu consommes. Je te le déconseille parce que ça va sérieusement amputer ton bénef. À la longue, tu ne le regretteras pas. Sous notre protection et avec notre organisation, du fric, tu vas t'en faire. Note déjà, par exemple, que tu n'auras plus à avancer les doses. Je dis à la longue parce qu'évidemment, tu es mis à l'amende. On ne va pas être trop rats… Disons 5 000 euros.

– 5 000 ? Mais j'ai jamais…

– Discute pas. Y a les taxes, les charges, tout ça… T'auras ton pourcentage quand tu les auras remboursés… Sur ta part, évidemment, pas brut.

– Et c'est combien, ma part ?

– Tu le sauras quand tu auras effacé ton ardoise.

– Mais…

– Si ça ne te convient pas, on peut jouer une seconde mi-temps.

Pierre fait non de la tête.

– Si, si, ça me va… Tout me va.

– Parfait. On te ramène.

Le Blanc sort le bandeau de sa poche et le noue sur les yeux de Pierre. Le Noir lui détache les mains. Puis les deux hommes l'aident à se relever sans trop le coller. Il pue.

– Ça va, tu tiens debout ?

Pierre vacille un peu, se rattrape, fait deux pas. Son corps hurle de partout mais oui, il tient debout. Il ne savait pas qu'un corps pouvait encaisser autant de mauvais coups. Simon lui tend un rouleau d'essuie-tout.

– Torche-toi et jette le papier dans la poubelle. On t'attend dehors.

***

La main gauche sur le bouton de la porte d'entrée, Christine Veyssière n'ose rien dire. Elle serre la main du jeune homme que sa fille lui présente. Il ne lui plaît pas. Mais aucun ne lui plairait. Aujourd'hui, dans la haute bourgeoisie, un mariage ne s'envisage pas avant vingt-trois, vingt-cinq ans, suivant les études que poursuit la prétendante. Il ne se conçoit bien entendu qu'avec un homme du même rang, rencontré au cours d'un rallye. Un homme dont on peut tracer la famille jusqu'au XVIIe siècle et dont on sait qu'il aura les moyens et l'entregent suffisant pour assurer que les enfants issus du couple hériteront d'un royaume plus grand encore, et qu'ils seront à même de le faire fructifier à leur tour. C'est comme ça que ça marche. Mais à l'heure de la libération des mœurs – que somme toute les sursauts intégristes n'entravent pas tant que ça – et des réseaux sociaux, les remparts de l'entre-soi se fissurent de partout. Christine est allée surfer sur internet pour voir ce qu'il en était de cette histoire de majorité sexuelle. Au bout de quelques lignes, elle a compris qu'elle vivait vraiment dans un pays où la débauche faisait loi. Cette démarche était un peu ridicule. Suzanne a dix-sept ans, le gamin vingt ou vingt et un… Qu'est-ce que vous voulez dire ? Alors quand sa fille lui a demandé si elle pouvait l'inviter chez elle, elle a consenti. On dira ce qu'on voudra mais un loup, ça se contrôle mieux dans la bergerie que planqué au fond d'une de ces immenses forêts dans lesquelles on n'a jamais osé mettre un pied.

Christine ouvre la porte en grand. Elle s'écarte pour laisser passer sa fille et le salaud qui va la faire entrer dans le monde dépravant de la dépendance sexuelle, puis regarde les deux jeunes grimper les escaliers quatre à quatre. Elle soupire. Elle ne peut pas s'empêcher de reconnaître qu'en vérité, il est beau, ce gamin.

À peine la porte de sa chambre est-elle fermée que Suzanne se jette sur la bouche de Fred. Le jeune homme l'éloigne doucement de lui. Ôte de ses épaules les sangles de son sac à dos Eastpak noir et jette un œil circulaire à la chambre. Quelques posters sont scotchés aux murs. Un lit double, une petite table entourée de deux fauteuils, un bureau, une armoire, des rangées d'étagères où sont alignés des livres et des bibelots. C'est une pièce de quinze à vingt mètres carrés, la même surface que le salon de ses parents aux Tarterêts. Sa chambre à lui faisait neuf mètres carrés. La taille d'une cellule. Et comme en prison, ils l'occupaient à trois, avec deux de ses frères. Il pousse une porte, elle donne sur un cabinet de toilette particulier. Il s'approche d'une grosse armoire, met la main sur la poignée. Ses gestes sont lents, respectueux. Suzanne le regarde faire, amusée. Il n'ouvre pas la porte de l'armoire mais se tourne vers elle, l'air interrogateur, le sac à bout de bras. Elle lui sourit, traîne la chaise installée devant le bureau au centre de la pièce, monte dessus, soulève un panneau de bois blanc, ouvrant sur une trappe qui donne sur le sous-toit, et tend la main. Fred lui donne le sac, elle le passe par la trappe, remet le panneau de bois blanc en place et, depuis la chaise, saute dans les bras de Fred, qui s'effondre avec elle sur le lit.

***

C'est la première fois qu'Élise ment sérieusement à Marc. Si elle lui avait dit qu'elle s'apprêtait à planquer debout pendant des heures dans le sous-sol crasseux de l'UV, il lui aurait ressorti le couplet sur le bébé. « Dans son état », elle ne peut pas faire ça. Elle ne se rend pas compte ? Rester debout, c'est très mauvais, pour une femme enceinte, elle doit bien savoir ça, non ? Bref, ils se seraient engueulés et elle serait venue quand même. Avant, ils ne se disputaient pas. Marc ne haussait jamais le ton. Ce n'était pas dans sa nature. Elle ne lui en veut pas vraiment d'avoir changé sur ce point. C'est dû à l'impuissance. Elle n'a jamais réfléchi à la question mais aujourd'hui elle se rend compte que c'est difficile, pour un géniteur, d'être relégué à un rôle d'observateur. Le trésor est en elle, elle détient un droit absolu de vie et de mort sur lui. Comme de nombreux hommes, Marc se trouve pour la première fois de sa vie dans une situation où il n'a aucun pouvoir. Il peut être présent, aider, prendre en charge toutes les tâches de la vie quotidienne – et Marc le fait, oh ça, oui, il le fait ; trop, même, beaucoup trop –, mais il ne peut rien décider de lui-même. Il peut suggérer, demander, implorer, mais pas agir.

Khaled lui-même a tenté de dissuader Élise de venir. Elle n'a pas pu lui cacher plus longtemps qu'elle était enceinte. Mais il n'a pas insisté. Comme d'habitude, Élise a été très persuasive. Soit Khaled lui disait quand il comptait se rendre dans les sous-sols et elle descendrait avec lui, soit elle fouillerait les boyaux de l'usine toute seule. Le mieux serait quand même qu'ils y aillent ensemble. Ils seraient beaucoup plus efficaces. Lui sait chercher, et elle connaît très bien les lieux. Enfant, à la sortie de l'étude, elle venait de temps en temps attendre ses parents dans les vestiaires. Ce n'était pas vraiment autorisé mais même pour une demi-heure, il y avait des jours où elle n'avait pas envie de se retrouver seule à la maison. Comme les soirs où, alors que déjà la rumeur de la fermeture de l'usine courait dans tout le quartier, un coup de bourre exigeait des ouvriers qu'ils fassent des heures supplémentaires – pas forcément payées. Adolescente, alors que la rumeur était devenue réalité, elle y a connu ses premières amours, au cours de soirées où, dans la pénombre du dédale, elle et ses amis organisaient des trains fantômes. Pour se faire peur et pour avoir de bonnes raisons de se jeter dans les bras de celui qui vous accompagnait.

Khaled lui a alors dit qu'au-delà de son « état », le danger était réel. Il se souvient d'avoir vu Richard Deurthe évoluer en zone de guerre. Ce type est un mercenaire. Les rats cramés pour enflammer la maison, à tous les coups, c'est lui. On peut se demander aussi s'il n'a pas aidé le candidat au suicide à mourir. Des choses qu'on ne pourra jamais prouver. Élise a marqué un temps de surprise.

– Une vraie zone de guerre ?

– Oui. Bagdad.

– Tu viens de là ?

– De là, d'Afghanistan, de Syrie… C'est une longue histoire, que je n'ai pas envie de te raconter maintenant. Que je ne te raconterai d'ailleurs peut-être jamais.

– Je comprends que ma comparaison des Mines avec une ville bombardée ait pu t'agacer…

– Oui. Aujourd'hui, au vu du personnel engagé dans la bataille, je me dis que tu n'avais peut-être pas tort.

– On y va quand ?

– Tu es vraiment une tête de mule.

Ils se sont donné rendez-vous un lundi à 14 heures, jour de relâche de la « boîte de nuit ». La porte de fer devant laquelle étaient postés des veilleurs donne sur un escalier qui descend directement dans les sous-sols, et comme ces sous-sols et le reste de l'usine sont maintenant séparés en deux territoires distincts, l'idée que la drogue puisse y être cachée semble la plus évidente. Il n'y aura peut-être rien, mais le coup est à tenter. Lampe de poche en main, ils arpentent les longs couloirs. Ils mettent bien deux heures à passer et repasser par les mêmes endroits, avant de remarquer la présence de mégots de cigarettes et de canettes de bière non loin d'une plaque d'égout à laquelle semble être attaché un fer à béton. Un pied-de-biche est posé dans un recoin, non loin de là. Khaled se saisit du fer à béton, le tire, le soupèse, le repose. Puis il s'aide du pied-de-biche pour soulever la plaque.

– Bingo.

Il allume son appareil photo et demande à Élise de braquer le faisceau lumineux de la lampe de poche sur le sac de cocaïne. Mais ce n'est pas un sac de cocaïne, c'est un paquet enveloppé de papier kraft. Il retire une bande de scotch de manière à ce que l'ouverture béante du sac laisse entrevoir la poudre blanche, prélève un sachet et fait plusieurs clichés.

Un bruit de voix parvient jusqu'à eux. Rapidement, ils remettent le dispositif en place et reposent le pied-de-biche là où ils l'ont trouvé. Les tubes de néon grésillent et bientôt, le sous-sol est éclairé. Élise entraîne Khaled dans un renfoncement, à environ dix mètres de la plaque d'égout. C'est un petit réduit. Si ses souvenirs sont bons, c'est là qu'elle a échangé ses premiers baisers. Un garçon qui s'appelait Jean, fils d'ouvriers, lui aussi. Pas très beau, mais qui avait envie de l'embrasser, et elle, elle avait envie d'essayer. Khaled est gêné, il se tasse autant que possible pour éviter de se coller à la jeune femme mais c'est peine perdue. À l'approche des voix et des bruits de pas, Élise se blottit contre lui. Elle trouve qu'il sent l'alcool. C'est curieux, elle ne l'a jamais vu boire autre chose que de l'eau, du thé ou du café. Elle s'interroge sur sa propre odeur. Depuis quelque temps, elle a l'impression qu'elle sent plus fort, et elle déteste tout ce qui est déodorant. Elle oublie vite et son odeur et celle de Khaled. Deux hommes entourent maintenant la plaque d'égout. Quand elle les reconnaît, Élise peine à retenir un cri. Richard Deurthe et Bernard Salmon. Richard soulève la plaque, montre du doigt le sac de drogue et remet tout en place. Le teint de Bernard, au-dessus de la barbe noire, est particulièrement blafard, mais peut-être est-ce dû à l'éclairage au néon. Richard lui pose une main sur l'épaule et l'entraîne vers la sortie. Subitement, le sous-sol est à nouveau plongé dans la pénombre.

Élise se décolle de Khaled.

– Tu comprends quoi ?

– « Tout foutre en l'air »... Tu as mis le doigt dessus, l'autre jour. Salmon va donner la planque à la police. L'usine va être évacuée, des scellés vont être posés... Les médias titreront que si les occupants de l'usine ne voulaient pas partir, c'est parce qu'ils ne voulaient pas perdre un magasin et voilà, fin de partie.

– Un magasin ?

– Un point fixe de vente.

– Mais pourquoi Bernard fait ça ?

– Si Deurthe vient lui montrer le truc, c'est pour qu'il le dénonce, c'est sûr. En échange de quoi ? J'imagine qu'on lui a promis sa place dans l'usine. Je l'ai vu s'entretenir longuement avec l'adjoint à la culture, lors de la présentation de saison du théâtre...

– Bernard... c'est impossible. Pourtant, moi aussi je l'ai croisé. À la mairie. Il avait un rendez-vous avec Guillaume Bertrand. Mais il n'avait pas l'air de savoir ce que l'autre lui voulait.

– Ne te fatigue pas à essayer de comprendre. Chacun a ses raisons. Pour l'heure, les faits sont là. On a deux solutions : on coupe la ficelle, la merde tombe à l'eau et les flics font chou blanc. Ou on laisse tout en l'état et le trafic est démantelé. Mais l'UV aussi.

– Tout dépend du moment où on coupe la ficelle.

– Développe.

– Si on coupe maintenant, Squad s'en rendra compte et nettoiera tout. Probable qu'il prendra la poudre d'escampette, parce que je ne vois pas comment il expliquerait la chose à Kofi. Bernard et les flics comprendront qu'il n'y a plus rien à trouver et tout continuera comme avant. Si on coupe la ficelle juste au moment où les flics arrivent, ce n'est pas la même chose. Pour coincer un maximum de personnes, j'imagine qu'ils vont agir un soir de fête. Ils vont arrêter tout un tas de gens avec des doses de coke ou de cannabis sur eux et tenter de coincer le tenancier de tout ce bordel la main dans le sac. Un beau paquet de drogue pris en photo dans les locaux de l'UV. Là, pas de doute, il n'y aura plus personne pour défendre les squatteurs. Mais imagine le même scénario sans la drogue, parce que l'un de nous l'aurait escamotée au dernier moment, juste avant que le flagrant délit soit établi ? Les flics, penauds, devront reconnaître qu'on leur a filé un tuyau crevé. Que oui, ils ont interpellé des gens avec de la drogue sur eux mais qu'un seul d'entre eux est un habitant du squat (et encore, si Squad est assez con pour avoir quelque chose sur lui) et qu'ils n'ont rien trouvé d'autre. Les journalistes devraient l'avoir mauvaise et sortir quelques couplets sur l'injuste mise en cause des habitants de l'usine, qui font revivre le quartier, ont ouvert une boulangerie associative, etc. Sans compter Debbie, qui va raconter tout ça par le menu. En gros, on leur fait péter leur propre bombe dans les mains.

– Je vois l'idée. Il faut qu'on la joue fine, on pourrait manger pour dissimulation de preuve, ou de trafic, ou un truc dans le genre.

– Qui saura ?

– Mouais… En gros, il faut être sur place au moment où les flics quittent le commissariat… Non, même pas. Il faut être là avant. À tous les coups, deux OPJ vont infiltrer la fête et se glisser jusqu'ici avant que Squad vienne couper le cordon, ce qui leur permettra de le prendre en flag... Ou alors ils vont d'abord vérifier que la drogue est bien là et se poster près des issues... C'est chiant, on ne peut la faire disparaître ni trop tôt ni trop tard.

– Ils devraient agir demain. Il n'y a pas de raison qu'ils traînent. Je pourrai être là de 20 heures à minuit. J'arriverai bien à trouver le meilleur moment pour agir... Marc sera sur Paris. Il travaille avec une nouvelle compagnie, qui répète le soir.

– Marc ne sait pas ?

– Non... C'est un peu chaud, en ce moment. Mais je t'en parlerai le jour où tu me parleras de tes guerres.

– OK... Note que tu n'auras pas besoin de tout ce temps. Dans le cadre d'une commission rogatoire, les flics n'ont pas le droit d'intervenir au-delà de 21 heures Après, ils sont coincés jusqu'à 6 heures du mat'... Mais c'est quand même peut-être mieux que je le fasse, moi.

– Tu connais bien l'usine ?

– Pas plus que ça.

– Viens, je vais te montrer un truc.

Khaled suit Élise. Elle s'arrête devant une rampe noirâtre qui monte jusqu'à un soupirail.

– L'ancienne rampe à charbon. Les autres portes étant verrouillées le soir, c'est la seule issue... Dès que les flics vont commencer à fouiller les sous-sols, m'est avis qu'il vaudra mieux ne pas être dans les parages. Or je ne voudrais pas faire des remarques désagréables sur ton embonpoint mais...

– Ça va, ça va... j'ai compris. Je ferai le guet. C'était juste que dans ton état...

– Stop ! On dirait Marc. Putain, le prochain bébé, je l'achète tout fait !

***

Pierre a encore mal partout. Il devrait être en convalescence, mais il n'a pas vraiment le temps. Il aimerait sortir assez vite du pétrin dans lequel il s'est mis. Rembourser sa dette, déjà. Après, il verra s'il poursuit le deal ou pas. Il n'est pas sûr qu'il aura vraiment le choix et cette perspective l'angoisse. Quand il entre au Magic Café, le groupe qui assurera la première partie du concert, Last Emanation, termine sa balance. Pierre jette une oreille distraite. La musique, ce n'est pas son truc. Habituellement, il n'y voit qu'une bonne raison de boire des coups avec des potes. Aujourd'hui, il est là pour élargir sa clientèle. Il se dirige vers le bar, où sont accoudés les membres du groupe vedette, Black Onirism. Où vont-ils chercher des noms pareils ? La soirée, en tout cas, s'annonce exclusivement anglo-saxonne, même si les musiciens s'appellent Loïc, Étienne, Larbi, Émilie, Xavier… Même pas un Kevin. Pourtant, ce n'est pas ce qui manque, les Kevin.

Étienne est le premier à l'apercevoir. Il lui fait un signe de la main. Pierre s'approche en claudiquant. Étienne lui pose une main sur l'épaule, ce qui le fait grimacer.

– Yo, mec, qu'est-ce qui t'est arrivé ?

– Une chute en scooter. Un mec qui m'a barré la route. L'enfoiré s'est tiré.

Pierre a retrouvé son deux-roues exactement où il l'avait laissé. En deux heures de temps, personne ne semblait s'être soucié de la carcasse qui gisait sur le trottoir. La seule bonne surprise de l'après-midi, c'est que le moteur est reparti au premier tour de clé. Le guidon n'était même pas voilé. Seul le cache en plastique avait éclaté. Quand il est arrivé chez lui, comme d'habitude, sa mère n'est pas sortie de « sa pièce ». Et quand il en est reparti, après s'être douché et retapé comme il pouvait, son père n'était pas rentré. Tant mieux. Il pourra toujours raconter que l'accident est arrivé en fin d'après-midi, et non pas au milieu de la journée, alors qu'il était censé manger à la cantine avant de reprendre ses cours. Il a hésité à se rendre à l'hôpital. Qui sait s'il n'avait pas des côtes fêlées, la rate éclatée, les boyaux percés... mais il lui aurait fallu raconter des choses, on aurait appelé ses parents... Beaucoup de complications en perspective. Il marche, il arrive à manger, il a pu déféquer sans problème – même si chacune de ces actions s'accompagnait de mille douleurs –, c'est l'essentiel. À son âge, un corps, ça se répare tout seul.

– Et t'es venu quand même ?

– Eh, le biz, c'est le biz.

Émilie le toise.

– Alors c'est toi ?

– Yes, man.

– Il paraît que t'en as de la première !

Pierre voit le garçon approcher. Il lui commande un demi et sitôt servi, désigne les verres du doigt.

– Vous voulez pas qu'on emporte ça direct dans les loges, qu'on soit plus tranquilles pour en parler ?

***

Élise a emporté des barres de céréales et une bouteille d'eau. Elle s'est aussi munie d'un siège de plage pliant. Elle n'est tout de même pas complètement indifférente à « son état ». Elle s'est même fait un peu peur. Ce soir, avant de partir, elle s'est demandé si tout ça n'était pas de la folie. Si Marc n'avait pas raison, au fond. Mais elle s'est engagée auprès de Khaled et Debbie est là aussi, qui a soif d'aventures. Promis, c'est sa dernière action risquée. Ensuite, elle se consacrera sérieusement à l'autre aventure qui l'attend. Elle essaiera d'en dégager les points positifs, et si possible d'en profiter. Cette décision d'avoir un enfant ne vient pas que de Marc, il ne faut pas non plus exagérer et lui faire un mauvais procès. C'est lui qui en a manifesté l'envie, mais elle a dit oui. En femme libre et consentante. Il n'a pas troué une capote ou profité d'un de ces moments où l'extase sexuelle lui ferait faire n'importe quoi. Elle a attendu Khaled pendant un quart d'heure et, comme il ne venait pas, elle a essayé de l'appeler. Le photographe ne répondait pas au téléphone. Alors elle a un peu hésité, mais cette histoire de guet, c'était surtout pour que Khaled ait le sentiment d'être utile. Si vraiment il lui arrivait quelque chose à l'intérieur de l'usine, qu'est-ce qu'il pourrait faire ? Elle s'est pointée à l'entrée de la boîte de nuit à 19 h 30 mais s'est fait refouler à cause de l'esclandre qu'elle a causé quelques jours plus tôt. Elle aurait pu faire appel à Squad. Il l'aurait sans doute acceptée. Même s'il se cache derrière son inaltérable bonne humeur, le musicien souffre de l'ostracisme dont il fait l'objet depuis une bonne quinzaine de jours. Il aurait sans doute été heureux de voir un membre de l'ancienne bande manifester son désir de participer à l'une de ses fêtes quotidiennes. Mais Élise préférait ne pas trop se faire remarquer. Elle a fait le tour de l'usine et s'est arrêtée devant le soupirail sur lequel débouche la goulotte à charbon. Elle a hésité encore un moment. Sept mètres de toboggan crasseux à descendre, ce n'est pas rien. Elle a d'abord engagé le siège pliant. Au départ, il n'a pas bougé. Elle a dû le pousser et il a glissé lentement avant de tomber sur le sol avec un bruit mat. Bon, ça, va, ce n'est pas non plus Aquaboulevard. Elle s'est faufilée à son tour, les pieds en avant et bien écartés, pour adhérer un maximum aux parois de la goulotte en zinc. À deux mètres de l'arrivée, la pente est beaucoup plus raide. Elle a atterri un peu rudement sur les fesses. C'est en se relevant que, pour la première fois, elle a senti un mouvement dans son ventre. Interdite, elle est restée debout, immobile, une main posée sous le nombril. Et pour la première fois aussi, elle lui a parlé :

– Tu rechignes ? Tu vas être un râleur comme ta mère ?

Puis elle a souri, elle a ramassé le siège pliant et elle a rejoint sa cache.

Maintenant, elle observe les deux flics qui s'approchent de la plaque d'égout, la soulèvent, hochent la tête. L'un d'eux sort son téléphone de sa poche et prend la came en photo. Ou tout du moins il essaye. Il n'y a franchement pas beaucoup de lumière, ici-bas. Les deux flics se séparent, manifestement pour inspecter les lieux. L'un d'eux passe près d'Élise. Elle se blottit au fond du renfoncement. Il continue jusqu'au bout du couloir, constate que les portes sont fermées, repasse devant elle et rejoint son comparse à mi-chemin. Le plus grand sort son téléphone :

– Frédérique ? C'est bon. La came est là. On va se poster non loin de la porte de la boîte qui donne sur la planque. Dès que Squad se pointe, on le suit et on le tape en plein flag… Oui, c'est jouable. Fais-nous savoir par SMS quand tu lances le bazar.

Ils s'éloignent, non sans marquer un temps d'arrêt devant la plaque d'égout. Dès qu'ils passent l'angle du couloir, Élise sort de sa cache, un cutter à la main.

***

Khaled sursaute. Ce n'est pas possible, il s'est endormi. 19 h 45. Et il n'est pas à l'UV. Il cherche son téléphone, le trouve enfoui dans les coussins du canapé. Élise a laissé trois messages. Il se lève brusquement et retombe lourdement, abruti d'alcool. Une fois de plus, terrassé par son rêve, il a largement dépassé la dose de survie qu'il s'octroie en fin d'après-midi. Et le pire, c'est qu'il sent qu'il a encore terriblement besoin d'un verre. Il se redresse plus doucement, cette fois, et se met debout. D'abord, il tente de biaiser en buvant un grand verre d'eau. Puis, comme son corps et son psychisme rechignent à s'en contenter, il ingurgite une dose d'alcool. Et enfin, il se sent d'aplomb pour marcher jusqu'à sa voiture.

Quand il arrive devant l'UV, il est 20 heures. Une kyrielle de véhicules aux couleurs de la police et trois fourgons aux fenêtres grillagées déboulent en faisant hurler leurs sirènes. Khaled se gare à l'opposé de l'entrée de la boîte, fait le tour de l'usine à pied, s'arrête devant le soupirail et attend. Au bout de cinq minutes, le zinc de la goulotte grince. Une main noire de charbon apparaît. Khaled l'attrape et tire. Élise finit à quatre pattes sur le trottoir. Elle halète fortement.

– Ben où t'étais passé ?

– Je suis là.

Elle le regarde. Il a une sale gueule. Des yeux un peu vitreux. Encore une fois, il sent l'alcool. Elle laisse tomber et soupire.

– Mes muscles ont du mal à suivre. Rajouter dix kilos aux cinq que j'ai pris, je ne pensais pas que ça ferait si lourd.

– Qu'est-ce que tu veux dire ?

Élise désigne le sac qu'elle porte sur son dos.

– J'ai pris la coke.

***

Richard est trop loin pour distinguer exactement ce qui se passe. Mais le ballet de gyrophares prouve de toute évidence que Salmon a fait ce qu'on attendait de lui. Et il n'est pas franchement utile qu'on voie l'homme de main traîner dans le coin. Tout en contournant l'usine, il sort son téléphone de sa poche et compose un numéro.

– Miloje ? Pour moi c'est bon. Tu reprends le marché quand tu veux… Oui, il y aura du matos à récupérer. Pas la totalité… De toute façon, je te rappelle que tu l'as déjà vendu une fois, donc ce qui restera, ça ne sera que du bénef… Où ? Je ne connais qu'une des planques mais ce sera toujours ça.

Et pour les autres, je ne m'en fais pas. Je ne sais pas pourquoi mais les gens aiment te parler… C'est ça, oui… Sans doute… Non, je dis que tu as raison : tu es sans aucun doute un très fin psychologue… Attends !

Richard met la main sur le micro du téléphone et se tasse contre le mur de l'usine. Il est sûr de connaître la fille qui s'extirpe d'un soupirail, à trente mètres de là, mais le quartier est de plus en plus mal éclairé. On ne change plus les ampoules des lampadaires et comme par hasard, elles grillent toutes les unes après les autres… Pas grave, tôt ou tard, ça va lui revenir. L'Arabe, il l'a déjà vu aussi. Un journaliste. Ou un photographe. Ou les deux. La fille retire son sac à dos, l'Arabe le soupèse. Il fait de grands gestes et Richard perçoit quelques éclats de voix. Manifestement, il n'est pas content. Sans doute dit-il à la fille qu'elle est folle.

« Folle je ne sais pas, pense Richard, mais ce qui est sûr, c'est qu'elle est morte. »

Il reprend Miloje.

– Je crois que je vais récupérer un max de matos… il faut que je te laisse.

Il raccroche en secouant la tête et compose le numéro de Caspiani. Cette petite conne vient de tout foutre en l'air.

ÉPISODE 5

« … dans ce genre de situation, la vérité est une notion très aléatoire. »

Frédérique

Encore une autre scène

Corinne entre dans le club au bras de son mari. Tous les regards se tournent vers eux. L'entrée du bétail dans l'arène. Elle ressent quelque chose comme ça. Un homme accoudé au bar lève son verre. Une femme se tient debout à côté de lui. Son épouse, sans doute. Jean entraîne Corinne vers eux, un sourire aux lèvres. La femme est belle, le mari n'est pas très beau. Corinne aussi est belle, et son mari n'est pas très beau non plus. En somme elles sont à égalité. Eux aussi, mais c'est eux qui y gagnent. La sono diffuse des tubes soul et blues des années quatre-vingt, quatre-vingt-dix. Joe Cocker et Tina Turner, quand ils se sont mis à faire de la merde. We Dont't Need Another Hero. *Corinne non plus. Elle n'a plus besoin de héros du tout. Quand Jean lui a proposé l'expérience, elle a hésité. Elle n'était pas sûre que cette histoire de sexe fût si importante que ça pour elle. Ils ne faisaient plus l'amour ? Et alors ? Quand elle en avait envie, elle se masturbait. C'était toujours bon. Doux ou violent, selon ses désirs. Avec ou sans pénétration. Elle n'avait pas à se demander si elle éprouverait du plaisir ou si elle trouverait ça fatigant et ennuyeux. Elle n'avait plus à surprendre une lueur d'inquiétude dans les yeux de Jean. Allait-il bander ? Parfois, avant de faire l'amour, il prenait une douche. Il en ressortait le sexe à moitié gonflé et se ruait sur elle avant d'avoir perdu toute sa vigueur. Il n'y avait pas de tendresse, dans ces moments-là. Il y en avait dans les petites choses du quotidien. Au petit déjeuner, quand il prenait sa main sans raison et la caressait presque sans y penser. Quand soudainement il lui mettait une main sur l'épaule et lui posait un baiser sur la joue. Il a toujours été tendre. Elle, pas beaucoup. Mais le désir de sexe de Jean n'était pas tourné vers elle. Il était tourné vers lui-même, pour se prouver que c'était encore une chose importante à ses yeux, et qu'il en était encore capable.*

Maintenant ils sont là. Pour « égayer leur relation », « éveiller leur libido »... Mais elle comprend vite que le rapport que Jean entretient avec le sexe restera le même en plus exacerbé. Un défi. Parviendra-t-il à faire jouir une autre femme que la sienne ? Elle se demande si elle n'aurait pas préféré qu'il prenne une maîtresse. Mais Jean l'aimait, elle n'en doutait pas. Et il était fidèle. Il n'en reste pas moins que l'opération ne consiste pas pour deux couples à échanger leurs partenaires respectifs mais pour deux hommes à échanger leurs femmes. Jean vient de l'humilier comme jamais. L'autre homme est prévenant. Il commande les boissons, tend son verre à Corinne en lui souriant. Ils ont décidé de faire ça comme les êtres humains qu'ils prétendent être, et non pas comme des bêtes. Ils doivent se plaire, savoir qu'ils vont coucher avec quelqu'un qui pense comme eux, qui vient du même monde, qui porte les mêmes valeurs. L'échangisme est le versant coquin de l'entre-soi. La nuit va être longue. Ils vont d'abord boire quelques verres dans ce club, puis aller au restaurant, avant de se rendre dans un hôtel où chacun entrera dans une chambre avec la femme de l'autre. Des chambres voisines. Est-ce un choix des hommes pour tester auditivement leurs performances ? Corinne se promet de hurler. Elle n'a jamais crié pendant l'orgasme, à la grande déception de Jean qui, à l'instar de nombre de ses compagnons de genre, pense qu'une femme gueule donc jouit ou ne gueule pas donc ne jouit pas. Eh bien il va être servi. Elle va hurler à lui en déchirer les tympans.

À lui en déchirer le cœur.

PREUVES

Frédérique est nerveuse. Pourtant, tout est calé au millipoil près. L'équipe deux, dite « du sous-sol », est en place. Même si l'équipe un, dite « de surface », ne parvient pas à interpeller les vigiles avant qu'ils aient prévenu Squad, ses hommes ne peuvent pas le rater. Bernard Salmon est assis à côté d'elle. Elle a exigé qu'il vienne. Ce n'était pas nécessaire. Son témoignage a été vérifié. Mais elle voulait qu'il ait honte. Maintenant, il refuse de venir avec elle. Elle n'a pas le temps de le forcer à le faire.

– Vous m'attendez là.

Elle descend de la voiture. Claque la portière. Les jeunes vigiles sont d'un calme olympien. Ils affichent l'air tranquille de gens qui n'ont rien à se reprocher. Les policiers aussi sont sûrs d'eux. Ils les menottent sans violence. C'est l'avantage, quand tous les participants sont convaincus de jouer gagnants à cent pour cent. Dans la boîte, en revanche, c'est la panique. Quelques clients se mettent à courir mais très vite, ils tournent en rond. Les armes des flics pointées sur eux, ils lèvent les bras. Ceux qui étaient assis sont invités à se lever et tout le monde est aligné le long du bar et du mur qui fait l'angle. Comme prévu, on laisse filer Squad. Il longe les couloirs en courant et se précipite sur la poignée de fer à béton pour la soulever. Il sourit déjà. Dans deux secondes, les flics auront l'air con… Mais à cet instant, un pied chaussé de basket vient lui écraser la main.

– Bouge plus.

On empoigne son autre main, celle qui, plongée dans sa poche, se saisissait déjà du cutter, et au terme d'une clé de bras, on la lui colle dans le dos.

– Maintenant, tu vas te relever. Doucement.

Putain, tout est foutu. *Dix visions…* Dix ans de cabane, oui. Le pied libère sa main. Ses doigts meurtris étaient déjà glissés sous la poignée. Squad ne les a pas complètement dépliés lorsqu'il commence à se relever. C'est alors qu'il se rend compte que la poignée est incroyablement légère, qu'elle suit son mouvement sans effort. Avant même d'être complètement redressé, très lentement, il lève la main et tend du bout des doigts le fer à béton aux flics. Un bout de ficelle effilochée pendouille lamentablement dans le vide.

– C'est ça que vous voulez ?

Et il rit. Il n'y comprend rien mais il rit. Il rit comme jamais.

***

Pendant que tous les occupants de la boîte de nuit détenteurs de cocaïne sont embarqués dans les fourgons, Gilles Cartier note, enregistre, pose des questions. Frédérique y répond brièvement. Sans se mouiller. Tant qu'elle n'a pas, de ses yeux, vu la coke, elle ne veut rien avancer. Opération en cours sur un supposé trafic de drogue. Rien d'autre à dire, elle a du boulot. Khaled prend plusieurs photos. Gilles se tourne vers lui :

– Là, j'admets, il se passe un vrai truc.

– Tu veux dire que tu vas essayer d'écrire un vrai article ?

– Et l'envoyer à la *Voix du Nord*. Pas question de se contenter de *La République de Larmon*, qui va balancer l'info dans une semaine, quand tous les Français seront déjà au courant.

– Tu vois, quand tu veux…

Gilles hausse les épaules et pointe son doigt vers l'usine.

– T'es vraiment sûr que la drogue y est ?

– Mais oui.

– Et comment tu sais ça, toi ?

– Tu connais le refrain : un journaliste ne dévoile pas ses sources. Tu crois que tous ces flics font ce ramdam uniquement parce qu'on est mardi soir et qu'ils s'emmerdent ? Je ne t'avais pas prévenu ?

– De fait, si. Bon, je vais rédiger ça vite fait pour un premier article et je repasse tout à l'heure au commissariat voir comment ça tourne.

– OK, à tout'.

Pauvre Gilles. Il va pondre le meilleur article de sa vie pour se retrouver démenti trois heures après. Khaled espère quand même qu'il va se montrer prudent et ne pas affirmer que les flics ont mis la main sur dix kilos de coke. Simplement parler de fortes présomptions. Ça suffira pour établir qu'une cabale a été montée contre le squat. Mais évidemment, si Gilles a les yeux plus gros que le ventre, ce sera du nanan pour l'avocate des occupants. Et le journaliste n'aura à s'en prendre qu'à lui-même. D'autres habitants du squat sont sortis voir ce qui se passait. Des comédiens, des artistes… Khaled reconnaît Romaine. Tous, les bras ballants, assistent impuissants à la scène. Ils ont bien compris qu'il ne s'agissait pas d'une expulsion surprise mais d'une perquisition. Et maintenant, ils se savent en danger. À vingt mètres de là, deux officiers sortent de l'usine. Ils encadrent Squad, menotté. Frédérique se dirige vers eux. Ils secouent la tête et continuent leur chemin jusqu'à leur voiture. Ils y enfournent le dealer et démarrent sur les chapeaux de roues en faisant hurler leur sirène. Frédérique reste seule. Elle croise les doigts au-dessus de sa tête. Le mouvement relève ses cheveux et dégage sa nuque. Une belle nuque blanche. Khaled se prend deux coups. Un au ventre parce qu'il vient de lui faire du mal, l'autre dans les reins parce qu'il n'y a plus de doute, il est mordu. Frédérique s'ébroue et se dirige d'un pas rapide vers sa voiture. Elle la contourne pour ouvrir la porte côté passager et empoigne l'homme qui y est assis. Il résiste mais elle finit par l'extirper de l'habitacle. Le metteur en scène, debout sur le trottoir, croise les yeux de ses amis. De ses anciens amis, sans doute. Puis il se détourne et s'éloigne. Dans le même mouvement, Frédérique fait volte-face et découvre la présence de Khaled. Elle s'approche de lui en traînant des pieds. Calme, vieux, calme, elle ne peut pas savoir. Elle affiche un triste sourire et secoue légèrement la tête.

– J'ai oublié de vous dire, la Scientifique m'a retourné le rapport d'expertise sur votre seringue. Vous aviez raison. Il y a des traces de coke. Mais maintenant, on a largement mieux.

– Vous avez trouvé quelque chose ?

Elle soupire.

– Pas ce qu'on cherchait… Ils ont eu le temps de faire disparaître la came.

Elle tape du pied par terre.

– Je ne sais pas comment ils ont fait ça. Un quart d'heure avant, elle y était… J'aurais dû la saisir à ce moment-là. J'ai eu les yeux plus gros que le ventre…

Elle secoue la tête.

– Bon… on ne revient pas les mains vides. Plusieurs clients avaient de la poudre sur eux… Pas grand-chose, un gramme. Entre ça et le témoignage de mes hommes, on devrait pouvoir agir dans le cadre d'une commission rogatoire ayant pour objet la recherche de preuves sur l'existence supposée d'un trafic de cocaïne… Elle finira bien par ressortir quelque part, cette foutue poudre !

– Et le squat ?

– On pensait que c'était un magasin. Cette preuve-là nous manque. On a quand même un dealer.

Elle jette un œil par-dessus son épaule dans la direction où Bernard Salmon a disparu.

– Et un témoin.

– C'est Squad, le dealer ?

– Non… il va devoir nous expliquer pas mal de choses mais on n'a rien trouvé sur lui. J'aurais dû dire une dealeuse. Une gamine qui avait dix grammes sur elle. La pauvre. On est tellement sur les nerfs qu'elle va morfler sévère. Je vous laisse. La nuit va être longue. Et elle devrait commencer par une belle engueulade.

Elle s'éloigne. Khaled, le corps toujours pris en tenailles entre ses coups à l'estomac et dans les reins, se dit qu'il est décidément bien difficile de faire une omelette sans casser des œufs, et que la vie serait plus simple si certains œufs étaient blindés.

***

Deurthe hésite. Il a du mal à déterminer s'il y a quelqu'un d'autre que la petite dans l'appartement. Il se souvient bien d'elle maintenant. Il y a un ou deux mois, elle lui a refusé une proposition d'achat. Élise Santon. Il l'a croisée à la mairie, où elle travaille sur le site internet. Il l'a aussi vue fricoter avec les résistants du squat. Il n'a pas fait le recoupement plus tôt parce qu'il avait d'autres casseroles sur le feu mais entre les connaissances qu'elle a du fonctionnement d'internet, ses capacités de rédaction et ses implications militantes, elle fait une excellente candidate pour Debbie.

Il hésite aussi sur la nécessité d'agir immédiatement. La petite est rentrée directement chez elle avec son sac à dos. Mais rien ne dit qu'elle ne va pas ressortir pour aller le planquer ailleurs. Elle aurait tort. Quelle meilleure cache pour le matos ? L'appartement n'est-il pas une planque idéale ? Il est complètement improbable qu'Élise se mette à vendre cette drogue pour son compte. Si elle l'a dérobée au lieu de la faire disparaître, ce qui vu l'engueulade entre elle et l'Arabe tout à l'heure semblait être l'objectif premier, c'est qu'elle a l'intention de s'en servir pour enfoncer le clou. Genre « non seulement on a injustement incriminé le squat mais en plus, ses sympathisants ont mis au jour un trafic de drogue ». Comment compte-t-elle s'y prendre ? Richard n'en a pas la moindre idée. Pour l'heure, en attendant que ça se tasse, la drogue ne sera jamais à un meilleur endroit qu'entre les pattes d'une brave petite innocente… Pas la peine de se précipiter. Qu'elle conserve le matos ici ou ailleurs, il n'y aura aucune difficulté à le récupérer. Et Caspiani l'attend.

Il retourne sur ses pas, repasse devant la maison qu'il a fait flamber quelque temps auparavant. Sa vue lui arrache un sourire. Bientôt, c'est tout le quartier qui va cramer.

***

Black Onirism a fini son boucan. « DDT », pour « Dcath, Dance & Trash », c'est comme ça qu'Étienne a défini leur « musique ». Pierre ne sait pas comment on peut appeler ça de la musique, mais à vrai dire, il s'en fout. Il vide sa quatrième bière et va aux toilettes avant de se rendre dans les loges. Ça pue sérieux la sueur. Ils font chier, ces rockers ; ils se dépensent au moins autant que les sportifs mais il ne leur vient jamais à l'idée de prendre une douche en sortant de scène. Ils accueillent Pierre à bras ouverts.

– Trop top, de jouer sous coke… T'en as encore ?

Pour sûr, qu'il en a encore.

– Et pour ma copine ?

Le guitariste désigne la petite blonde qu'il tient par la taille. Pierre sort deux sachets.

– Ouais, je te les prends. On va déjà s'en faire un et on se gardera l'autre pour après.

Il balaie d'un revers de la main un coin de table, tire les lignes et tend une paille à la fille. Plutôt que de se pencher, elle préfère s'agenouiller près du coin de table.

– T'as raison, dit le guitariste, tu seras déjà en position !

Et il fait un clin d'œil à Pierre :

– On a un deal !

La fille sniffe goulûment sa part et rejette la tête en arrière. Elle part à rire. Le guitariste se penche au-dessus d'elle pour gober sa ration. Dans le même temps, la fille, qui ne s'est pas relevée, commence à déboutonner sa braguette.

***

– Comment ça, vous n'avez rien saisi ?

Le juge d'instruction fulmine. Frédérique a un geste d'impuissance. Elle tend le sachet en plastique qui contient le fer à béton et le bout de ficelle effiloché.

– La came aurait dû être au bout de ça. Mes hommes l'ont vue.

– Pourquoi ne l'ont-ils pas saisie tout de suite ?

– Pour monter un flag. Vous savez très bien ce qui se serait passé si on avait pris la drogue. Tous les habitants du squat, tous les clients de la boîte, tous les témoins nous auraient regardés avec de grands yeux innocents. Quelques recoupements nous auraient peut-être permis d'aboutir à une ou deux mises en examen – surtout qu'on a quand même un témoin : Bernard Salmon –, mais au bout de combien de jours d'interrogatoires ? Serait-on allés jusqu'au procès ? Et dans combien de temps ? Deux ans ? Cinq ans ? Allons, monsieur le juge. J'ai perdu, OK, mais vous ne pouvez pas me reprocher d'avoir joué.

Déjà, les vigiles sont relâchés. Fumer des cigarettes sur un coin de trottoir n'est pas illégal. Un peu plus loin, un clochard ramasse ses affaires. Il doit trouver une autre place, le filon est tari.

– En attendant, poursuit le juge, les avocats vont vite mettre la procédure à mal. Aucun des faits mentionnés dans le cadre de la commission rogatoire n'a été avéré… N'est-ce pas, madame Guérin ?

L'avocate du squat sourit.

– Ça ne devrait pas être trop dur…

Frédérique intervient :

– Oh, on se calme : Squad doit nous expliquer pourquoi il a couru vers la planque où le témoin a vu que de la drogue était stockée. Les chiottes ne sont pas dans ce couloir, je précise. Et puis on a la gamine.

– Quelle gamine ?

– Suzanne Veyssière.

– La fille du P.-D.G. de la Française de Maçonnerie ?

– À moins qu'elle ait beaucoup d'homonymes en ville, oui.

– Et qu'est-ce qu'elle foutait là ?

– La bonne question c'est : qu'est-ce qu'elle foutait là avec dix grammes de coke sur elle ? Et ils étaient sept ou huit à avoir un ou deux grammes dans les poches. Désolée, madame Guérin, mais il y a là de quoi établir qu'il y a revente, deal, voire trafic…

– Ça m'est égal. Cette personne n'est pas ma cliente et elle n'habite pas le squat. Sa présence va peut-être même disculper complètement le mien, de client.

Frédérique hausse les épaules.

– Possible. Moi, ça me suffit pour la coller en garde à vue et justifier la descente.

Le juge tique.

– Elle a quel âge ?

– Dix-sept ans.

– Mineure. Vous devez prévenir les parents et le procureur de la République.

– Je connais la procédure.

– Je n'en doute pas, mais vous avez intérêt à vous magner de l'interroger, la petite, parce que Jean Bernardin, le proc', est un bon ami des familles Veyssière et Caspiani. M'est avis que sitôt informé, il va faire lever la garde à vue…

Le juge regarde sa montre.

– 21 heures… Théoriquement, c'est la pause judiciaire nocturne. Avec un peu de chance, il est au cinéma ou à l'opéra et il a envie d'oublier un peu son boulot. Ça vous laisse deux ou trois heures.

– Je file.

***

Kofi et Simon écoutent sans broncher le rapport des deux jeunes vigiles. Ils sont restés jusqu'au départ de la police afin de glaner un maximum d'informations. Il y a de quoi reconstituer le film, mais le scénario reste étrange. Bien que prévenu à temps, Squad n'a pas pu faire disparaître la coke parce que des flics l'attendaient dans le couloir. Ces flics ont donc été prévenus par quelqu'un. Néanmoins, le fil a été coupé et la coke s'est volatilisée. Ça ne peut pas être l'informateur des flics. C'est donc une tierce personne, elle aussi au jus.

À la fin de l'exposé, Simon peste :

– Est-ce qu'il y a dans cette ville quelqu'un qui n'est pas au courant que dix kilos de poudre pendaient dans le vide au-dessus d'une rivière d'égout ?

Kofi se tourne vers les deux jeunes et leur tend un billet.

– Rentrez chez vous et ne sortez plus de la cité. Mais avant, faites le tour, dites à tout le monde que demain, on ferme la boutique jusqu'à nouvel ordre. On ne vend plus rien à personne, même aux clients les plus fidèles. Et on ne donne aucune explication. Le shit ? On connaît pas. On n'a jamais connu. C'est clair ?

– Limpide.

– Filez.

Kofi s'assoit dans le canapé et passe longuement la paume de sa main sur son crâne lisse.

– Cet enculé de Deurthe nous a fait monter une souricière. Je ne vois pas autre chose.

– Et un truc a dérapé.

– Oui. Mais quoi ? Il va falloir qu'on sache. La blanche n'a peut-être même pas fini à la baille... Il aurait mieux valu que la souricière fonctionne parce que maintenant, les flics ont de quoi établir qu'il y a un trafic de cocaïne sur la ville et ils vont tout retourner... Faut trouver Fred et lui dire de ne rien sortir de chez sa copine. Faut stopper le lycéen, aussi. On arrête tout et on observe. Je déteste ne pas avoir les cartes en main. On va être là, comme des cons, à attendre de voir si on se fait couper la tête ou non.

– Y a quand même une chose qu'on peut faire.

– Vas-y...

– Mettre la main sur Deurthe.

***

Suzanne est terrifiée. Seule dans le petit bureau où on l'a fait s'asseoir, elle se demande pourquoi elle a fait ça. Pourquoi elle a grimpé dans la cache pour ponctionner quinze sachets d'un gramme de cocaïne... Voulait-elle prouver à Fred qu'elle était capable de le faire ? Voulait-elle se le prouver à elle-même ? Quelle connerie. Elle s'imaginait lui tendre fièrement le paquet d'argent qu'elle aurait récolté sans rien en prélever. Lui dire « c'est bon, j'ai gagné ta journée, payons-nous du bon temps, faisons une virée à moto, allons jusqu'à la mer ; au mois de juin, il commence à faire bon sur la côte ». L'avoir des heures entières tout à elle. Elle plonge sa figure dans ses mains encore menottées, totalement angoissée par ce temps qui passe obstinément et qu'on ne peut jamais remonter. Deux heures, mon Dieu, deux heures en arrière. Je remets la drogue à sa place et je reviens au squat et les flics font leur descente et comme ils n'ont rien contre moi, ils me laissent partir, et j'appelle Fred pour lui raconter la descente et Fred vient et il me prend dans ses bras pour me consoler alors que je n'ai pas eu peur mais c'est égal, je ferais n'importe quoi pour qu'il me prenne dans ses bras… Et ça n'arrivera plus jamais. Il lui en voudra à mort, maintenant. Et il ne la prendra plus jamais dans ses bras. C'est sûr…

Enfin la porte s'ouvre. Une femme flic entre. Lui retire les menottes. S'assoit en face d'elle. Jette sur la table un carnet et un stylo. Soupire profondément. Se présente.

– Capitaine Frédérique Hartmann.

Et attaque.

– Je vais être très claire. Plus tu nous feras perdre du temps, plus les années de prison s'ajouteront les unes aux autres… Ne me regarde pas comme ça. Tu t'attendais à quoi ? Les doses trouvées sur toi sont largement supérieures à ce qu'on pourrait considérer avec indulgence comme une quantité destiné à ta consommation personnelle. Indulgence qui n'a rien d'obligé, note bien. Tu connais la loi ?

Suzanne ne répond pas. Frédérique chausse une paire de lunettes et lit un article sur son téléphone :

– Article 222-37 du code pénal : « Le transport, la détention, l'offre, la cession, l'acquisition ou l'emploi illicites de stupéfiants sont punis de dix ans d'emprisonnement et de 750 000 euros d'amende. » (Elle retire ses lunettes.) Tu comprends ?

Suzanne hoche la tête en silence.

– Je veux t'entendre !

– Je comprends.

– Un gramme, on peut éventuellement fermer les yeux. Mais dix… Bon, retire tes lacets, ta ceinture si tu en as une, vide toutes tes poches. Je notifie ta garde à vue à compter de maintenant. Et même si tu es mineure, tu as plus de seize ans. Dans une affaire de trafic de drogue, je peux te garder soixante-douze heures. Toi comme moi, on n'a aucun intérêt à aller jusque-là… Voici la question : à qui as-tu acheté cette cocaïne ?

Suzanne conserve le silence. Le silence, ne pas lâcher un mot, ne même pas entrouvrir les lèvres, voilà tout ce qui lui reste pour redorer un peu son blason aux yeux de Fred.

– Note que tu ne l'as peut-être même pas achetée. Tu es peut-être une vraie dealeuse… Tu as vendu combien de sachets de coke… Quatre ? Cinq ? Et tu te prends déjà pour un caïd ? Tu es seule, Suzanne. Complètement seule.

Frédérique ne lui dit pas que la loi l'obligeant à prévenir ses parents, l'officier de police s'est exécutée. Un avocat ne devrait pas tarder à venir constater la bonne tenue de la garde à vue. Quant au procureur, elle s'est bien gardée de l'appeler : elle lui a envoyé un fax… tant mieux s'il ne le découvre que demain matin ! Frédérique pense que Suzanne craquera vers 4 heures du matin, heure de terrible solitude. Dans sept petites heures. Mais elle peut se tromper. Elle se trompe souvent.

***

Le dîner n'en finit pas. Corinne s'ennuie plus que de raison. C'est le problème de l'entre-soi. Les années passant, les choses qu'on a déjà entendues mille fois, on les entend dix mille autres fois. La politique laxiste du gouvernement, son manque de courage pour entreprendre « les réformes nécessaires », l'éreintement des patrons qui croulent sous de nouvelles charges et de nouveaux règlements, à tel point qu'ils ne peuvent plus joindre les deux bouts… Depuis trente ans qu'elle entend la même rengaine, Corinne pense que théoriquement, elle et tous les convives présents devraient être dans l'incapacité de se payer une table à 80 euros le couvert. Si la France est l'étalon mondial du pays en ruine, alors le monde ne se porte pas si mal… Enfin le dessert arrive. Et le café. L'homme pose sa main sur la sienne et lui sourit. Le geste semble totalement incongru à Corinne. Incongru et déplacé. Elle pique un fard, ôte sa main et se tourne vers Jean. Comme une coupable qui viendrait implorer le pardon de son maître. D'une façon ou d'une autre, la femme se sent toujours coupable d'un outrage qu'elle subit. À la vue de la petite ride verticale qui apparaît entre les deux sourcils de son mari, Corinne comprend que dans la situation présente, c'est son geste à elle qui est déplacé. Toute cette normalité consensuelle lui a fait oublier le jeu. Elle se ressaisit, se concentre. Fait rapidement défiler la panoplie de personnages qu'un homme attend de voir interprétés par une femme. Opte pour le regard coulé par en dessous, un peu honteux et rehaussé d'un sourire timide. Une mèche de cheveux vient barrer son visage. Elle l'écarte d'une main hésitante, tandis qu'elle pose son autre main sur celle de l'homme. L'image d'une jeune femme effarouchée au soir de son mariage, qui craint la domination du mâle autant qu'elle l'appelle de tous ses vœux, ça devrait lui plaire, à son partenaire du soir. En quelque sorte, il va déflorer une pucelle. La panacée du baiseur. Elle voudrait en finir vite, maintenant – pourvu que son partenaire ne soit pas de ce genre à faire durer les préliminaires, ou mieux encore, qu'il soit un éjaculateur précoce. Se taper le mocheton, dormir et rentrer chez elle. Pour le petit déjeuner, genre débriefing de la nuit, Jean pourra aller se rhabiller. La comédie a déjà assez duré. Ah si seulement, comme à son habitude, comme les soirs où ils vont à l'opéra, ou dîner chez des amis, ou rendre visite à leurs parents, oui si seulement comme partout, comme toujours, Jean avait pris son téléphone et que ce maudit engin avait sonné... Mais non, exceptionnellement, pour elle, pour eux, pour leur couple, il avait solennellement déclaré que ce soir, on pouvait assassiner qui on voulait, la justice se passerait de lui. Et après avoir éteint son appareil, il l'avait abandonné sur le lavabo de leur salle de bains. Et évidemment, il n'avait dit ni au commissaire, ni au juge d'instruction, ni à personne où il était. Touchante et désespérante attention. Rien ne peut venir sauver Corinne.

***

Élise commence à penser que Khaled avait raison. Debbie est trop impulsive. Que faire de ces dix kilos de coke ? Huit kilos et cinq cent quarante-trois grammes, plus exactement. Elle a pesé en rentrant. Le paquet est posé sur la table de la cuisine, maintenant. Marc va arriver dans deux heures. Il faut qu'il la trouve au lit, en train de dormir... Et lavée ! Vraiment, parfois, elle se comporte comme une gosse. Impliquer la mairie, ce serait bien sûr une bonne idée, mais le problème, c'est de trouver une mise en scène crédible. Pas un scénario du genre : « une femme de ménage découvre dix kilos de cocaïne dans le bureau du maire ». Élise met de l'eau à bouillir et jette un sachet de camomille dans une tasse. Le point de jonction, c'est le mercenaire. Deurthe. L'idéal serait que les flics découvrent la drogue dans le coffre de sa voiture. Elle verse l'eau bouillante dans la tasse. Mais *un*, il faut parvenir à la déposer là, *deux*, il faut trouver le moyen de mettre les flics sur sa piste sans hurler une seconde fois au loup. Trouver la voiture de Deurthe, ce n'est pas vraiment un problème. La moitié du temps, il est fourré à la mairie. Mais la déverrouiller, c'est une autre paire de manches. À moins qu'elle ne fasse diversion pendant que Khaled s'empare des clés de Deurthe, descende à la voiture, y place la drogue et revienne mettre les clés à leur place. Elle pourrait dire au mercenaire qu'elle a réfléchi, qu'elle attend un enfant et qu'avec tout ce qui se passe dans le quartier, elle se rend à ses arguments : il est plus raisonnable qu'elle vende sa maison et parte à la recherche d'un coin plus tranquille. Le temps d'expliquer tout ça, de discuter du prix, de conclure après mille hésitations en disant qu'elle va encore se laisser un peu de temps pour prendre sa décision – et de toute façon il faut qu'elle en parle à son compagnon –, ça laisse un quart d'heure, vingt minutes de marge à Khaled… Restera à prévenir les flics mais ça, Khaled pourra aussi s'en charger. Il suffit qu'il affranchisse sa nouvelle copine. Mouais… En attendant, la drogue ne peut pas rester là. L'appartement n'est pas si grand et Marc pourrait mettre la main dessus. Élise remet le paquet dans son sac à dos et sort. La seule idée qui lui est venue, c'est la maison cramée à deux pas de chez elle Plus personne n'y met les pieds. Elle descend précautionneusement à la cave. Tout est noir de suie. Heureusement qu'elle n'a pas encore pris sa douche. Le faisceau de sa lampe torche s'arrête sur un tas de charbon. Énergie à combustion lente. Si lente que toute la maison aurait pu brûler avant que le tas ait disparu. Les pompiers l'ont, comme le reste, copieusement arrosé. Avant l'arrivée du gaz de ville, la maison d'Élise était elle aussi chauffée au charbon. Gamine, elle aimait l'odeur du cageot enflammé dans la fraîcheur du matin, pour rallumer le feu. Elle aimait aussi les gerbes d'étincelles qui sortaient du poêle quand son père ou sa mère fouaillait dans les braises avec un tisonnier. Ces souvenirs à leur manière poétiques et sensuels sont maintenant entachés d'une forme de culpabilité latente. Tout ce qui enfant la réchauffait, aujourd'hui consume le monde. Élise écarte les boulets à pleines mains – la douche va-t-elle vraiment suffire pour effacer toutes ces traces ? –, dispose le paquet de cocaïne à même le sol et replace les boulets. Le tas semble un peu plus gros, mais personne n'est allé le mesurer, à ce qu'elle sache. Maintenant, elle se sent franchement fatiguée. Vite une douche, vite son lit. Elle ressort de la maison, marche à grands pas jusque chez elle, grimpe les escaliers quatre à quatre, et voit avec surprise la porte s'ouvrir avant qu'elle ait posé la main sur la clenche.

– Mais où t'étais passée ? Et pourquoi t'es toute noire ? demande Marc.

***

– Non, Richard, ne viens pas me dire que c'est pas la merde ! Le préfet ne se laissera jamais convaincre de faire procéder à l'évacuation du squat uniquement parce que des consommateurs de cocaïne y ont été arrêtés… Lors du déroulement d'une fête privée, je te rappelle…

– J'entends bien. Mais je te dis que ce n'est pas fini. Je sais qui a…

Téléphone. Caspiani jette un œil à l'écran.

– Deux minutes, je prends, c'est François… Oui… Quoi ? Mais qu'est-ce qu'elle foutait là ?… Oui, je vais voir ce que je peux faire, mais pas grand-chose à mon avis…

Il raccroche.

– La fille de François s'est fait pincer au squat. Elle est en garde à vue et elle risque d'être mise en examen pour détention et revente de stupéfiants. Elle avait plusieurs grammes de coke sur elle. La seule personne susceptible de faire lever la garde à vue, c'est le procureur… Jean Bernardin est un ami, je vais essayer de le joindre

Il compose un numéro sur son téléphone.

– Attends, je te dis. La drogue, je sais où elle est. Il suffit que je…

– Non, non. Moi, je ne veux pas savoir. J'ai compris les grandes lignes, ça me suffit. Si tu penses qu'il y a quelque chose à faire, fais-le. Mais fais-le vite ! Le navire prend l'eau de toutes parts et je n'ai pas l'intention de couler avec. Le premier rat qui fout le camp, je le suis...

– Des rats, toujours des rats...

– Ah, ça décroche. Allô ? Corinne ?... Merde, c'est leur répondeur. Monsieur le procureur et sa femme sont de sortie...

Il tente de joindre Bernardin sur son portable, mais en vain.

– C'est bien le jour ! Cette fois, c'est complètement mort. Si Veyssière est trempé, toute l'opération tombe à l'eau. Même nous, on va avoir intérêt à ce que cette affaire ne s'ébruite pas dans la presse ! Tu parles d'une réussite... Tu disais quoi, sur les rats ?

– Rien. Je file.

***

Depuis son appartement du cinquième étage de la tour Hiver, Isham regarde la lumière allumée au dixième, dans la tour Été. « Oh oui Kofi, pense-t-il, la nuit va être longue... plus longue que tu ne l'imagines ! » Il finit de boire son thé à la menthe et embrasse sa femme dans les cheveux. Elle est si belle et c'est si bon de la voir sans voile. Et c'est encore meilleur de se dire qu'il n'y a que lui qui a droit à ce spectacle. Il est le seul homme au monde à voir la beauté de Melinda, et elle-même ne peut voir cette beauté se refléter que dans ses yeux à lui. C'est une situation parfaite pour que l'amour s'épanouisse sans entraves, sans doute, sans tentations. Isham ne comprend pas que tous les hommes ne soient pas convaincus de la suprématie de ce dispositif qui magnifie et glorifie comme aucun autre la beauté féminine. Il quitte sa femme à regret, sort de l'appartement et descend au sous-sol, dans sa cave. Certains de ses acolytes sont déjà là, d'autres arrivent derrière lui. Ils commencent la séance par une prière. Puis Isham ouvre les caisses en bois et en sort des kalachnikovs et des munitions, qu'il distribue alentour.

– J'attends un coup de fil. C'est sûrement pour cette nuit, au plus tard demain matin. Nous devons nous tenir prêts.

***

Frédérique, exaspérée, n'est pas loin d'en mettre une à Suzanne. La gamine, une fois revenue de la panique des premiers instants, s'est réfugiée dans ce qu'elle pense être son bon droit. Nourrie au sein des séries américaines, elle répète en boucle qu'elle attend le retour de son avocat et qu'elle ne parlera qu'en sa présence. Mais ici, c'est la France. L'avocat est venu constater les conditions de la garde à vue et Suzanne ne le reverra plus avant d'être sortie du commissariat, soit pour rentrer chez elle, soit pour aller en détention. Là, évidemment, il faut plutôt envisager la détention… Quand elle sort de la salle d'interrogatoire, Frédérique tombe sur le commissaire. Chaussures impeccablement cirées, costume deux pièces clair, cravate indigo, l'homme sort manifestement d'un dîner ou d'un spectacle qu'il a dû abandonner en cours de route, ce qui le rend plutôt grincheux. Doté d'un humour particulier, il répond à une question que n'a pas posée Frédérique.

– Oui, la pièce était très bien, merci. Les trois premiers quarts, tout du moins… Jusqu'à ce que je doive répondre au préfet, qui m'a appelé sur mon numéro personnel. François Veyssière est un ami de Caspiani, qui lui-même est un ami du préfet en question. Or il apparaîtrait que vous détenez la fille de ce monsieur Veyssière en garde à vue, suite à une descente à laquelle vous avez procédé sur la base d'une fausse information…

– Pardon monsieur, c'est plus compliqué que ça. L'information était vraie, elle a été vérifiée, mais entre-temps, les preuves ont disparu. En revanche, la petite jeune fille avait dix grammes de coke sur elle. On peut donc raisonnablement la suspecter de trafic.

– Que dit le juge d'instruction ?

– Pour lui, ça roule.

– Et le procureur ?

– On lui a envoyé un fax.

– Un fax ? À son bureau ?

– La loi exige qu'il soit informé par un document écrit…

– Ça va, je sais ! Mais vous l'avez aussi appelé ?

– La loi ne le stip…

– Hartmann, ne me faites pas chier. Appelez-le.

– Monsieur, on peut obtenir des informations capitales sur un trafic qui semble se mettre en place dans notre ville. La môme va finir par craquer. Je ne gâcherai pas mes chances. Appelez-le, vous, si vous voulez.

– Très bien, je vais le faire. Mais on en reparlera.

– Quand vous voulez !

Elle tourne les talons et sort sur le trottoir fumer une cigarette. Il faut qu'elle trouve un truc pour faire craquer Suzanne. La môme s'est mis en tête que dix grammes, franchement, un juge n'allait pas l'emmerder pour ça, et le pire, c'est qu'elle n'a pas forcément tort. Squad, de son côté, nie tout en bloc. Et dans son cas, on n'a carrément rien trouvé sur lui. Pourquoi s'est-il rué dans le couloir ? Réponse facile : entre les Noirs et les flics, c'est pas le grand amour, alors s'il pouvait éviter de se prendre une matraque dans le cul… facile mais hélas recevable. On parle des dégâts commis par les bavures. Mais les dégâts collatéraux sont eux aussi considérables. Bientôt, ils ne pourront plus tenter que le coup classique : relâcher le dealer et le filocher en espérant qu'il contacte sa hiérarchie. De fait, lui aussi doit se demander où elle a disparu, cette coke, et il pourrait bien avoir des comptes à rendre… Tiens, voilà un bout par où le prendre. Frédérique jette son mégot et entre dans le commissariat d'un bon pas.

***

Oui, une photo peut faire bouger des lignes. Simplement parce qu'elle atteste de l'existence d'une chose, à un moment donné. Même si on est là très loin de l'idéal qui a poussé Khaled à courir le monde. Une photo, pour lui, c'était un regard. Et c'était ce regard qui faisait le lien entre le sujet de la photo et celui qui regardait la photo. Un regard qui ne se contente pas de témoigner, mais qui souligne, met en scène, interprète. Un regard qui dit qu'à un moment donné, un homme est toujours là, debout, pour toiser l'horreur, et qu'il n'est donc pas d'horreur qui ne soit à dimension humaine. Et dès lors, l'humain, s'il ne se détourne pas, peut arriver à bout de cette horreur… Khaled ne croit plus à cela. Il ne fait plus que des photos sans regard. Ceci est un conseil municipal. Ceci est un mariage. Ceci est une remise de prix. Des photos qui montrent du monde ce qu'on en connaît déjà, en respectant la mise en scène que ce monde fait de lui-même. Ceci est un paquet de drogue, ça reste de la photo dépourvue de regard, mais c'est déjà plus intéressant. Le cliché est à l'image de ceux que prennent les policiers pour montrer leur butin après une saisie. On sent qu'on est après la bataille. Il n'y a plus de mouvement. Tout est posé. On n'est pas à un moment de l'histoire. On est à la fin. Quand il n'y a plus de doute. Khaled hésite encore. Il voudrait vraiment faire quelque chose pour Frédérique. Ou il aimerait vraiment la revoir. Les deux, probablement. Il va de soi que s'il veut faire quelque chose pour elle, c'est parce qu'il veut tisser un lien, rajouter un épisode à une histoire qu'il aimerait voir s'enclencher, et pas seulement hoqueter de croisements fortuits en rencontres utiles. Ça fait des années qu'il n'a pas ressenti quelque chose comme ça. Même sexuellement. Ce n'est pas compliqué, depuis des années, il ne ressent rien d'autre que ces montées d'angoisse qu'il apaise, ou plutôt qu'il noie sous l'alcool. Mais il doit être prudent. Ne pas impliquer Élise. Encore qu'elle mériterait une bonne leçon. Récupérer la drogue pour tenter d'impliquer directement les responsables de cette cabale… N'importe quoi. Même si Khaled doit bien reconnaître que pour que les choses bougent vraiment, il faut en général se lancer dans des entreprises pour le moins téméraires. De là à ce qu'elles soient irréfléchies… Bon, il faut oser, osons. Il vide le verre qu'il s'était servi et va se brosser les dents avec un dentifrice fortement chargé en menthol. Il ne peut pas transformer son haleine mais il peut la masquer. Il va ensuite fouiller dans les cartons qu'il a entreposés dans sa cave. La recherche lui prend du temps. Il essaye de ne pas s'arrêter sur chacun des objets qu'il saisit et qui tous le renvoient à son passé. Il transpire. S'il ne trouve pas vite, il va tout laisser tomber. Il le sait. Le courage est une notion qui l'a abandonné depuis longtemps. Notamment parce qu'il ne sait plus être convaincu bien longtemps de la nécessité qu'il y a à conduire une action jusqu'à son terme, quelle que soit cette action. Il s'énerve, remue les cartons avec de moins en moins de précaution, grogne, et dans un mouvement de rage, fait tomber toute une colonne. Deux, trois cartons explosent en touchant le sol. Des livres de photos glissent dans la poussière. Enfin il a trouvé ce qu'il cherche. Il remonte dans son appartement, hésite à prendre une douche, renonce. Puis il glisse les photos qu'il a imprimées dans l'un des deux livres qu'il a dénichés dans sa cave et met le tout dans une sacoche. Pour se dégriser un peu, il décide de se rendre à pied au commissariat.

***

Sauf ce soir, depuis que la boulangerie est ouverte, Odette dort. Pas longtemps, cinq ou six heures par nuit, mais d'un bon sommeil. Parce qu'elle est fatiguée, mais aussi parce qu'elle sait qu'elle a fait quelque chose de sa journée.

Quelque chose pour elle, quelque chose pour la communauté et quelque chose pour des individus particuliers, comme Brahim. Ainsi a-t-elle satisfait aux trois aspirations essentielles de l'être humain : se satisfaire, exister aux yeux de la société, combler un être cher. Brahim compte beaucoup pour elle, aujourd'hui. Pas comme un fils qu'elle n'aurait pas eu ou une connerie de ce genre. Un fils, elle en a eu un. Deux, même. Et deux filles. Tous vivent leur vie. Elle les voit de temps en temps. Mais elle sait bien qu'elle n'a plus beaucoup d'importance à leurs yeux aujourd'hui.

Que les liens entre elle et ses bébés se soient distendus à ce point, elle peine encore à le croire. Si on ne peut pas souhaiter que le rapport de dépendance d'un enfant vis-à-vis de sa mère reste celui du bébé qui vient de naître – un rapport de dépendance total, absolu : sans sa mère, l'enfant meurt –, on se prend parfois à le regretter. Un peu plus tard, l'enfant ne peut pas s'imaginer vivre sans sa mère. Mais déjà, on n'est plus dans le domaine du réel : si la mère disparaît, de fait, l'enfant survit, puis vit. OK, on peut l'accepter aussi. Même si ça fait un peu plus mal. Mais de voir l'immense territoire dont on était la reine réduit à une peau de chagrin, un mouchoir oublié dans le fond d'une poche, c'est inconcevable. Et ce n'est pourtant pas fini. Le mouchoir, effiloché, ne sera un jour plus qu'un fil auquel on n'essaye même plus de s'accrocher. Le rapport s'est inversé. L'enfant est devenu le roi et sa mère est son royaume. Qu'à cela ne tienne, pourquoi pas ? Vas-y, mon fils, viens te repaître, laboure-moi, mange ce que tu veux… mais non, l'enfant n'en veut pas, de ce territoire, il veut découvrir d'autres terres, se fabriquer d'autres mondes. Bon, alors passons à autre chose… Hélas, il est bien tard pour se retourner et se demander ce qu'il nous reste à vivre.

Ce n'est pas l'histoire de toutes les mères, mais Odette en a croisé plus d'une comme elle. Oh, on n'en parle pas vraiment en ces termes. On se contente d'expressions toutes faites.

La langue nous en offre une telle quantité qu'on n'a que l'embarras du choix. Et puis de fait, on a d'autres chats à fouetter. Il y a un réel problème de survie. Enfiler les jours n'a pas vraiment de sens mais ne pas les enfiler en a encore moins. Alors on s'occupe. Le terme d'occupation et ses dérivés sont de ceux qui reviennent le plus souvent. « Ça m'occupe », « j'ai trouvé à m'occuper », « on croit qu'on va s'ennuyer mais c'est pas l'occupation qui manque »... Arrivée à la retraite, Odette s'est assez peu occupée. Tous les jours, elle se demandait : « C'est quoi, vivre ? » La question a été violemment ravivée par la mort de son mari. Quand on s'installe à une terrasse au soleil et qu'on boit un café en compagnie de l'homme avec qui on a partagé quarante ans d'existence, on ne se demande pas ce que c'est que la vie. On sait que c'est là tout ce qu'elle peut nous offrir de mieux, et c'est déjà tellement. Mais quand cet homme disparaît à son tour, et lui de manière définitive, il ne reste plus que la question. Et un jour, la réponse est arrivée. Grâce à Brahim.

Vivre, c'est se lever à 4 heures du matin pour aller faire le pain.

Au début, Odette ne pensait pas mettre la main à la pâte – c'est vraiment le cas de le dire –, mais très vite, elle a demandé à Brahim de lui apprendre. De toute façon, elle était réveillée. Elle fait les choses à sa vitesse, de manière à profiter de toutes les sensations qui s'offrent à elle. Le toucher des matières, l'odeur, la vue... à travers la boulangerie, elle a redécouvert une chose qu'elle avait oubliée depuis longtemps : la sensualité. Et elle pense aujourd'hui qu'il ne pouvait rien lui arriver de mieux.

Le soir, ils ferment à 19 h 30. À 18 heures, Brahim a terminé de ranger et nettoyer la cuisine. Un jour sur deux, il tient la boutique et Odette part préparer le dîner. Le jour suivant, ils font l'inverse. Ils ne se parlent pas beaucoup, juste un secret de temps en temps, qu'ils prennent le temps de savourer avant d'en découvrir – ou d'en dévoiler – un autre. L'un et l'autre ne craignent plus le lendemain. Ils ne se demandent plus, chacun à sa manière, s'ils y survivront.

Sauf ce soir, où cette histoire de descente les tétanise.

***

– On n'est pas aux États-Unis, mais il faut que tu comprennes bien un truc, Squad : le Noir de la bande, c'est toi. Le type chez qui on a trouvé tous ces gens en train de se bourrer le pif, c'est toi. Celui qui s'est barré en courant dès qu'on a montré le bout de notre nez, c'est toi… La nuit n'est pas finie, Squad. On est en train de réunir certains éléments… mais en attendant, toi, tu dois bien te poser la question de savoir où elle est passée, cette drogue.

– Bien sûr que non, puisque y en a jamais eu.

– Bonne nouvelle pour toi. Parce que, dans le cas contraire, t'imagines les questions que se poseraient les types qui t'auraient confié la marchandise ? Moi, je serais eux, j'aurais vite fait le calcul. Si la drogue n'est pas là quand les flics se pointent, c'est qu'elle est ailleurs. Et si elle est ailleurs, c'est que le gars qui tient la boutique l'a mise ailleurs. Pas de problème, si ça se trouve, il a juste bien joué le coup. Il a trouvé un truc pour éviter de paumer tout le bazar dans les égouts et il n'a pas eu le temps de nous en parler. Dès qu'il sort de chez les keufs on lui pose la question et tout rentre dans l'ordre !

– Mais puisque je vous dis que…

– Arrête avec ça ! Bernard Salmon l'a vue, mes hommes l'ont vue… On sait que la came était là.

– Dommage pour vous que personne n'ait pris de photo…

– Tu te goures. On attend juste que la preuve soit recevable.

N'importe quoi, pense Frédérique. Comme si, en garde à vue, on n'exhibait que des preuves recevables au procès.

De fait, l'un de ses hommes a tenté de prendre une photo avec son téléphone mais il faisait trop sombre. Et il n'avait pas un de ces téléphones dernier cri équipés de flash. Quant à s'équiper d'un appareil avant de descendre, personne n'y a pensé parce que la souricière était parfaite. Oh, ils l'auraient peut-être fait si ça avait été simple, si la brigade avait possédé un appareil, par exemple… mais il y a toujours un moment où une coupe budgétaire prend tout son sens sur le terrain. Aujourd'hui, les flics abandonnent des filatures parce qu'il n'y a plus d'essence dans leur réservoir. Ils l'ont bien rempli de temps à autre sur leurs propres deniers mais il y a une limite à tout. Et cette limite est atteinte depuis longtemps.

Frédérique se lève :

– Je te laisse réfléchir. Souviens-toi que si tu craques avant qu'on croule sous les preuves, tu as des chances de t'en sortir. Après, il sera trop tard.

– C'est ça !

Squad n'en revient toujours pas de ce que la drogue a disparu. D'un côté c'est bon pour lui. De l'autre, c'est sûr que tôt ou tard, il va y avoir un problème. Pour l'instant, tout ce qu'il peut faire, c'est nier tout en bloc. À chaque heure son problème…

Frédérique toque à la porte. Un gardien de la paix l'ouvre avec une telle célérité qu'elle a un mouvement de recul. Le gardien lui sourit.

– Excusez-moi, je venais justement vous chercher.

Frédérique sort et referme la porte derrière elle.

– Quelqu'un veut vous voir. Un monsieur Koskeïa.

– Ah ? Il est à l'acceuil ?

– Non. Il est dehors… Il dit que de toute façon vous sortirez fumer… et que c'est personnel.

– Personnel ? Bon… (Elle désigne du pouce la porte de la salle d'interrogatoire.) Ramenez-le à sa cellule.

***

Frédérique passe par son bureau pour prendre son blouson et ses cigarettes. Il tombe bien, Khaled. Ça va lui changer les idées de le voir. Il a un charme indéniable, cet homme. Et ses images… peut-être vient-il s'excuser pour l'autre jour. Il aurait tort, elle ne lui en veut pas. Manifestement, ces livres de photos le ramènent à une époque aujourd'hui révolue et dont il ne veut plus entendre parler. Quand un homme a connu un tel parcours, réalisé de telles images, et qu'il se retrouve à Larmon, France, pour prendre des photos de conseils municipaux ou de réunions du troisième âge, c'est qu'il y a eu un problème. Il l'attend au bas des marches du commissariat. Dès qu'elle le voit, elle ne peut pas s'empêcher de sourire.

– Vous ne dormez pas, la nuit ?

– Mal, en général, mais ça dépend des nuits. Celle-ci est particulière.

Elle sort son paquet de cigarettes.

– Vous en voulez une ?

– Pourquoi pas ? Il paraît que c'est un bon anxiolytique.

Elle allume leurs cigarettes et regarde ailleurs, un peu gênée.

– L'angoisse, ça peut être une bonne excuse, pour ma goujaterie de l'autre jour ?

– Votre *goujaterie* ? Ça se dit encore, ce genre de chose ?

– Il n'y a guère que les étrangers pour sauver certains mots de l'oubli…

– Vous êtes étranger ?

– En partie. Mon père l'était.

Frédérique tire une dernière bouffée de sa cigarette, l'écrase sur son talon et met le mégot dans sa poche.

– Il faut que j'y aille. Merci pour ce petit moment de conversation mais ce n'était pas la peine de vous excuser. C'est peut-être prétentieux de ma part, mais je n'ai pas pris votre attitude contre moi… Arrivé à un certain âge, toutes les vies sont compliquées.

– Ce n'est pas prétentieux : vous avez tout à fait raison. Sur les deux questions… Mais s'il vous plaît, accordez-moi encore un instant, je ne suis pas venu que pour ça.

Presque docilement, elle croise les bras et attend. Khaled respire un grand coup.

– J'espère ne pas venir trop tard mais j'ai hésité… Si j'ai bien compris, vous n'avez rien trouvé au squat et du coup, vous êtes un peu dans la merde. J'ai quelque chose à vous montrer. Mais il ne faudrait pas que le squat soit impliqué.

Frédérique fronce les sourcils. L'introduction à elle seule suppose que la légalité va vite se trouver très à l'étroit dans leur entretien, voire qu'elle va en être éjectée. Khaled hausse les épaules, compréhensif.

– Oui, je crois deviner vos pensées, mais arrivé à un certain âge…

– Montrez-moi toujours.

Khaled plonge sa main dans la sacoche et, écartant les pages du livre pour mettre la main dessus, n'en extrait que les clichés. Il les tend à Frédérique.

– Voilà.

Elle les examine attentivement et se tourne vers Khaled.

– Aïe.

– Je m'en doute.

– Expliquez-moi.

– Cette photo a été prise par moi la veille de votre descente. Je ne vous dirai pas comment j'en suis arrivé à savoir que la coke était là, mais il est clair que cette opération visait à jeter un fort discrédit sur le squat. Si vous l'y aviez trouvée, la préfecture aurait eu la possibilité de faire évacuer le squat dans l'heure.

Frédérique allume une nouvelle cigarette en secouant la tête. Cette fois, elle n'en propose pas à Khaled. De toute évidence, elle fait tout ce qu'elle peut pour se retenir d'exploser. Sa voix en devient d'autant plus grave, presque sourde.

– Vous voulez dire que vous vous êtes emparé de la drogue et que vous l'avez planquée ailleurs ? Au mieux, c'est de la dissimulation de preuve. Vous êtes dingue ! Vous savez ce que vous risquez ?

– Plus probablement, quelqu'un a tranché le fil et les rats font la fête.

– Et évidemment, vous ne savez pas qui.

Khaled l'observe. Elle souffre qu'il lui mente et il souffre de lui mentir. Putains de dégâts collatéraux.

– Je suis sincèrement désolé de tout ça mais je suis vraiment venu pour vous aider.

– M'aider (petit rire sec) ! Après avoir tout foutu en l'air. Comment avez-vous pu me faire ça ?

– Mais c'était un coup monté, Frédérique ! Ça vous aurait amusée, d'être un petit soldat manipulé ?

– Parce que je ne le suis pas, là, peut-être ?

Khaled pousse un ixième profond soupir.

– Écoutez. Avant d'être là, cette drogue était ailleurs. Avec ces photos, vous avez une chance de faire peur à vos dealers. De les faire parler. Si vous me promettez de sauter l'étape squat dans le parcours de la cocaïne, ou tout au moins de disculper les habitants, je vous les laisse.

Frédérique le regarde. Longuement. Il y a dans ce regard ce qu'on trouve dans celui d'un enfant qui fouille dans votre âme pour essayer de comprendre pourquoi vous lui avez menti, pourquoi vous lui avez fait croire que le monde était un formidable terrain de jeu, alors qu'il lui apparaît de plus en plus que c'est un champ de ruines. Khaled se sent complètement démuni. Finalement, il n'aurait pas dû venir. Il a voulu aider Frédérique mais il lui a surtout révélé que si elle était dans une impasse, c'était de sa faute. C'est comme couler un bateau et arriver la bouche en cœur avec une bouée de sauvetage. Elle baisse les yeux et les pose sur les photos.

– La vie est compliquée mais on n'est pas obligé d'en rajouter des couches et des couches. Vous m'avez menti... Trompée aussi. C'est idiot mais je ne m'attendais pas du tout à ça de votre part. J'attendais... autre chose, je crois. Mais c'est de ma faute. Je ne vous connais pas.

– Ne le prenez pas comme ça. C'est cette situation...

– Dans une situation donnée, on fait des choix. Vous avez fait les vôtres.

Khaled baisse les yeux à son tour. Il plonge la main dans la sacoche et en ressort un livre de photos. Le même que celui que Frédérique voulait lui faire dédicacer. Il le lui tend.

– Je vous l'ai signé.

– Je vous remercie mais je n'en veux plus. Les photos, en revanche, je les garde. Concernant votre... comment appeler ça... disons votre *marché*, pour ne pas définitivement tout salir, je ne peux pas promettre de résultat, mais je peux vous assurer que je vais tout faire pour éviter que vos amis soient touchés. C'est vrai qu'ils ne m'intéressent pas... à l'exception de Squad, évidemment.

Elle tourne les talons. Khaled l'attrape par le bras.

– Attendez. Prenez le livre. Si jamais vous obtenez un résultat, comment expliquerez-vous à vos collègues que ça arrive juste après m'avoir vu ?

– C'est vrai qu'il faut en plus que j'évite de leur montrer les photos... On ne peut pas dire que vous avez débarqué dans ma vie pour la simplifier ! Et ça changera quoi, que je prenne ce livre ?

– J'ai dit à l'entrée que j'étais venu pour des raisons personnelles... Vous pourrez toujours dire que je suis venu vous apporter ce livre et que je n'ai rien à voir avec tout ça. En clair, que vous n'avez aucun élément nouveau en main mais que vous êtres la reine de l'interrogatoire.

– Ils sont enregistrés et filmés.

– On verra que vous montrez des photos, mais pas ce qu'elles représentent.

Frédérique hésite un instant. Puis elle prend le livre et y glisse les photos.

– Une dernière chose. Arrangez-vous pour que cette drogue réapparaisse. Sinon, tôt ou tard, vous allez avoir de gros ennuis.

– Je pense vraiment que le fil a été coupé.

À cet instant, Khaled en veut beaucoup à Élise, dont l'acte insensé l'oblige à rajouter du mensonge au mensonge.

– Vous raconterez ça aux trafiquants quand ils vous mettront la main dessus. Peut-être vous croiront-ils, peut-être vous demanderont-ils de rembourser… dans ce genre de situation la vérité est une notion très aléatoire : c'est eux qui décident où elle se trouve.

Khaled la regarde grimper les escaliers. Il ne peut s'empêcher de penser qu'elle a de belles fesses et trouve ça complètement déplacé.

***

Richard remonte son pantalon pendant que Florence s'essuie la bouche. Il n'est pas venu pour ça mais « une petite pipe, ça ne peut pas faire de mal », comme disent à peu près trois milliards de mâles sur terre. Une ombre passe dans les yeux de la fille. Ça commence à lui coûter cher, ses rêves de fonctionnaire. Qui aurait songé, il y a vingt ans, qu'une fille coucherait pour ça ? Et pourtant… Richard aborde le sujet :

– J'en ai reparlé à Jean-Charles, ça se précise, cette ouverture de poste !

Un sourire illumine immédiatement le visage de la jeune femme.

– C'est vrai ?

– Oui… ce n'est pas encore fait mais depuis la mise en place de la communauté de communes et la réorganisation de tous les services qui va avec, ça se dessine.

– Je croyais au contraire que le personnel sur l'ensemble du département allait s'en trouver réduit.

– Oui et non, ça dépend où, le territoire est plus vaste et surtout, il y a de nouvelles définitions de postes.

– T'es venu à minuit passé pour me parler de ça ?

– Non… mais je n'étais pas venu non plus pour qu'on se fasse des câlins. Dis-moi, Élise Santon, tu la connais ?

Comment ça, « on » ? pense Florence. Que je sache, JE lui ai fait une pipe et IL a joui. Elle laisse courir.

– Bien sûr que je la connais, elle bosse dans le bureau d'à côté.

– Et tu la trouves comment ?

– Sympa… C'est pour me parler d'elle que tu es venu ?

– Écoute, ce soir, c'est le bazar. Il y a eu une descente au squat, une histoire de trafic de drogue, et cette Élise Santon serait impliquée mais rien n'est prouvé.

– La police l'a arrêtée ?

– Non. C'est moi qui flaire un truc pas bon. Tu crois que ça pourrait être elle, Debbie ?

– La blogueuse ?

– Oui.

Florence réfléchit un instant.

– Pourquoi pas. Elle écrit bien, elle a accès à de nombreux dossiers, elle est dedans et dehors… Elle a insisté trois fois pour voir la maquette du futur quartier des Mines, mais elle s'est aussi beaucoup renseignée sur l'évolution des Saisons… Je ne sais pas, c'est peut-être simplement qu'elle met du cœur à l'ouvrage. Je l'aime bien. Je ne voudrais pas lui causer du tort sans savoir.

– Tu ne m'aides pas beaucoup… Tu le lis, le blog de Debbie ?

Florence rougit.

– Oui… je le trouve plutôt intéressant. Même si évidemment je ne partage pas sa vision des choses. Je voudrais bien t'aider plus mais…

– Tu sais qu'Élise Santon a déjà obtenu son CDI ?

Florence blanchit.

– C'est pas vrai ?

– Pourquoi je te mentirais ? Tu vas pouvoir le vérifier bientôt. Si tout continue d'aller bien pour elle, à la sortie du CDD, elle est embauchée.

– Mais c'est dégueulasse ! J'aurais pu le faire moi, en plus, son boulot.

– Tu pourrais toujours… Réfléchis bien.

Florence noircit. Elle ressent du dégoût. Des gens en dénoncent d'autres pour une cause, pour leur pays, pour leur croyance, pour sauver un être cher… elle ne va le faire que pour obtenir une chose à laquelle elle a droit. « Chacun a le devoir de travailler et le droit d'obtenir un emploi », Constitution de 1946. Son père le rabâche assez. En général, il enchaîne en disant que l'État ne respectant pas la Constitution, il faut soit changer d'État, soit changer de Constitution. Et il vide un nouveau verre…

– J'avoue que j'ai été agacée par cette nouvelle embauche. Et pas pour faire les petites mains, comme moi, mais pour effectuer un boulot intéressant. Alors j'ai voulu savoir ce qu'elle faisait vraiment, voir si c'était dans mes cordes… Dès qu'elle sortait, je me ruais sur son ordi. Je ne pense pas que pour s'occuper de la communication des activités culturelles, sportives et de loisirs, on ait besoin d'aller consulter le réseau des eaux usées, celui de l'alimentation en eau potable, le plan d'urbanisation, les contrats avec les entreprises, les prévisions de travaux, les préemptions effectuées, celles à venir…

– Eh bien tu vois, quand tu veux.

Florence lève les yeux sur Deurthe. Ils sont bientôt mouillés de larmes.

– Cette fois, il faut vraiment…

– Mais oui, ne t'inquiète pas. Si Élise tombe, tu auras sa place.

« Sauf que tout le monde sait que tu couches avec le maire, petite conne, et que si les courtisanes ont toujours été au plus près du pouvoir, sauf exception, on ne leur en a jamais confié les rênes. Tu ferais mieux d'essayer de monnayer un peu mieux tes dons dans le domaine sexuel, qui ne sont pas des moindres », pense Richard.

Mais il ne dit rien. Il sourit. Ou plutôt grimace. Et il sort sans ajouter un mot. Fini de jouer, maintenant. Il est temps de donner l'estocade. Demain, tout le monde souhaitera que le quartier soit rasé dans son entier, et Caspiani pourra y faire pousser ce qu'il veut. Richard, de son côté, ne s'éternisera pas dans le secteur. Avec un peu de chance, il va récupérer une partie de la marchandise. Il devra changer de ville. De pays sans doute. Ça lui est égal, il a fait ça toute sa vie. L'Espagne, pourquoi pas ? Barcelone. Là-bas, il trouvera bien quelqu'un à qui vendre quelques kilos de cocaïne.

***

Simon regarde Deurthe sortir de l'immeuble. C'est presque trop facile : il était évident qu'après le ramdam au squat, il y aurait réunion d'urgence à la mairie. Le passage chez la petite maîtresse est plus surprenant, mais pas encore assez pour que Kofi et Simon interviennent. Ils ne vont pas alpaguer Deurthe juste pour le plaisir. Ce n'est sûrement pas le genre de gars à parler sous la torture, et encore moins pour dénoncer des gens probablement dix fois plus dangereux que Kofi et Simon. Il faut juste qu'il les conduise sur une piste exploitable, leur permettant de démanteler ce qui doit l'être et de sauver ce qui peut l'être. Avant de le buter, ce qu'ils feront dans un second temps, bien entendu. Monter une souricière sur leur dos, ça mérite au moins ça.

***

Et soudain, le désastre se révèle à Suzanne. Dans la photo que lui présente le capitaine Hartmann, elle ne voit pas le stock de drogue qui pend attaché à sa plaque d'égout, elle voit le futur a minima confortable qui lui était promis se disloquer à jamais. Elle voit des choses dont elle ignore tout et qui seront peut-être encore pires que ce qu'elle imagine : des couloirs de prison, des millions d'heures d'ennui, des conflits à régler seule à seule, ou seule contre toutes, un ostracisme dû à ses origines – inversement proportionnel à ce que subissent les populations pauvres, et donc le plus souvent d'origine étrangère, dans le monde dit « libre » –, des viols à coups de bombe à laque, des vexations évitables par le seul versement de sommes toujours plus élevées, les gardes comme les détenues sachant que sa famille est fortunée, bref un mélange plus ou moins fantasmé de ce qu'elle a vu dans des séries (le plus souvent consacrées à l'univers carcéral masculin), en lieu et place d'un parcours un peu ennuyeux d'études pas forcément si inintéressantes, entrecoupé de vacances interminables mais solaires, de voyages à l'étranger, de soirées à se croire la reine du monde, d'expériences sexuelles, de tendres rencontres, d'amitiés trahies, de boulots garantis, d'une carrière déjà presque dessinée, bordée par une famille qui veillerait toujours au grain – si ce n'est par amour, tout au moins par respect de la loi absolue : conserver à la lignée sa dignité et son statut d'élite.

Alors elle abandonne. Et elle parle. Elle parle et elle demande pardon, comme si c'était au capitaine de police de lui accorder quelque absolution. Elle raconte Fred, la planque dans sa chambre, les soirs au squat, le rôle de Squad… mais elle précise qu'elle, elle n'a rien à voir avec tout ça. Elle était juste amoureuse. C'est un délit, l'amour ?

– Dans un sens oui, répond Frédérique, puisque seul ce qui est raisonnable entre dans le cadre de la loi, et qu'en aucun cas un véritable amour ne peut l'être.

– Vous me comprenez, alors ?

– Je te comprends, oui, mais ça n'empêche pas que tu as agi comme une petite conne.

– Qu'est-ce qui va m'arriver, maintenant ?

– Je te garde le temps qu'on vérifie la planque chez tes parents. Il va te falloir être un peu patiente. On ne pourra pas aller perquisitionner chez toi avant 6 heures.

– Pourquoi ?

– C'est comme ça, c'est la loi. Ensuite, je pense que ton témoignage et ta bonne volonté vont t'éviter de la prison ferme. Tu n'échapperas pas au sursis, bien entendu, et ton avocat devra se battre pour éviter l'inscription à ton casier judiciaire… (Frédérique fait la moue.)… c'est jouable.

– Mais si Fred apprend que j'ai parlé, qu'est-ce qu'il va me faire ?

– C'est le genre de question que tu aurais dû te poser avant de coucher avec lui. La seule chose que tu peux souhaiter, c'est qu'on ait assez d'éléments pour l'arrêter. Mais même dans ce cas-là, un jour, il sortira de prison. Quel sera son état d'esprit ? On paye toujours ses erreurs. C'est une règle assez dégueulasse et moralement méprisable, tellement elle est béni-oui-oui, mais c'est comme ça. En deux semaines de temps, tu as salement compliqué ton existence. Je ne te le dis pas pour te désespérer mais parce que c'est ce qui est. Note qu'objectivement, vu ton milieu et vu que tu es loin d'être stupide, tu devrais quand même arriver à te fabriquer une existence enviable… Ne pense pas trop à Fred. Tu verras bien ce qui arrivera quand ça arrivera.

***

Les collègues de Frédérique n'en reviennent pas. Comment a-t-elle fait pour retourner la petite ? Elle leur montre une photo. Pas celle que lui a fournie Khaled, mais une autre, issue d'une ancienne saisie, et qu'elle a pris soin d'aller chercher aux archives avant de retourner voir Suzanne.

– Ben merde… C'est pas possible, ça ne ressemble pas du tout à ce qu'on a vu, dit l'un des officiers qui avaient repéré les lieux avant la descente.

Frédérique pense, à l'inverse, que si Suzanne a craqué, c'est parce qu'elle a reconnu les lieux sur les photos qu'elle lui a montrées, mais elle ne le dit pas à l'officier.

– C'était ma seule chance… j'ai tenté le coup.

– Bah, l'essentiel, c'est que ça ait marché.

– Maintenant, je vais aller travailler Squad. Elle l'a bien mouillé, le bonhomme.

– Tu veux que je te relaie ?

– Non, non, je vais continuer sur ma lancée… ce soir, j'ai l'air d'être assez persuasive. Envoie deux hommes se poster devant chez les Veyssière. Suite à notre descente, nos ennemis pourraient être tentés de faire le ménage et décider de démanteler leur nourrice cette nuit. Commence aussi à préparer la perquise. Réveille les hommes dont on aura besoin et assure-toi auprès du juge que la commission rogatoire est assez large pour qu'on agisse dans son cadre. Sinon, il faut qu'il nous en signe une autre. On avait visé les bas-fonds mais là, ça s'élargit jusque dans les hautes sphères.

– Oui parce que du coup, sur le squat en lui-même, on n'a toujours rien ?

– Ça va dépendre de Squad. Mais on risque de se retrouver avec une parole contre une autre. Je ne vais pas lui montrer cette photo d'archives, évidemment. Lui ne se ferait pas avoir. Et l'avocat de Suzanne aurait vite fait de prouver que cette photo n'a aucun lien avec le squat. En clair, on ne pourra pas la mentionner dans les aveux de la petite… N'empêche qu'on tient quelque chose. De nouvelles pistes qui ne vont ravir ni le commissaire ni le préfet… Au fait, on a des nouvelles du proc' ?

– Toujours pas. Mais c'est normal. La nuit, la justice s'arrête.

– Pas toujours : les perquises de nuit sont autorisées dans les enquêtes sur les crimes en bande organisée. D'ailleurs je ne comprends pas qu'on ne s'appuie pas sur cette loi-là. Il n'y a pas plus « crime en bande organisée » qu'un trafic de drogue, non ?

Frédérique sourit et ajoute :

– Sauf que les trafics et le proxénétisme ont déjà leur loi spécifique. Dans ces affaires-là, on est autorisés à perquisitionner dans les lieux publics même de nuit.

– Et pas dans les lieux privés, comme la maison de mademoiselle…

– Donc perquisitionner chez la demoiselle, comme tu dis, contreviendrait à cette loi, même si celle sur le crime organisé semblerait nous autoriser à le faire. Bref, ça puerait le vice de procédure et les avocats des méchants, qui ne sont pas des manchots, auraient vite fait de nous obliger à tout mettre à la poubelle.

– Putains de lois… D'un autre côté, en pleine journée, on n'aurait pas gardé Suzanne plus d'une heure…

– Exact. Parfois, les choses se passent bien… Il faut qu'on s'en souvienne quand ça merde.

– Les trois cent soixante autres jours de l'année, tu veux dire ?

– Je veux dire que si on veut que ça continue comme ça, tu ferais mieux de te manier de monter une planque devant « la maison de la demoiselle ». Il n'y a pas que nous qui la connaissons, la loi…

***

Le plus ridicule, décidément, c'est cette idée de dormir sur place. Mettons que cette partie de jambes en l'air consentie soit un divertissement, dort-on dans les endroits où l'on s'amuse ? Au théâtre ? Au cinéma ? Au dancing ? Dit-on encore dancing ? On peut s'y endormir, oui, par ennui. Mais pas se coucher. Y a-t-il moment plus intime que celui où on décide de sortir du monde, de se déshabiller, de se démaquiller, de laisser tomber tous les masques ? Ce qui entérine un amour, le valide à ses propres yeux et aux yeux du monde, ce n'est pas cet instant si délicieux de l'amour physique, c'est celui où on apporte sa brosse à dents chez son amant. Dans certaines sociétés, on ne franchit pas ce dernier pas alors que dans toutes, même les plus pudibondes, on s'autorise l'amour physique. Corinne se souvient d'avoir discuté de ce point avec un homme originaire d'Afrique noire – elle ne sait plus de quel pays. Lui s'étonnait de cette manie qu'avaient les Occidentaux de dormir dans la même chambre. Il lui était inconcevable de se brosser les dents dans le même espace intime que sa femme, de la voir se débarrasser de ses apparats, de découvrir sa vraie nudité, son corps à l'état pur, sans mise en scène – l'amour physique était pour lui un objet de mise en scène –, inconcevable de ne pas avoir pour soi un vrai moment de solitude, à cette heure où on retire tous les masques et où on abat toutes ses défenses. Elle se souvient aussi de cette nuit où elle avait pour une dernière fois cédé ses charmes à son petit ami de l'époque – elle devait avoir une vingtaine d'années. C'était le soir de leur séparation. Elle lui avait dit que c'était fini mais il insistait / larmoyait pour faire l'amour avec elle une dernière fois. Elle aussi pleurait. Et après cinq heures d'argumentations contre-argumentées, elle était épuisée. De guerre lasse, elle avait dit oui. Mais sitôt les galipettes terminées, elle avait exigé qu'il parte et s'était montrée inflexible sur ce point.

Aussi, sitôt les effusions physiques consommées, elle n'a qu'une idée : rentrer chez elle, prendre une bonne douche et se glisser dans ses draps. L'instinct de la tanière. Elle sort du lit (pourquoi l'ont-ils fait dans un lit ? C'est ça, l'aventure ?) et commence à s'habiller. L'homme l'interroge :

– Qu'est-ce que tu fais ?

– Ça ne se voit pas ?

– Je veux dire : pourquoi tu t'habilles ?

– Je rentre chez moi.

– Tu ne dors pas ici ?

– Je préfère chez moi.

– C'est pas ce qui a été décidé.

– Oui, je sais. Je suis désolée mais vraiment, ne pas dormir chez moi, ça m'est difficile.

– Allons, reste… On a besoin d'un peu de repos mais on pourra remettre ça demain matin.

Corinne a déjà enfilé ses sous-vêtements et sa robe. Jusque-là, elle a tout fait pour ne pas vexer son partenaire (elle s'est ennuyée à mourir pendant leur copulation – mon Dieu, y a-t-il plus ennuyeux et plus ridicule que l'amour physique quand tous nos sens sont au point mort ? – mais n'en a rien montré ; il a pourtant fallu remettre ça trois fois, l'homme voulant s'assurer de sa virilité à lui et ayant des doutes sur ses orgasmes à elle malgré les hurlements que, comme promis, elle s'est efforcée de pousser à chaque fois – heureusement que, par elle ne sait quel miracle, elle a mouillé, les hormones qu'elle avale depuis sa ménopause, peut-être), mais là, spontanément, elle répond :

– Ah, non, ça suffit comme ça !

L'homme est soudain perplexe. La femme lui aurait-elle menti ? Admettre cela, ce serait convenir qu'il n'a pas été à la hauteur. Quelle autre raison ? La honte, soudain ? Oui, ce doit être cela. C'est en tout cas une raison plus recevable pour lui. Le problème c'est que s'il lui pose la question, elle risque de répondre, et la réponse pourrait bien ne pas lui plaire.

Un silence. L'homme, immobile. Corinne n'en espérait pas tant. Ne sachant pas de combien de minutes de répit elle dispose, elle ne prend même pas le temps de se chausser. Elle fourre ses bas dans l'un de ses talons aiguilles, empoigne le tout d'une main, jette son manteau sur l'épaule, attrape son sac de l'autre main et sort.

La nuit est douce. Au premier contact de ses pieds nus sur le trottoir, une image lui revient, accompagnée de tant de sensations perdues qu'elle ressent un léger vertige. Elle a quinze ans, elle habite à Rueil-Malmaison. Fille d'ouvriers, elle a arrêté l'école et travaille comme apprentie dans un magasin de chaussures. Elle ne peut pas se payer grand-chose mais elle peut rêver et parfois même donner un semblant de forme à ce rêve. Les soirs d'été, avec sa meilleure copine, quand elles en ont le courage, elles traversent Rueil et Suresnes à pied. À pieds nus, parce que dans les films qu'elles regardent en cachette le dimanche soir au Ciné-Club, *(comme* La Comtesse aux pieds nus, Et Dieu créa la femme *ou des comédies italiennes avec Gina Lollobrigida), les femmes libres ont les pieds nus. Depuis le sommet du mont Valérien, elles regardent quelques instants la capitale s'étaler sous leurs yeux avant de descendre. Elles entrent dans Paris, marchent encore jusqu'au pont Neuf, le traversent, arrivent enfin au Vert-Galant (à la réflexion, ce n'était qu'une fois arrivées sur Paris qu'elles retiraient leurs chaussures ; en banlieue, il n'y avait personne pour les regarder). Assoiffées, elles achètent une pastèque et la boivent autant qu'elles la mangent, face au soleil qui se couche sur la Seine. Elles lèchent en riant le jus qui coule sur leurs avant-bras. À cet instant, il n'y a aucun doute, elles sont totalement libres et le monde leur appartient. Corinne sourit. Ce n'est pas souvent qu'on a l'occasion d'avoir à nouveau quinze ans.*

Puis elle se met à pleurer. La vie a continué et d'une certaine manière, Corinne n'a jamais cessé de marcher. Et à force de marcher, elle est arrivée loin. Beaucoup plus loin qu'elle ne pouvait l'espérer.

Si loin qu'elle s'est perdue.

***

Une fois rentré chez lui, Khaled s'assoit dans la cuisine, pose une bouteille de whisky sur la table et entreprend consciencieusement de la vider. Il pouvait peut-être se passer quelque chose, entre lui et cette femme, et il a tout foutu en l'air. Il suffisait qu'au lieu d'aller la voir et de lui déballer ses histoires, il reste là à picoler. Se rendrait-elle compte, au moins, que sans lui, elle n'aurait rien ? Argument bidon : si lui et Élise n'étaient pas intervenus du tout dans cette histoire, elle aurait tout. Et le squat serait mort. Pourquoi faut-il toujours faire des choix ? Sacrifier quelqu'un ou quelque chose ? Est-ce la patte de Dieu, qui veut à tout instant mettre notre liberté à l'épreuve, ou celle de Satan, qui cherche à la pervertir sans cesse ? Surtout de personne, vu qu'il n'est pas crédible une seconde qu'un être aussi parfait ait créé un monde dans un tel état de décomposition, ou alors c'est un monde dont l'entropie est la seule fonction croissante, et dont l'état final de perfection sera le chaos absolu, auquel cas Dieu et Satan ne font bien qu'un... Ces quelques réflexions sérieusement imbibées conduisent Khaled à penser qu'il pourrait peut-être essayer de remettre un peu d'ordre dans tout ce foutoir.

Un mensonge est mensonge dès lors que ce qu'on raconte ne correspond pas à la réalité des faits. Mais si on inverse la proposition. Si on fait correspondre les faits à ce qu'on raconte, alors le mensonge devient vérité… Khaled se dresse brusquement, se rattrape à l'évier parce qu'il manque de tomber, hésite, se dit qu'il n'est pas en état d'agir. C'est sans doute exact, mais il faut aller vite, maintenant. Profiter de la nuit pour qu'au petit matin chaque élément ait trouvé sa place dans la fable, avant que les choses ne s'accélèrent encore. Et tant pis pour Élise si elle n'a rien dit à Marc. Elle doit lui rendre la drogue, qu'il ira jeter dans les égouts.

Foi d'alcoolique, pour ainsi dire.

ÉPISODE 6

« Bourreau, c'est mon métier, Élise, et victime, ce n'est celui de personne. »

Richard

Il a quitté la chaleur pour le froid. La sécheresse pour la pluie. La guerre pour la paix. Mais cela ne semble pas suffire. Peut-être faudra-t-il aller jusqu'au pôle Nord. Ou changer d'activité. Qui peut croire qu'on peut tenir un trafic de drogue sans être amené à tuer ou finir à son tour plombé de balles ? Pourtant, à Larmon, ça a bien marché pendant quelques années. Mais c'est uniquement parce que le terrain était en friche.

Kofi est né à Marseille, au cœur d'un des marchés de la drogue hexagonaux les plus prolifiques. Jusqu'en 2008, il n'a pas trop eu à en souffrir. Les territoires étaient bien définis et mis à part quelques échauffourées, dues à des têtes brûlées qui pensaient pouvoir s'affranchir des licences attribuées par les caïds – et qui finissaient invariablement avec une balle dans la tête –, la vie des quartiers était plutôt tranquille. À savoir que la notion de tranquillité, à Marseille, doit s'accommoder d'un taux de violence minimal. Il ne faut pas rêver.

C'est alors que suite à l'arrestation de plusieurs de ces caïds, une terrible guerre de succession s'est déclenchée. Un marché était à prendre, et un marché, quel qu'il soit, ne se prend pas avec des pincettes, comme le savent tous les économistes du monde. La « main invisible » est surtout de fer. Deux gangs ont bientôt émergé de la cohue : les Blacks et les Gitans. Kofi et son frère Germay, d'un an son aîné, se retrouvèrent peu à peu embringués dans la bataille. On ne se réveille pas un matin avec un Glock dans la main. On rend un petit service, puis deux, et déjà on se fait tellement plus d'argent que dans le centre d'apprentissage où on est inscrit pour apprendre on ne sait quoi – le cycle que suivait Kofi s'intitulait « Logistique », et la seule chose qu'il faisait au cours de ses stages en entreprise, c'était empiler des cartons dans des hangars – qu'on finit par ne plus du tout suivre les cours – mais déjà, on y allait si peu... Et puis un jour, un gamin de quinze ans qu'on côtoie depuis sa plus tendre enfance se fait tuer juste sous nos yeux. Le gamin est là, debout sur son coin de trottoir, une moto arrive, le passager sort une kalach' de son blouson, arrose l'angle de la rue pendant à peine deux secondes, et la moto disparaît. Des bulles de sang s'échappent des lèvres du gamin. Il regarde le ciel de ses grands yeux noirs affolés et il meurt. Ce gamin n'était pas vraiment un copain, mais depuis qu'on est tout jeune, il fait partie du paysage. Il est un élément du grand tricot de la cité. On a joué au foot ou au basket avec lui, on connaît son nom, on connaît ses frères et sœurs, on connaît ses parents, on sait où il habite et on l'a toujours su. Qui d'autre que les Gitans a pu faire ça ? Et si ce n'est eux, ce sont leurs frères, on nous l'a dit, il faut que l'on se venge ! D'ailleurs cette moto, on la connaît, on l'a vue rouler derrière la Mercedes de Tchoa, le patron des Gitans, c'est sûr !

Les deux frères sont allés en voir deux autres, les Ahamada, chefs du gang des Blacks, et leur ont parlé de leur projet de vengeance. Mais pour une raison qu'ils ignoraient, les caïds ont dit que « ce n'était pas le moment ». Or, pour la rage, c'est toujours le moment. Germay savait comment se procurer un pistolet. De là où il se situait dans l'organigramme il n'avait pas accès aux importations d'armes venues des Balkans, mais il se débrouillait bien dans l'art de surfer sur le dark-web.

Par l'entremise d'un de ces « collectionneurs » qui n'avaient aucun mal à se procurer des pièces détachées et à remilitariser leurs armes, il a pu acheter un Sig p210 et des munitions (9 mm Parabellum) pour la modique somme de 500 euros – et encore, il n'était pas sûr de ne pas s'être fait rouler.

C'était oublier que si Kofi et Germay avaient pu voir la moto, l'inverse était également vrai. À peine avaient-ils approché le motard à une terrasse de café sur le Vieux-Port, que quatre hommes se saisissaient d'eux et les embarquaient dans une Mégane plus très fraîche.

Une demi-heure plus tard, Kofi, à genoux, les mains liées dans le dos, la tête maintenue droite, alors que deux doigts tiraient sur chacune de ses paupières et lui interdisaient de les fermer, regardait les flammes commencer d'attaquer l'habitacle de la Mégane. Par intermittence, la fumée lui laissait voir son frère qui labourait des poings les vitres de la voiture, les larmes aux yeux, la bouche ouverte dans un cri continu et inaudible. Il remuait tellement que la voiture tanguait. Bientôt, il n'y eut plus rien d'autre à voir que cette boule de feu qui oscillait sur elle-même. Quand la voiture n'a plus bougé, Kofi a pensé que son frère était mort. C'est alors qu'elle a explosé.

Les hommes de Tchoa l'ont relâché. Le motard lui a dit : « Raconte ça à tes potes. »

Mais Kofi n'a rien raconté. Il n'a rien raconté à ses parents non plus. La leçon de Tchoa avait porté ses fruits, mais pas dans le sens où le caïd l'entendait. Kofi a rassemblé ses économies et pris le premier train pour Paris, puis, après avoir rejoint la gare du Nord, le premier pour n'importe quelle ville.

Ce fut Larmon, où il se promit de ne plus avoir recours à la guerre.

Et pourtant...

RUINES

Marc ne parvient toujours pas à s'endormir. Élise va finir par le rendre dingue. Il rentre deux heures plus tôt, certain de lui faire plaisir, et il trouve la maison vide. Un quart d'heure après, elle apparaît, noire de charbon. Et non seulement elle ne s'excuse pas mais elle l'engueule. Comme quoi c'est de sa faute et qu'il n'a qu'à respecter les horaires qu'il lui donne. Comble du comble : la souricière montée par Deurthe et Salmon, la descente des flics, Squad embarqué, et cette histoire de cocaïne trouvée dans le squat et balancée dans les égouts,… « Oui, dans mon état ! », s'est-elle écriée avant qu'il ne le lui dise.

Il n'a rien répondu. Élise est allée se doucher et il a allumé la télé. Il a regardé un écrivain se faire étriper pendant cinq minutes par deux chroniqueurs déchaînés (qui n'avaient donc pas du tout l'air de considérer que c'était un écrivain) avant de se brancher sur une chaîne d'infos en continu. La douche s'est arrêtée. Il a entendu le bruit d'objets qu'Élise posait sur le lavabo, celui du sèche-cheveux, de la brosse à dents… Quand elle est sortie de la salle de bains, elle lui a tendu sa brosse à cheveux et s'est assise entre ses jambes. Il a pris la brosse sans rien dire. Les cheveux étaient à peine secs, ils glissaient sans mal dans les poils de la brosse. Il a éteint la télé et continué de brosser les cheveux d'Élise dans le noir.

Elle s'est excusée mais ce qu'elle a fait, il fallait que ce soit fait. Elle a promis qu'à partir de maintenant, elle ne ferait plus rien qui mettrait le bébé en danger. Puis elle a dit qu'elle se sentait vraiment fatiguée et elle est allée se coucher. Il l'a suivie. La paix était faite mais ils ne se sont pas touchés. Peut-être n'était-ce qu'une trêve. Il ne lui a même pas raconté que la rencontre avec la compagnie s'était très bien passée et qu'il allait s'occuper de leur image, composer leur plaquette, leur logo, réaliser les affiches des deux spectacles en cours de montage… Au bout d'une heure, alors qu'il ne dormait toujours pas, il s'est levé.

Maintenant, il est dans la cuisine. Il a ouvert la bouteille de vin blanc qu'il avait achetée pour l'occasion et en sirote le deuxième verre. Sans rire, il va falloir qu'ils discutent sérieusement avec Élise. Attendent-ils vraiment les mêmes choses de leur vie commune ? C'est la première fois qu'il doute du bien-fondé de leur relation. Leur amour, leur attirance, il ne les remet pas en cause. Mais cette idée de vivre ensemble, de se construire ensemble… À quoi bon, si c'est pour passer son temps à essayer d'obtenir de l'autre ce qu'au fond de lui il ne veut pas ?

Toc, toc, toc.

Il ne réalise pas tout de suite qu'on frappe à la porte. À la seconde salve, il se tord le cou pour regarder la pendule accrochée au mur derrière lui. 3 heures du matin. Il est vaguement incrédule mais n'arrive pas à trouver ça incongru. La vie, en ce moment, c'est n'importe quoi, alors un peu plus un peu moins… Il va jusqu'à la porte d'entrée et, sans l'ouvrir, demande :

– Qui êtes-vous ? Qu'est-ce que vous voulez ?

– C'est pour Debbie…

La réponse agit sur Marc comme une décharge électrique.

– Je… Vous vous trompez, il n'y a pas de Debbie ici.

– Vous jouez avec les mots. Il est vrai que Debbie n'est qu'un être virtuel. Disons que c'est pour mademoiselle Santon, à propos de Debbie. Vous m'ouvrez maintenant ou ce n'est même pas la peine qu'elle se présente à son travail demain.

– Ouvre-lui.

Marc n'a pas entendu Élise arriver dans son dos. Elle a revêtu un peignoir et elle finit d'en nouer la ceinture. Il secoue la tête en la regardant d'un air de demander « dans quelle merde tu nous as encore fourrés ? » et il tire les verrous.

Richard Deurthe entre d'un bon pas et ferme la porte derrière lui. Il sort de sa poche un Glock 9 mm Parabellum, qu'il pointe sur Élise. Évidemment, elle ne connaît pas la marque de l'engin, elle ne voit qu'un pistolet – ou un revolver, elle n'en sait rien – et ça lui suffit bien pour s'affoler. Tout en lui parlant, Deurthe désigne Marc du bout du canon.

– Prends ta ceinture et attache-lui les mains dans le dos.

– Mais…

– Fais pas ta mijaurée. Quand on est capable de faucher dix kilos de coke, on va pas s'effrayer de ce qu'un inconnu risque de voir un bout de sein dépasser d'un pan de son peignoir.

Marc sursaute.

– Dix kilos de… Mais…

Et il hurle :

– Élise, ça va s'arrêter quand, tes conneries ?

Deurthe le frappe du revers de son arme et le viseur vient lui déchirer la lèvre. Élise pousse un cri, Deurthe la gifle et elle tombe.

– Ta gueule. Je vous rappelle que vous n'avez plus de voisins. Restez calmes, on va essayer de faire vite. Toi, relève-toi, attache-le à une chaise de la cuisine.

Élise, tremblante, s'exécute. Marc pleure doucement.

– Bien, maintenant, assieds-toi sur l'autre chaise, les bras le long du corps.

Elle s'assoit et saisit les pans de son peignoir, qu'elle tient croisés sur son ventre.

– J'ai dit les bras le long du corps.

Elle laisse tomber ses mains. Deurthe la contourne et fait glisser le peignoir de ses épaules jusqu'à ses poignets en faisant passer la capuche et le dos derrière le dossier, ce qui a pour effet de la dénuder et de l'immobiliser. Élise est folle de rage. Cette nudité obligée la rend totalement vulnérable. Elle se sent comme violée et tente de se libérer du peignoir qui l'entrave mais elle n'en a pas le temps. Deurthe sort de son autre poche un rouleau de scotch large et la saucissonne à sa chaise, ses bras toujours coincés en arrière. La colle du scotch sur la peau nue est du plus désagréable effet, et elle n'ose pas imaginer la douleur qu'elle ressentira losqu'elle le retirera… Si elle peut le retirer un jour. Deurthe saucissonne également Marc. Lui, en plus, il le bâillonne. Puis il se laisse tomber sur une troisième chaise, se saisit d'un verre sur l'évier à portée de main et se verse du vin blanc. L'ensemble de l'opération ne lui a pas pris plus de cinq minutes.

– Voici la situation. J'ai plusieurs outils en main. Le chantage, la torture et la mort.

Comme mû par une soudaine idée, il se relève, farfouille dans les tiroirs, en extirpe un couteau, un petit couteau à légumes à la lame fine et tranchante, et, d'un large mouvement circulaire, vient le planter parallèlement au cou de Marc dans cet espace de chair situé entre la clavicule et l'omoplate, et où se déploie le trapèze. Le muscle est transpercé. Le jeune homme hurle dans son bâillon. Des larmes jaillissent des yeux d'Élise.

– Désolé mais il est important que tu n'aies aucun doute sur mes intentions. Tu en as ?

Élise secoue la tête.

– Dis-le. Dis : « Je n'ai aucun doute sur vos intentions. »

Elle murmure :

– Je n'ai aucun doute sur vos intentions.

– Plus fort.

Elle se racle la gorge et dit distinctement, les yeux dans ceux de Deurthe :

– Je n'ai aucun doute sur vos intentions.

– Bien, maintenant, il va falloir aller vite. Dans cette position, le couteau n'a pas touché la jugulaire mais il n'est pas exclu que la pointe ait percé le poumon. Il serait dommage que ton compagnon se noie dans son sang.

– Eh bien allez vite, crache-t-elle, qu'est-ce que vous voulez, bon sang ?

– Estime-toi heureuse. Un ami à moi t'aurait violée d'entrée de jeu, comme ça, pour le principe.

– Putain mais vous voulez quoi ?

– Le chantage, c'est que je sais que tu es Debbie. Tu pourrais vite perdre ton boulot.

– C'est bon, j'ai compris, vous voulez quoi ?

– La cocaïne.

– La… Mais quelle…

– Chut, non, ne dis pas « quelle cocaïne »… Cette cuisine regorge de couteaux.

Deurthe replonge la main dans le tiroir. En sort un couteau à viande, cette fois. Une lame d'au moins dix-huit centimètres. Il pousse un long sifflement.

– Avec celui-ci, les dégâts pourraient bien être irréversibles

Élise se mord la lèvre. Elle pleure autant de rage contre elle-même que de désespoir.

– Tu me dis où est la cocaïne, vous restez là le temps que je vérifie, je repars avec et on n'en parle plus. Ensuite, demain, après-demain, si tu ne dis rien, je ne dis rien… J'ai bien songé à vous tuer mais j'ai peur que l'enquête pour meurtre me complique considérablement les choses. Alors qu'une bonne entente entre gens intelligents…

Marc gémit. Il semble faire des efforts pour empêcher ses yeux de rouler et ses paupières de se refermer.

– Comment vous avez fait pour…

– On s'en fout. Dis-moi où elle est.

– Je ne voulais pas l'utiliser pour…

– Je m'en fous. Dis-moi où elle est… Élise, bon sang, il faut vraiment qu'on aille jusqu'au massacre ? Ou je dois tout casser ? Combien d'heures je vais mettre ? Combien de temps reste-t-il à Marc ? Bourreau, c'est mon métier, Élise, et victime, ce n'est celui de personne.

– Elle est à deux pas d'ici, dans la maison cramée, au sous-sol, sous un tas de charbon.

– Et merde, elle n'est pas ici ?

– Non.

– Bon, j'y vais. Si elle y est, c'est bon, sinon, il meurt.

Élise trépigne, presque hystérique

– Elle y est, elle y est !

Richard la bâillonne, attrape le trousseau de clés qui gît sur le plan de travail, à côté d'un panier de courses à moitié vidé – le frais a été rangé dans le réfrigérateur, restent les fruits, les œufs…

– À moins que quelqu'un l'ait prise… ça se fait beaucoup, en ce moment. Ne bougez surtout pas.

Il sort dans un sourire.

***

Pierre est crevé. Lui aussi a eu droit à sa pipe. Ça l'a un peu gêné, comme ça, au milieu des autres, mais tout le monde, sauf lui, était tellement bourré ou défoncé que finalement, il s'est laissé faire. La fille a gueulé quand elle a compris qu'il ne lui donnerait rien en échange. Dans l'état où elle était, elle n'a pas pris soin de poser à l'avance les termes du contrat. Tant pis pour elle. C'est sous ses cris et les rires des musiciens qu'il a poussé la porte panique « sortie de secours / entrée des artistes » qui donne sur l'arrière du café. Ça y est, c'est un roi. Les clients ont trouvé la dope excellente, il a plusieurs autres contacts, tout le monde le respecte, les filles tombent à ses genoux, ou tout au moins s'y mettent… Il irait bien se coucher, maintenant, mais il a promis de repasser par la nourrice à chaque fin de journée. C'est le deal. Et vu l'humeur de ses employeurs, il n'est pas question de commencer déjà à déroger aux règles.

Il grimpe sur son scooter, met son casque et démarre.

***

– Tiens, revoilà Deurthe.

– Mais qu'est-ce qu'il fout ? La tournée des popotes ?

Le téléphone de Kofi sonne. Il regarde qui l'appelle, prend la communication.

– Oui, Fred ?

– Ça pue. Suzanne n'est toujours pas arrivée.

– Rassure-moi : tu ne m'appelles pas pour me parler de tes histoires de cul ?

– Non. Elle était au squat. Et les gars m'ont dit qu'elle s'est fait embarquer.

– Bordel ! T'as bien les clés de chez elle ?

– De la nourrice ? Bien sûr !

Kofi donne un coup de poing sur le tableau de bord et bouche le micro du téléphone. Il dit à Simon :

– Mais il est con, ou quoi ?

Simon lève les mains en signe d'impuissance. Kofi reprend la conversation.

– OK, ta copine est une nourrice, je ne savais pas. Alors elle est peut-être en train de garder un bébé…

– Ma copine est une quoi ?… Merde… Xcuse, Kof…

– Ta gueule. Fonce chez elle. Si elle n'y est pas, récupère le bébé. C'est très mauvais pour lui de rester là-bas. Tu comprends ce que je te dis ?

– Cinq sur cinq.

– Et sors pas à poil ! On a un truc à finir ici mais on rapplique au plus vite.

Kofi raccroche et jette le téléphone à ses pieds.

– Merde, fait chier, jamais j'aurai autant parlé dans cet engin. Bientôt, la NSA et le SVR vont tout savoir de nos deals ! Il en est où, le Deurthe ?

– Il est entré dans la maison cramée, là-bas. Ça fait un moment.

– On arrive au bout de la piste…

– On attend ?

– Pour le serrer dans la rue ? Devant tout le monde ? Non, on y va.

Il ramasse son téléphone, sort de la boîte à gants un Taurus PT-92 C et un Sig-Sauer Pro chambré en .357 SIG, et ouvre la portière.

***

Richard peste. Son costume est bon pour le pressing. Quelle idée de cacher ça sous des boulets de charbon ! Bon, la coke y est, c'est l'essentiel. Il hésite un peu à retourner tuer les deux jeunes. Avec la trouille qu'il leur a foutue, le petit couple devrait se tenir à carreau. Mais ce n'est pas raisonnable. Ce n'est pas ça, le boulot. Et deux victimes de plus, dans le carnage escompté, ça va encore plus embrouiller les enquêteurs.

L'heure du chaos a sonné.

Il sort son téléphone.

– Allô Kofi ? C'est bon, t'es toujours collé à mon cul ?

– …

– Vous vous démerdez pas mal mais vous avez encore des trucs à apprendre… Bon, j'ai récupéré les enfants, je les conduis chez leurs parents.

Il raccroche et compose un second numéro.

– Isham ?

***

Kofi se rassoit dans la voiture, interdit.

– Putain, là, j'y comprends plus rien. C'est pas lui, la souricière ? Qui alors ? Bon, on passe voir si Fred a des soucis et on revient à la nourrice des Mines. Deurthe nous y attendra. Go !

***

Odette se lève à 3 heures et découvre que Brahim est déjà debout, lui aussi. Très courte nuit. Angoissés par les répercussions de la descente au squat sur leur petite entreprise, ils ne se sont pas endormis avant minuit. Odette n'en revient pas. À soixante-dix-huit ans, jamais elle n'aurait pensé se découvrir une nouvelle passion. Et tout ce qui va avec : de cet indescriptible moment de plénitude à chaque sortie de fournée, jusqu'au souci quand l'horloge d'un four tombe en panne et qu'il faut donc le garder sous surveillance. Et soudainement, la peur de tout perdre.

Brahim lui propose du café. Il vient tout juste d'en faire. Il dispose sur la table les viennoiseries qu'ils ont rapportées du magasin. Pas grand-chose. En général, Brahim vise au plus juste et le plus souvent, il ne reste rien. Mais dans ces cas-là, il est prévoyant. Il met deux croissants de côté. Tous les deux sont plutôt taiseux. Odette a craint que ce fût le contraire. Elle s'est tellement habituée au silence, le matin.

Se retrouver face à un homme qui ne peut pas s'empêcher de parler ou d'allumer la radio aurait sérieusement compromis leur cohabitation.

Mais cette nuit, elle a besoin de parler.

Elle regarde Brahim manger son croissant.

– C'est pas ramadan, en ce moment ?

– J'en sais rien… Et même si c'était ramadan, je te signale que c'est la pleine nuit. Je peux encore m'empiffrer pendant trois bonnes heures.

– Comment ça, t'en sais rien ?

– Ben… je ne suis pas religieux.

– Et alors, moi je ne suis pas religieuse mais je sais quand c'est Pâques ou Noël.

– Facile. Les dates sont indiquées sur tous les calendriers et ce sont des jours fériés ! En plus, c'est toujours à la même époque. Le ramadan, non seulement ce n'est pas indiqué mais la période change tous les ans… Alors si tu ne suis pas, tu n'as aucune chance de savoir quand il commence et quand il finit… Tu t'intéresses vraiment à ce sujet ?

Non. Le matin, je ne sais pas quoi dire, mais je voulais parler.

– Tu sais très bien de quoi parler. Moi aussi, je ne pense qu'à ça… Au lieu de tourner en rond, je vais aller plus tôt à la boulangerie. J'ai deux ou trois choses à bricoler sur les fours et il y a un truc qui grince dans le pétrin.

Le visage d'Odette s'éclaire.

– Je t'accompagne ! Il y a des machins qui s'accumulent dans les tiroirs et il faut que je fasse du tri. Je passerai un coup sur les vitres, aussi… Des choses, des trucs et des machins… ça devrait arriver à nous occuper l'esprit un moment, non ?

Brahim lève sa tasse, hume le café et sourit.

– Je crois que j'ai jamais eu autant de chance que depuis le jour où je t'ai rencontrée.

– Et moi je crois que tu te trompes. T'as jamais eu autant de chance que depuis le jour où tu as rencontré Élise. On y va ?

– C'est parti.

***

La villa des Veyssière est une masure de belle taille, construite en pierres meulières, sauf les tours de portes et de fenêtres, ainsi que les angles, composés d'un harmonieux mélange de briques rouges et jaunes. Elle est sise dans un quartier résidentiel où toutes les maisons, érigées au sein de jardins majestueux et séparées de la rue par des grilles en fer forgé, sont du même acabit. Des arbres sont plantés à distance régulière sur les deux trottoirs, en alternance avec des réverbères. Ils sont âgés, maintenant, et leurs troncs sont imposants. Bientôt, la municipalité va les faire remplacer. À l'approche du 4 × 4 de Kofi et Simon, Fred sort de derrière l'un de ces troncs. Il fait le tour de la voiture et monte à l'arrière.

– Qu'est-ce que tu fous ? T'as la came ? Je la vois pas.

– On oublie. Les keufs sont déjà là.

Kofi et Simon se tordent le cou dans tous les sens.

– Les deux mecs dans la Peugeot bleue. Ils étaient là quand je suis arrivé et ça fait dix minutes qu'ils ont pas bougé. Je pense pas qu'ils soient dupes mais c'est pas la peine de traîner ici. J'ai même pas approché la maison. On pourra toujours dire que vous êtes passés prendre un pote.

Simon redémarre aussitôt.

– Qu'est-ce qu'ils ont, sur Suzanne ?

– J'en sais rien… mais à tous les coups elle a dû se servir. Sinon, je vois pas.

– T'étais pas censé la tenir ?

– J'étais censé. C'est le bon mot. On est des humains, mon pote, pas des robots… C'est bien Jalila que j'ai vue passer avec un foulard sur la tête ? T'étais pas *censé* la tenir, elle aussi ?

Kofi se renfrogne. De fait, Jalila s'est laissé attirer par les sirènes d'Isham et de l'imam de son mari… Momo converti à l'islam. Qui aurait pu le croire ? Grand buveur, grand fumeur, grand baiseur, jamais avare d'une connerie à faire… Il n'était pas devenu voleur parce qu'il était victime d'un ostracisme social par ailleurs bien réel, mais parce qu'il ne voulait pas travailler. « L'argent, ça ne se gagne pas, ça se prend ! » Telle était sa devise. La moindre obligation était pour lui la pire des corvées et Kofi avait dû le menacer des pires châtiments pour qu'il s'occupe des enfants qu'il n'avait pas pu s'empêcher de faire à sa femme – une aberration, avec tous les moyens contraceptifs mis à la disposition des Français, mais il y a des choses que Kofi ne cherche plus à comprendre depuis longtemps. Alors prier cinq fois par jour, faire maigre, ne plus boire d'alcool, ne plus baiser hors mariage… franchement, ce sont des sorciers ces imams, ou quoi ? Ils jettent des sorts ? En attendant, il faut aussi trouver une nouvelle solution pour la nourrice des Saisons. Dur été que celui qui commence.

– Ouais… On verra ça plus tard. On fonce aux Mines récupérer nos petits et faire le ménage. Ensuite, on part en vacances.

En vacances ? Où ça ?

– Je ne sais pas… Peut-être chez Simon, au bled… Ou on se loue un truc genre Airbnb au bord de la mer… T'as ton flingue ?

– Tu crois vraiment qu'il va y avoir du grabuge ?

– Vas savoir. Il me surprend mais il ne m'inspire plus du tout, ce Deurthe.

***

La sueur perle du front de Marc. Le pourtour de sa bouche est blanc. Il tremble. Mais il ne gémit plus. Un moment, il a levé les yeux sur Élise. L'a regardée d'un air infiniment triste. Depuis, il les a refermés. Tous ses efforts sont concentrés sur la résistance à la douleur et à l'effroi. Bien sûr qu'Élise est responsable de la situation, mais peut-on se contenter de ne pas agir, uniquement pour s'assurer qu'il ne nous arrive rien ? Elle se tortille autant qu'elle peut pour essayer de se libérer mais elle est saucissonnée des pieds aux épaules et tout mouvement lui est quasiment impossible. Chaque minute semble durer trois heures. Elle ne peut pas s'empêcher de penser à ce sang qui s'infiltre peut-être dans les poumons de Marc. Entravés tous les deux, bâillonnés tous les deux, chacun assis sur sa chaise, dans l'incapacité de se parler et de faire un mouvement vers l'autre. Fugitivement, elle se demande si ce n'est pas là une image de ce qu'est en train de devenir leur couple. De ce que devient tout couple quand chaque membre ne cesse de vouloir convaincre l'autre, de le soumettre dans certains cas. Et elle ne doute pas que, à l'image exacte de ce qui se déroule dans cette cuisine, c'est Marc qui en souffre le plus. C'est alors qu'elle entend frapper à la porte. Élise se met immédiatement à espérer. Deurthe ne frapperait pas. Elle lève les yeux sur Marc mais, tout à son combat, il ne semble pas avoir entendu. Les coups reprennent, un peu plus fort. Élise hurle derrière son bâillon à s'en déchirer la gorge et, dans un effort désespéré, fait basculer sa chaise sur le côté opposé à l'évier. Sa tête vient frapper l'étagère qui fait office de séparation entre la cuisine et le salon et où sont empilés des verres, des photos encadrées, une collection de petits vases peints de différentes couleurs. L'ensemble s'effondre sur le sol avec fracas. Quelques secondes après, Élise entend qu'on donne des coups de boutoir contre la porte d'entrée, qui finit par céder. Et c'est avec un soulagement immense qu'elle voit la grande carcasse de Khaled avancer vers elle.

Il se rue dans la cuisine, cherche à son tour un couteau dans les tiroirs et découpe le scotch qui enserre Élise. Tiens, c'est le même scotch qui liait les mains de l'homme qui s'est pendu à deux pâtés de maisons d'ici… Tout en s'activant, il demande :

– C'est Deurthe ?

Le bâillon d'Élise n'est pas encore retiré. Elle fait oui de la tête. Khaled secoue la sienne. Il a appris depuis longtemps qu'il ne servait à rien de reprocher aux gens leurs erreurs, et surtout pas à l'instant où ils commencent à les payer. Dès qu'elle a les mains libérées, Élise, dévoilant sa nudité, se charge elle-même de décoller les rubans de scotch. Elle pousse un petit gémissement à chaque brûlure que provoque l'arrachement sur sa peau. Khaled détourne les yeux de ce sordide effeuillage et s'active autour de Marc mais avec beaucoup plus de douceur.

– Tu m'entends, Marc ?

Le jeune homme opine du chef.

– Je vais te libérer mais il faut que tu bouges le moins possible. Élise, dès que tu peux, appelle le 15… Merde, je ne sais même pas si c'est une bonne idée de te détacher.

Marc lève sur lui des yeux suppliants.

– Bon, OK, mais vraiment, maintiens-toi dans ta position. Il ne faut pas que le couteau bouge dans la plaie.

Élise est déjà en train d'appeler. Elle a la voix entrecoupée de sanglots mais parvient à donner des informations claires au standard d'accueil. Dès qu'elle a raccroché elle se tourne vers Khaled :

– Deurthe va revenir… Il va revenir pour nous tuer.

– Et avec la porte défoncée, pas moyen de le prendre par surprise… Évidemment, vous n'avez pas d'arme, ici.

– Évidemment…

– J'appelle les flics. Commence à entasser tout ce que tu peux devant la porte. Le SMUR devrait arriver d'ici trois ou quatre minutes… Balance aussi des trucs par la fenêtre et hurle. Il faut ameuter tout le quartier.

Mais Élise cesse soudainement de s'activer. Debout au centre du salon, immobile, une grimace lui tord la bouche.

– Élise ? Élise, qu'est-ce que… ?

Elle est encore nue. Des bouts de scotch pendent par endroits sur son corps, comme des lambeaux de peau. Elle croise ses mains sur son ventre, les yeux écarquillés. Du sang coule entre ses jambes.

***

Pierre gare son scooter devant la nourrice et grimpe les escaliers. Il rate une marche et trébuche mais parvient à se rattraper à la rambarde. Pas de doute, il est bien bourré et pas mal défoncé. À se demander comment il a pu rouler jusqu'ici. Le pilote automatique, sans doute. Il n'aurait pas dû toucher à la coke, c'est autant d'argent qu'il devra rembourser, mais c'est si bon de se sentir le roi de la nuit. Parvenu au premier étage, il sort de sa poche la liasse de billets qu'il a récoltés et toque à la porte de l'appartement en disant son nom. D'abord, il n'y a aucun mouvement. Puis quelqu'un lui dit de se tirer.

– Mais c'est moi ! J'ai plein de thunes pour vous.

– Barre-toi avec, on te retrouvera.

– C'est trop con, merde… j'ai plus rien à vendre, il m'en faut.

Sa voix est pâteuse. Il va pour frapper encore à la porte quand il réalise qu'il y a des bruits de pas dans l'escalier. La maison n'est-elle pas censée être vide ? Il se retourne juste à temps pour voir Kofi mais il n'a pas le temps de dire un mot. Le géant lui colle la main sur la bouche et sa tête vient violemment heurter la porte. Puis Kofi toque à son tour, trois coups secs, et accompagne son geste d'un laconique « c'est nous ». La porte s'ouvre immédiatement sur Karim, qui s'efface.

Kofi pousse Pierre et s'engouffre dans la pièce, suivi de Fred et Simon. L'adolescent tombe par terre. Il veut se relever mais un pied lui plaque les épaules au sol.

– Toi, tu bouges pas. Karim, tu as vu Deurthe ?

– Non.

– Le fumier. Je ne sais pas quoi penser… les minutes vont commencer à coûter cher. Bon, après tout, cette came, on l'a pas achetée. On ne l'attend pas. On se tire.

Simon pointe le doigt sur Pierre.

– Et lui ?

– C'est un pote de Suzanne, dit Fred. Je le reconnais, il est au lycée avec elle.

Kofi réfléchit aussi vite qu'il peut. Il se sent soudainement très triste. Il est en train d'arriver tout ce qu'il essaye d'éviter depuis qu'il a monté ses affaires à Larmon, mais il ne voit pas comment reculer. Comment éviter la casse. Tout en parlant, alors que Fred et Simon maintiennent l'adolescent, il le ligote et le bâillonne.

– Un pote de Suzanne, donc tôt ou tard, les flics vont l'interroger. À cause de Suzanne, toi, Fred, il va falloir qu'on t'évacue. Il y a une chance pour que Squad ait assez la trouille de nous pour fermer sa gueule jusqu'à ce qu'on puisse s'en occuper. Et puis comme ils n'ont rien trouvé au squat, il a encore des billes. Mais lui, ils vont le faire craquer. C'est sûr… pas le choix. Overdose. Désolé, gamin, t'as joué, t'as perdu. C'est comme ça. Fred, tu t'en charges. Tu as trente secondes. Simon, à la voiture. Karim, prends la came et viens avec nous.

Pierre roule des yeux effarés et se débat. Fred prépare grossièrement et hâtivement une dose en la faisant chauffer dans une cuiller au-dessus de la gazinière. Pas la peine de faire dans le raffiné. Si des boulettes viennent boucher les veines, qu'est-ce qu'on en a à faire, hein ? Pierre ne peut pas y croire. Il y a encore une heure, il était invincible, le monde était à lui. Il avait des amis, des filles, de l'argent. On ne meurt pas quand on a dix-sept ans, tout le monde sait ça. Finies les gamineries, on sort à peine de sa chrysalide, on renaît, ou on naît enfin… Il sent à peine la piqûre. En revanche, il sent la chaleur. Et l'explosion.

***

– Ils ne passeront pas.

– Hein ?

– Le SMUR. Ils ne passeront pas. Il y a quelques semaines, ils ont creusé cette tranchée et ce matin, de nouveaux travaux ont débuté au seul bout de la rue encore accessible.

Khaled a jeté une couverture sur les épaules d'Élise. Le sang continue de couler entre ses jambes mais la douleur dans le ventre s'est un peu atténuée.

– Pareil pour les flics, donc… merde !

– On peut se planquer en bas. Chez les voisins.

– Je croyais qu'ils avaient déménagé.

– Oui, mais je leur faisais tellement la gueule qu'ils n'ont pas osé me demander le double de leurs clés. Pas osé ou pas songé. Ils avaient les nôtres aussi, d'ailleurs. Au cas où… Ils ne me les ont pas rendues non plus.

Elle se lève et va fouiller dans un tiroir de l'entrée. Marc recommence à gémir. Elle tend les clés à Khaled et va voir son compagnon. Khaled secoue la tête et se glisse sans la cuisine derrière elle.

– Il ne pourra pas se déplacer. Reste avec lui. Je descends. Toi, tu barricades l'entrée avec tout ce que tu trouves.

– Mais tu vas faire quoi ?

Il prend un grand couteau à viande, celui-là même dont Deurthe s'était saisi un peu plus tôt, et en teste le fil.

– Monter au front… Ce coup-ci tu as raison, c'est la guerre.

– Mais…

– Ne discute pas, Élise. Tu n'auras pas la force de me barrer le chemin. Barricade tout et appelle le SMUR. Dis-leur le problème pour les travaux. Appelle aussi les pompiers. Ils ont des passerelles.

Khaled sort de l'appartement et dévale les escaliers. Il a assez bu pour que ses gestes soient sûrs et il n'a pas vraiment peur. Il se demande seulement s'il va réussir. Et s'il tue Deurthe ? Ce n'est pas ce qu'il cherche, mais si ça doit advenir… Il a déjà fait ça. Il ne se souvient plus comment, mais il le sait. Il a déjà tué un être humain. Et il découvrira qui quand enfin il arrivera au bout du rêve. Il ouvre la porte des voisins du dessous et entre dans l'appartement méticuleusement dévasté, pour peu que cet adverbe et cet attribut puissent être accolés – mais c'est pourtant bien une action de cet ordre qui a été menée –, après avoir éteint la lumière du couloir. Et, posté derrière la porte entrouverte, il attend.

***

Odette marche très bien toute seule, mais elle a tout de même crocheté le bras de Brahim. Pour le seul plaisir du contact physique. Pour que cette solidarité se manifeste concrètement. Leur organisation fait qu'ils cheminent rarement ensemble. Oserait-elle lui prendre le bras en plein jour, à 19 heures, s'ils sortaient ensemble de la boulangerie ? Elle en doute. Les ragots iraient bon train. Mais ce serait amusant. Imaginerait-on vraiment qu'une vieille femme de soixante-dix-huit ans « refait sa vie » avec un homme d'une cinquantaine d'années, arabe de surcroît ? Et pourquoi pas.

Elle doit reconnaître qu'un temps, elle s'est demandé si ce ne serait pas une évolution possible de leur relation. De par les difficiles conditions d'existence qu'il a traversées, Brahim fait au moins dix ans de plus que son âge. Alcoolique

– il peine à boire moins d'une dizaine de bières dans la journée, ce qui est déjà un record pour lui –, grassouillet, encore pauvre aujourd'hui, il est peu probable qu'il rencontre une nouvelle femme. Or la question du sexe doit bien lui traverser l'esprit de temps à autre. Odette l'a mise de côté depuis bien longtemps et ça fait bien sept ou huit ans qu'elle ne s'est pas masturbée. Cependant, il y a quelques nuits de ça, son entrejambe l'a titillée et elle y a porté sa main. Mais son sexe était plus sec et rêche que le désert du Sinaï. Elle a tenté d'amorcer la pompe en se prodiguant de douces caresses circulaires avec la paume de sa main, sans dépasser le haut du pubis, mais il ne s'est rien passé. Ça ne prouve rien. Avec René, ils ont traversé de longs moments, comme ça, où ils ne faisaient plus l'amour. Puis ils s'y remettaient, petit à petit, jusqu'à ce qu'ils ne puissent plus passer un jour sans le faire. Ils en avaient conclu que l'amour, c'est comme les cacahuètes. Au début, on picore, et après, on ne peut plus s'arrêter. D'où lui était revenue cette envie ? De la présence d'un homme dans la maison ? Même d'un homme moche, disons-le ? Elle n'y croit pas. Pour elle, c'était une manifestation de la vie qui renaissait. « Refaire sa vie », à son âge, est une expression stupide. Elle suppose qu'on a des projets, qu'on envisage de construire un avenir, et Odette en est plutôt à ranger ses meubles et classer les vieux papiers. Le dernier projet d'avenir qu'elle a conduit à son terme, c'est l'organisation de ses obsèques, pour que ses enfants n'aient pas à s'en charger – ce qu'ils auraient fait à contrecœur, elle n'en doute pas. Mais sans aller jusqu'à parler d'avenir, rien n'interdit de songer à cueillir les quelques fleurs qui poussent encore sur le bord de la route. Peut-être qu'elle pourra un jour demander à son nouveau compagnon de vie – c'est au moins ce qu'il est, non ? – s'il voudrait essayer de rallumer cet « ancien volcan qu'on croyait éteint »…

Elle se serre plus fort contre Brahim et lève son visage vers lui en souriant.

– Qu'est-ce qu'il y a ?

– Rien. C'est la vie… sacrée scénariste !

Brahim s'arrête brusquement. Des coups de feu viennent de résonner dans la nuit.

– Qu'est-ce que c'est ?

– Une fusillade…

– D'où ça vient ?

– Je ne sais pas, mais ce n'est pas loin… On ferait mieux de se dépêcher. Tu permets ?

Et sans attendre la réponse d'Odette, Brahim la prend dans ses bras. Malgré la sourde inquiétude qui l'étreint, Odette éclate de rire. Elle n'imaginait pas faire appel à un romantisme aussi échevelé et Brahim, de son côté, ne peut pas savoir dans quelles pensées elle était plongée quelques secondes auparavant. Joli quiproquo intérieur… Brahim se demande ce qui lui prend : ce n'est franchement pas drôle, cette histoire de coups de feu. Et maintenant, il y a ce tas de ferraille qui roule sur lui-même dans un fracas assourdissant. Brahim hésite entre courir plus vite et faire marche arrière mais il n'a pas le temps de prendre sa décision : la voiture est déjà sur eux.

***

Karim, Kofi et Simon sortent de la nourrice et commencent à se diriger vers le 4 × 4 au moment où une Audi A7 Sportback tourne au coin de la rue et accélère. Kofi, alerté par le bruit du moteur soudain lancé à 6 000 tours, se retourne. Mais il n'a pas le temps de prévenir ses camarades que déjà les hommes d'Isham ouvrent le feu. Karim, par réflexe, se recroqueville sur le paquet de came qu'il tient entre ses mains, comme pour le protéger. Trois balles l'atteignent dans le dos.

Il s'affale sur le trottoir. Simon, au lieu de se coucher, dégaine son arme et vise la voiture, mais le temps qu'il tire une balle, les deux AK 47 en ont craché vingt, dont deux qui viennent se ficher dans sa figure, l'une dans sa bouche, l'autre dans l'œil. Elles ressortent par l'arrière de sa tête après lui avoir sectionné la moelle épinière pour la première et mis son cerveau en marmelade pour la seconde. Sa tête, paquet de sang difforme, tombe sur le paquet de cocaïne que Karim a lâché une seconde plus tôt. Kofi est le seul a avoir eu le réflexe de plonger immédiatement au sol. Il doit cela à son adolescence passée dans les quartiers nord de Marseille. Même quand on pense n'avoir rien appris, on découvre qu'il en va tout autrement. Allongé derrière les voitures garées le long du trottoir, il rampe jusqu'à Simon, couché en chien de fusil, la tête posée sur son oreiller de drogue. Le halo lumineux des réverbères passe au-dessus du corps de Simon et, dans la pénombre, Kofi ne peut pas voir le sang. Mais il le devine. Quand on est à l'affût, on ne se met pas en chien de fusil. Aussi n'essaye-t-il même pas d'appeler son ami. Arrivé à sa hauteur, il constate les dégâts et dépose un dernier baiser dans les cheveux de Simon, sur une partie du crâne que la mort n'a pas souillée. Puis il va pour s'enquérir du sort de Karim, dont il n'espère pas non plus grand-chose, mais il entend l'Audi qui, arrivée au bout de la rue, fait demi-tour. Alors il prend l'arme de Simon, se relève et court vers la porte de la nourrice. Fred est armé aussi. Ils seront deux contre maximum quatre. Des Glock et des Sig ont peu de chances face à des AK 47, mais Fred et Kofi devraient parvenir à faire traîner suffisamment les choses pour que les flics interviennent. En revanche, échapper à ces derniers sera impossible. Tant pis, pour l'heure, l'urgence, c'est de vivre.

Au moment où il atteint la porte, il entend une succession de coups de feu tirés depuis la fenêtre au-dessus de lui. Au moins trois balles par seconde. Fred est muni d'un semi-automatique, mais ça reste un exploit. Kofi ne le savait pas aussi doué à ce sport. Et visiblement, il n'a pas loupé son coup. Le chauffeur doit être salement touché. L'Audi passe son chemin en trombe avant de se mettre en travers et de poursuivre sa course dans une succession de tonneaux. Kofi se redresse. Il a juste le temps de voir la voiture s'écraser contre un mur de l'Usine Vinaigrier, après avoir fauché un couple de passants. Un grand type qui portait une femme dans ses bras. Une vraie guerre, avec des dégâts collatéraux, des innocents qui meurent… Kofi se demande ce qu'ils faisaient là. Qui se promène à 3 heures et demie du matin dans un quartier aussi pourri, dès lors qu'il a plus de quinze ans et qu'il ne rentre pas complètement défoncé d'une quelconque fête ? Mais ce n'est qu'une question fugace. Fred l'a déjà rejoint et le tire par la manche pour l'entraîner vers le 4 × 4. Au passage, Kofi se penche sur le corps de Karim. Dans le même temps, Fred entreprend de ramasser la drogue, mais il faudrait repousser la tête de Simon, et avant ça, le toucher… Kofi le bouscule.

– Oublie ça. C'est fini. Tout est fini.

***

Quand il entend les premières détonations, Richard est à quelques mètres de la maison d'Élise et Marc. Il se met à courir, son paquet de cocaïne sous le bras. Il n'y a vraiment plus de temps à perdre, s'il veut que ses propres coups de feu se noient dans la masse. Il franchit le seuil et, sans prendre le temps d'allumer la lumière, pose un pied sur la première marche de l'escalier. Khaled tient le grand couteau à deux mains, comme un trocart qu'on s'apprêterait à enfoncer dans la panse trop gonflée d'une brebis pour en chasser les gaz de fermentation qui l'étouffent. Il ne veut pas – il ne peut pas – rater son coup. La lame doit s'enfoncer au plus profond dans le corps de son ennemi, même si elle est déviée par une côte. Il n'est plus temps de réfléchir. Ça y est, Deurthe traverse d'un pas rapide le palier du rez-de-chaussée. C'est maintenant. Dans la précipitation, alors que dans la rue d'à côté les bruits de fusillade et de moteur rugissant enflent, Richard n'entend pas venir l'homme dans son dos. Il n'est pas sur ses gardes. Il n'est pas dans ces zones de guérilla urbaine où on doit à chaque seconde s'attendre à voir un ennemi surgir de n'importe où. Il maîtrise la situation. Chaque pion est à la place que Richard lui a désignée et il n'a donc aucune raison d'ouvrir ses « yeux dans le dos ». Aussi, c'est d'abord la surprise qui le frappe en même temps que la lame qui s'enfonce entre les côtes et lui transperce le foie. Il le sait, pourtant : c'est toujours au moment où l'on se croit le plus en sécurité qu'on est le plus vulnérable.

Dieu que la guerre est jolie, susurre son assassin.

Hamid ? Hamid n'est pas mort ? Ce n'est pas pour vérifier cela qu'il se retourne, c'est par réflexe. Dans le même mouvement, il dégaine son arme mais déjà, son corps consacre toute son énergie à lutter désespérément contre l'hémorragie interne qui l'affecte, et il est très affaibli. Déséquilibré par les dix kilos de cocaïne qui semblent soudain peser une tonne, il bascule sur le côté. Le manche du couteau vient cogner sur une marche de l'escalier, imprimant un mouvement circulaire à la lame, qui déchire vingt bons centimètres d'organes et de chair en sus. Hamid ? Il aurait voulu que ses dernières pensées soient pour Délivrance. Que ce soit elle qui lui fasse un salut de la main au bout de ce long tunnel qui, paraît-il, débouche sur la lumière. Mais il a encore le temps d'y penser. Il aura même sûrement le temps de constater qu'il n'y a pas de tunnel, pas de lumière. Il n'y en a jamais eu et il n'y en aura jamais. La mort sera froide et obscure. Lente aussi, il le sait. Il a souvent vu les dégâts provoqués par ce genre de blessure, dégâts qu'il a maintes fois infligés à ses adversaires

– des adversaires ou des pauvres types perdus dans des combats auxquels ils ne comprenaient rien. Khaled devine l'arme dans la semi-pénombre à laquelle il a eu le temps de s'habituer alors qu'il était aux aguets dans l'appartement voisin. Il donne un coup de pied dedans et la balle que tire Deurthe va se ficher dans un mur. Un cri de frayeur poussé par Élise, là-haut dans l'appartement, vient ponctuer la scène. Khaled allume la lumière et constate : mort ou pas mort, Richard Deurthe n'aura jamais la force de grimper les escaliers. Le rôle de Khaled n'est pas de l'achever, et de toute façon, il en serait incapable.

Il dit une seconde fois *Dieu que la guerre est jolie*, enjambe le corps de sa victime et, lourdement, tremblant de tous ses membres, gravit les marches une à une.

Il aurait bien besoin d'un verre.

***

Maintenant, tu t'accroches à ce cri. La poussière te brûle la gorge. Tous tes membres sont endoloris par les divers roulés boulés, chutes, glissades que ton corps subit depuis bientôt deux heures. Tu as soif aussi. L'eau est un vrai problème ; ici, on meurt pour en récupérer quelques gouttes. Tu ne sais plus où tu es, où est le puits le plus proche, et même si tu le savais, les snipers t'en interdiraient l'accès. Encore un éboulis à franchir. Tu es épuisé. Comment ce cri parvient-il à franchir tous ces obstacles ? Tu t'écorches les mains sur les blocs de béton. L'appareil photo te gêne, entrave chacun de tes mouvements. Tu ne sais plus pourquoi tu le conserves. Y a-t-il encore des clichés à faire ? Qu'est-ce qui n'a pas été montré de l'horreur du monde ? Tiens, une ruelle presque intacte. À l'ombre. Seuls quelques débris de parpaings jonchent le sol. Un homme est assis contre un mur, la tête penchée sur son épaule. On pourrait croire qu'il dort, mais une informe bouillie noirâtre repose sur ses mains, placées en berceau sous son ventre, comme si, dans un ultime sursaut, il avait essayé de remettre à leur place ses entrailles. Tu l'enjambes. Le cri est moins mat. Il résonne entre les murs. À chaque pas, il se fait plus strident, plus intense. Cette fois, tu y es. C'est là, au bout de la ruelle, dans cette maison à moitié effondrée qui fait l'angle avec ce qui fut une avenue mais n'est plus qu'un champ de ruines. Le soleil donne juste dans le cadre de la porte. Tu t'appuies contre le chambranle et restes là, immobile. Puis, lentement, tu lèves l'appareil, l'allumes, retires le cache de l'objectif, fais la mise au point… et le relâches. Le laisses tomber sur ta poitrine avant de te saisir de la sangle et de l'arracher de ton cou. L'appareil pend au bout de ta main. Tu le fais tournoyer dans les airs et le fracasses contre le mur le plus proche. À plusieurs reprises, avec acharnement, jusqu'à ce qu'il soit réduit en miettes.

***

Marc, victime d'un hémothorax, a d'abord été interné dans une unité de soins intensifs où, après avoir opéré sa blessure, on a dû drainer le sang qui s'était infiltré dans les poumons. Il y est resté trois semaines. Élise est passée le voir tous les jours, jusqu'à ce qu'il recouvre suffisamment d'esprit et de force pour lui demander de ne plus venir.

Il a dit :

Je t'aime encore mais ce que tu as fait, je te le reprocherai toute ma vie.

Il a dit :

Le coup de couteau, l'humiliation de ma peur, l'hôpital… tout ça je ne t'en veux pas. Mais tuer notre bébé… Comment as-tu pu me faire ça ?

Il a dit :

Tu peux faire une dernière chose pour moi. Rassemble mes affaires et apporte-les chez mes parents. Je ne veux plus jamais remettre les pieds chez nous. Je t'aime et je t'en veux à mort. C'est trop difficile. Je ne veux pas passer des années à essayer d'arrêter de t'en vouloir. Je ne veux pas chasser ton crime de mon esprit pour pouvoir caresser tes seins. Je ne veux pas lutter pour arriver à toucher ton ventre sans me dire qu'il ne devrait pas être plat. Ce sera trop long. Trop de temps perdu. Et surtout, je ne peux pas croire que ce sera possible.

Élise n'a rien répondu. Elle n'a pas dit que ce n'était pas un bébé. Qu'on ne peut pas appeler ça un bébé, ou alors on n'a plus qu'à participer aux commandos anti-IVG. Peut-être cet embryon n'était-il pas viable à terme, qu'est-ce qu'on en sait ? Sur le fond, elle ne pense pas qu'elle a eu raison, mais elle ne parvient pas à estimer qu'elle a eu tort. Sur la forme, évidemment, prendre la drogue pour tenter de mouiller les vrais responsables était une connerie. Pour que les choses restent belles ou efficaces, il faut savoir s'arrêter à temps. Elle se souvient, quand elle était enfant et qu'elle dessinait, il y avait toujours un moment où elle aimait son dessin. Puis elle se disait qu'il pouvait être encore plus beau. Elle rajoutait alors une chose – un trait, une couleur –, qui venait déséquilibrer l'ensemble, puis une autre, pour rattraper le déséquilibre. Et à chaque trait qu'elle rajoutait, à chaque couleur, le dessin devenait de plus en plus bancal. Il s'effaçait. Jusqu'à ce que, de rage, elle le déchire et le jette à la poubelle. Là, c'était à peu près la même chose. Mais quand elle a senti l'embryon bouger dans son ventre, alors qu'elle descendait dans les sous-sols de l'usine, rien ne dit qu'il ne remuait pas parce qu'il n'arrivait plus à respirer. Rien ne dit que ce n'était pas le premier soubresaut de la mort. Devrait-elle vivre toute sa vie avec cette question ? Elle a fait ce que Marc lui a demandé et elle est restée dans l'appartement. Seule. Elle a démissionné avant la fin de son CDD et ne survit que grâce au RSA. Elle a laissé tomber le journal de Debbie, aussi. Mais elle n'a pas abandonné l'écriture. Aujourd'hui, en attendant de savoir ce que la justice va décider quant à son sort, elle s'adonne à la rédaction de son histoire. De cette histoire. Elle voit Khaled de temps en temps. Il lui a avoué qu'il buvait et que s'il n'avait pas été là à l'heure à l'Usine, c'est parce que, dévoré par ses cauchemars, il s'était abruti d'alcool. Il s'en veut. Il aurait dû être présent, l'empêcher de prendre la drogue. Ou plus précisément être là en bon état, avec l'esprit assez clair pour lui arracher son sac du dos et le jeter dans le premier égout venu. Il s'en veut mais pourtant, il va mieux, et par comparaison, Élise réalise qu'auparavant, il était loin d'être au meilleur de sa forme.

***

Quand les parents de Samia l'ont appelée pour lui dire qu'elle pouvait revenir, que l'imam était mort et que personne ne l'embêterait plus, Samia a dit oui, qu'elle rentrerait à la fin de l'été. Là, maintenant, ce n'était pas possible, elle avait trouvé un travail qui l'occuperait jusqu'à la rentrée. Évidemment, c'était un mensonge. Elle n'avait pas de job d'été et elle ne rentrerait pas chez elle. C'était fini. Elle viendrait en week-end, elle rendrait visite à ses parents, bien sûr. Mais elle ne *reviendrait* plus. En revanche, elle a rattrapé une partie du mensonge en se mettant immédiatement en quête d'un emploi. En naviguant sur internet pour avoir des informations un peu plus précises sur cette histoire, elle a lu que Simon était mort, que Fred était en fuite et que Kofi avait disparu. Plusieurs témoins confirmaient qu'il était parti en vacances quelques jours avant ces histoires. N'empêche, début juillet, l'argent que Samia attendait n'est pas arrivé. Mais on ne lui a pas non plus réclamé de loyer.

Elle a décidé de ne pas s'inquiéter. Même si Kofi disparaît définitivement de la circulation, il lui aura sauvé la vie et lui aura mis le pied à l'étrier. C'est à elle, maintenant, de faire en sorte qu'il ne l'ait pas fait pour rien.

***

En cette fin de juillet, l'été est déjà bien installé. En sortant du commissariat, Frédérique décide de se rendre à son rendez-vous avec Khaled à pied. Dès que les origines musulmanes des auteurs de la fusillade du quartier des Mines ont été révélées, les militants du Front National ont bardé les murs de la ville d'affiches de leur futur candidat aux élections municipales. Elles n'auront lieu que dans huit mois mais il n'est jamais trop tôt pour commencer d'instiller du poison dans un corps dont les défenses sont sérieusement ébranlées. De musulmans, les hommes d'Isham et leur chef sont très vite passés au statut de djihadistes. Ça n'a rien à voir. Il est très clair que les violences qui ont embrasé le quartier des Mines cette nuit-là étaient toutes liées à une guerre entre gangs pour mettre la main sur un trafic de cocaïne. C'est d'ailleurs la seule chose limpide dans cette histoire. Les experts ont pu déterminer que la cocaïne retrouvée dans « l'oreiller » de Simon, celle que Deurthe portait, celle dont on a retrouvé des résidus dans l'appartement où a été découvert le jeune homme mort d'overdose et celle qui traînait dans les poches de Suzanne et des fêtards du squat étaient de la même provenance. Logiquement, qui dit Simon (et Karim – pauvre gamin, que de morts dans cette histoire), dit Kofi. Mais allez le prouver ? Pas trace de cocaïne aux Saisons, évidemment, seulement ce stock de haschisch découvert sur le toit, abandonné à tout vent, et des dizaines de paires d'yeux écarquillés – comment est-il arrivé là ? – et des histoires qui, à défaut d'être vraies, mais allez le prouver également, tiennent la route.

Squad, plus malin qu'il n'en a l'air, a immédiatement relié les morts entre eux et pondu un organigramme des plus crédibles. Deurthe fournissait, Simon et Fred, qui avaient décidé de s'émanciper de Kofi, distribuaient. La nourrice, c'était l'appartement des Mines. Comment le sait-il ? Par le type qui dealait chez lui, et qu'il a fini par chasser : Pierre de Clermont. C'est sans doute pour ça qu'on lui a envoyé Suzanne. Admettons. Mais comment explique-t-on que Deurthe soit revenu chez Élise Santon et son compagnon avec un paquet de coke sous le bras après les avoir torturés ? Où se situe le jeune couple dans la chaîne ? À ces questions, Squad n'a pas de réponse. Il répète seulement en boucle qu'il est tout simplement impossible qu'Élise et Marc soient liés de quelque manière que ce soit à ce trafic. Et lui-même ? Que pense-t-il de cette photo du stock de cocaïne prise dans le squat, et que Suzanne a reconnu comme tel ?

Quand cette question est venue sur le tapis, Frédérique a craint de voir les ennuis commencer à arriver. Squad a demandé à revoir la photo en question. Les collègues de Frédérique se sont fait fort de lui montrer celle que leur capitaine avait extraite des archives. Le musicien est resté interloqué. Puis, pour la seconde fois, à un moment crucial de cette affaire, il est parti dans un grand éclat de rire. Et il a répondu :

– Je pense que vous l'avez bien couillonnée, la gamine.

C'est passé comme une lettre à la poste, mais Frédérique sait que tôt ou tard elle aura des ennuis avec cette histoire de photo. Les avocats que les parents de Suzanne ont les moyens de payer ne sont pas les premiers venus et ils demanderont à la voir, ils la montreront à leur cliente. Encore une fois, bien sûr on sortira celle des archives. Suzanne dira qu'elle en a vu une autre, Frédérique niera, ses collègues la soutiendront : ils sont témoins, ils l'ont vue montrer *cette* photo… Oui, mais en ce cas il s'agit d'une fausse preuve, il y a donc eu manipulation de la gardée à vue, vice de procédure, etc., des trucs de baveux, quoi, qui vont lui faire passer pas mal d'heures dans les tribunaux et lui vaudront de sérieux haussements de sourcils de la part de ses supérieurs.

Et tout ça pour quoi ?

Elle aperçoit Khaled de loin, assis à la terrasse devant un demi. Frédérique a réussi à le convaincre que puisqu'il buvait, il valait mieux qu'il le fasse en public, plutôt que de le vivre comme une honte, tout seul dans son coin, comme une noyade programmée… Et de toute façon, il n'a guère le choix. Il n'est plus si souvent que ça « tout seul dans son coin ». À son approche, il se lève et la prend dans ses bras, fourre son nez dans son cou sans y déposer de baiser. Ça fait toujours un sacré effet à Frédérique. Elle songe parfois que c'est une variante du baiser esquimau.

Tout ça pour ça.

Khaled l'a trahie, certes. C'est même par là que leur histoire a commencé. Mais une fois la tempête passée, Frédérique a bien dû reconnaître que Khaled n'avait pas eu d'autre choix que de trahir Élise ou elle. Ce dont elle n'aurait rien su s'il n'avait pas malgré tout tenté de l'aider, elle. Et puis Frédérique veut croire qu'on ne trahit pas deux fois une même personne. En général, une fois suffit. Beaucoup d'histoires s'achèvent sur une trahison, pourquoi ne pas essayer d'en vivre une qui commence avec ?

Ils s'assoient.

– Alors, ça se présente comment ?

– C'est délicat. D'un strict point de vue juridique, j'ai planté Deurthe dans le dos, donc la légitime défense n'est pas établie. L'intention de tuer n'est pas retenue non plus. C'est la chute avec le couteau qui est venu buter contre une marche qui a rendu le coup fatal. J'ai donc bien voulu arrêter un homme qui s'apprêtait à « nuire gravement à deux individus ». Et évidemment, côté public et médias, je suis un héros. En gros, c'est moi qui ai mis la main sur l'un des caïds de ce trafic… ça devient difficile de me mettre en taule… Je ne sais pas. Mon avocat se démerde bien. Il n'est pas sûr de m'éviter la prison avec sursis mais doute fort que je m'en tape de la ferme.

– On va prendre ça pour une bonne nouvelle. Et Élise ?

– Dans la mesure où elle évite toujours de mouiller le squat, c'est plus chaud… Son histoire de paquet de coke sur lequel elle serait tombée dans la maison cramée en enquêtant sur l'incendie, et dont elle aurait vaguement parlé un soir où elle aurait trop bu, alors que Deurthe était présent, et que donc il serait venu chez elle pour la torturer et lui faire avouer où était la drogue… Pfiou… Bien tordue ! Et ce ne sont que des approximations invérifiables. Comme moi, elle est mise en examen mais reste en liberté provisoire.

– Ouais… ça aurait été franchement plus simple si tu m'avais tout déballé ce soir-là… Elle aurait un peu morflé, mais ayant mis au jour un trafic de drogue…

– Tu oublies qu'il aurait été établi que le trafic en question se déroulait dans le squat.

Frédérique reste pensive un instant.

– C'est vrai… Vous avez joué un drôle de jeu tous les deux.

– Elle a merdé. Elle devait juste couper le fil. Dans les deux sens du terme. Celui qui reliait la coke à la plaque d'égout et celui qui reliait le squat au trafic. Moi aussi, j'ai merdé. J'aurais dû être là, au lieu de picoler en me lamentant sur mon sort. J'aime bien cette petite. Elle a cette volonté d'aller toujours plus loin, toujours plus fort… Il faudra qu'elle apprenne à dominer ça, mais on ne peut pas dire qu'en ces temps de mollesse, ce soit un défaut. Et elle le paye très cher !

– Je douille pas mal aussi, je te signale, et ce n'est pas fini.

– Et avec tout ça, la situation du squat n'a pas franchement changé. Je me demande même si elle n'a pas empiré.

De fait, pour le commun des habitants de la ville – qui ont bien d'autres soucis en tête que d'essayer de prendre parti dans la querelle qui sépare les tenants de l'idée que le squat a été victime d'un coup monté et ceux qui défendent l'idée qu'il est au cœur du problème –, ce qui est sûr et certain, c'est que sans ces histoires autour du squat, un ancien SDF et une retraitée qui avaient tous les deux su s'épauler pour monter un projet utile à la communauté ne seraient pas morts, victimes d'une terrible violence. Et si Karim, Simon, Isham et ses hommes ont été enterrés – dès le lendemain, comme le veut la tradition musulmane – dans la plus grande discrétion, comme Pierre de Clermont et Richard Deurthe trois jours plus tard, les obsèques d'Odette et Brahim ont pris la tournure d'une marche blanche contre la violence. Les journaux ont longuement relaté leur histoire. France 3 Régions, trois jours après les faits qui ont occupé toutes les éditions de fin de journée, a ouvert son journal sur eux, et TF1 y a consacré une minute.

Concrètement, l'opération de réhabilitation du quartier des Mines est en *stand by*. Caspiani a fini par commettre une erreur : il n'a pas donné à Florence l'emploi qu'Élise quittait et cette fois, elle a explosé. Harcèlement sexuel, promotion canapé, connivences entre Deurthe et Caspiani, le tout agrémenté du fait qu'elle en savait plus qu'elle n'en avait l'air sur le dossier de la « réhabilitation » du quartier… Elle est devenue le témoin le plus courtisé par la justice et les journalistes. Sur les traces de Debbie, elle a montré comment le quartier avait peu à peu été volontairement abandonné à lui-même et rendu insalubre. D'aucuns pensent d'ailleurs que Debbie, c'est elle. Ce qu'elle ne nie pas farouchement… À l'enquête juridique, s'ajoute une enquête administrative qui, pour l'heure, bloque tous les projets. Excepté l'obligation faite à la mairie de finir de réparer les canalisations, reboucher les trous, réorganiser le service de ramassage des ordures ménagères… Sans voir pour autant leur statut s'officialiser, les habitants du squat ont encore de belles années devant eux.

Mais il n'y a plus de pain dans le quartier.

Khaled s'étire. Frédérique et lui n'abordent pas souvent ce sujet. Là, c'est seulement qu'il sort d'un troisième entretien avec le juge d'instruction. Il passe sa main derrière la nuque de Frédérique et la lui masse doucement.

– Je ne me souviens plus : tu es de service, ce soir ?

Frédérique secoue la tête, allonge ses jambes et allume une cigarette. La première depuis qu'elle est arrivée. Elle fume moins. Ce n'est pas une volonté, mais c'est un constat. En soufflant la fumée de sa première bouffée, elle dit :

– Oui : je dois aider un homme à finir d'oublier.

Khaled sourit tristement :

– Tu sais que c'est sans fin.

– Alors je resterai sans fin.

***

La lumière est plus saturée que jamais. Les acouphènes te donnent le sentiment de n'avoir plus que des boules de coton dans le cerveau. Tes tempes bourdonnent par à-coups, sous l'afflux du sang. Maintenant que tu vois le cri, tu ne l'entends plus. Les morceaux de l'appareil photo gisent à tes pieds. Tu n'en auras plus besoin. L'image qui se fige déjà dans un souvenir naissant va occulter toutes les autres. Oui, en ce jour, tu réalises que les souvenirs naissent, que le présent – un *présent – est leur terreau, et jamais plus tu n'auras conscience comme à cet instant de ce qu'est la naissance d'un souvenir, de le sentir se faire une place parmi les millions de souvenirs déjà présents en toi, de le voir croître, prendre une place démesurée, si immense qu'elle jette une ombre sur tout ce que ton cerveau peut contenir d'autre. C'est ta photo la plus puissante. Ta dernière, aussi, et tu en resteras à jamais l'unique spectateur.*

Il y a ce mur en partie éboulé. La moitié d'un toit en taule s'est effondrée avec lui, découvrant une béance qui laisse entrer le soleil à flots. Au milieu du carré de lumière, comme dans un cadrage parfait – et d'autant plus parfait que le carré est plutôt un trapèze irrégulier –, deux jambes nues et écorchées, écartées en V, sortent de dessous le tas de gravats et de béton, les talons posés au sol, les doigts de pied tendus vers le ciel. Le pubis est masqué par une langue de poussière, mais il s'agit sans conteste d'une femme. Une mare de sang noir, rendue boueuse par la poussière, a fini de s'écouler depuis peu sous ses fesses. À la hauteur de ses pieds, il y a comme une flaque d'eau sale et au milieu de cette flaque, le cri.

Un enfant minuscule, fripé, le visage tordu par ce hurlement qu'il ne cesse de pousser à intervalles réguliers. Il est encore relié au cadavre de sa mère par son cordon ombilical. Au cadavre de sa mère et aux ruines dont il est né.

Tu attrapes un bloc de béton, lourd, immense, le soulèves et le jettes de toutes tes forces sur le bébé qui enfin se tait.

pca
cmb
édition pré-presse
livres numériques

44400 Rezé

IMPRIM'VERT®

Achevé d'imprimer
en janvier 2018
par Corlet Imprimeur
14110 Condé-sur-Noireau

Dépôt légal : janvier 2018
N° d'Imprimeur : 194044
Imprimé en France